Lewis J. Borsellino
Der Day Trader

DER DAY TRADER

WIE SIE ERFOLGREICH HANDELN UND GEWINNEN

FinanzBuch Verlag München

Zum Andenken an meinen Vater
Tony Borsellino
1930–1979

Copyright © 1999 der Originalausgabe by Lewis J. Borsellino.
Erschienen bei John Wiley & Sons, Inc. unter dem Titel:
The Day Trader

AUS DEM AMERIKANISCHEN VON LOTHAR RHEUDE

Gesamtbearbeitung: Michael Volk, München
Satz und Repro: SatzTeam Berger, Ellenberg
Druck: Wiener Verlag GmbH, Himberg
Umschlaggestaltung: Julia Grunow

© 2000 BY FINANZBUCH VERLAG GMBH MÜNCHEN
LANDSHUTER ALLEE 61 · 80637 MÜNCHEN
TEL.: 089/651285-0 FAX: 089/65 20 96
E-MAIL: BORSELLINO@FINANZVERLAG.COM

Alle Rechte, einschließlich derjenigen des auszugsweisen
Abdrucks sowie der photomechanischen und elektronischen
Wiedergabe, vorbehalten.
Dieses Buch will keine spezifischen Anlage-Empfehlungen geben
und enthält lediglich allgemeine Hinweise. Autor, Herausgeber
und die zitierten Quellen haften nicht für etwaige Verluste, die
aufgrund der Umsetzung ihrer Gedanken und Ideen entstehen.

ISBN 3-932114-29-9

Für mehr Bücher: www.finanzverlag.com

Inhalt

Vorwort	....	7
Kapitel 01	Die besten Zeiten	9
Kapitel 02	Der Handelsalltag	27
Kapitel 03	Der Kampf	47
Kapitel 04	Das Gemüt eines Kämpfers	65
Kapitel 05	Die schlechten Zeiten	89
Kapitel 06	Die Untersuchung	107
Kapitel 07	Die Verwandlung	133
Kapitel 08	Der Handel wird elektronisch	161
Kapitel 09	Politik, Handel und Futuresbörsen	191
Kapitel 10	Von den Anfängen bis zur weltumspannenden Wirtschaft	213
Kapitel 11	Vom PC zum Parkett	229
Dank	....	247

Vorwort

Es gibt heutzutage nur sehr wenig Schauplätze für Krieger unter uns. Es gibt wenige Gelegenheiten zum Kampf im Geschäftsleben in dem du für dich alleine stehst, nur mit deinem Verstand und deiner Nervenkraft bewaffnet. Der Handel ist einer dieser wenigen Schauplätze. Ja, sicherlich, es gibt Computerprogramme, um den Markt zu analysieren, Chartanalysen, um Widerstands- und Unterstützungslinien aufzuzeigen und tragbare Telefone, die den Computerbildschirm auf das Börsenparkett übertragen. Aber letztendlich steht ein unabhängiger Händler am Markt allein – ob am Computerbildschirm oder am Börsenparkett.

Ich kam zum Futures-Markt im Alter von 22 Jahren und blieb dort beinahe mein ganzes Leben. Ich begann als Zettelträger am Börsenparkett der Chicagoer Handelsbörse und bekam annähernd den Mindestlohn. Ich wurde Verkäufer, Broker. Dann machte ich mich selbstständig als unabhängiger Händler. Heute bin ich als Fondsmanager tätig.

Ich bin glücklich, dass ich Händler während der aufregendsten und manchmal umstrittensten Zeiten am Parkett sein durfte. Ich war dort, als in Chicago der Standard & Poor's 500 Aktienindexkontrakt herauskam, der schon bald alles andere, was an der Börse gehandelt wurde, in den Schatten stellte. Als der S&P Kontrakt an Umfang zunahm, hörte ich als

Vorwort

Händler auf und wurde ein großer Spieler. Ich schaute mich um und erkannte, dass ich der größte Spieler am S&P Parkett war.

Aber das Handelsgeschäft wandelt sich. Technologie, wie in den meisten Bereichen der Geschäftswelt, hält Einzug in den Handel. Die Diskussion geht darum, ob der PC je das Parkett ablösen wird. Ich handele sowohl an der Präsenzbörse, als auch vom PC aus. An beiden Schauplätzen bin ich jedoch nach wie vor Händler. Ich werde auch immer Händler sein.

Als ich mich erstmals mit dem Gedanken beschäftigte, dieses Buch zu schreiben, lachte ich und sagte mir, dass mein Leben erst halb vorbei ist. Ich war teilweise sehr ernst. Ich befinde mich im Wandel vom Parkett zum PC, vom unabhängigen Händler zum Fondsmanager. Ich sammele noch eine Menge Geschichten, indem ich sie lebe. Aber ich kann viele Geschichten erzählen über Handeln und Leben, über Risiko abwägen, zurecht gewiesen werden, mit Verlusten umzugehen und – wenn die Zeit günstig ist – die Gewinne laufen zu lassen. Das sind Schlüssellektionen für jeden Händler, vom Mitglied auf dem Börsenparkett zum Händler, der vor einem Bildschirm an einem elektronischen Handelssystem sitzt.

Diese Geschichte ist auch eine sehr persönliche. Ich kann keine Geschichte über meine Karriere erzählen, ohne auch Einzelheiten über mein Leben preiszugeben. Die Summe all meiner Erfahrungen beeinflusste nicht nur meine Erfahrung als Mensch, sondern auch als Händler. Indem ich mich selbst verstehen lernte, sowohl meine Stärken als auch meine Schwächen, wurde ich ein besserer Händler. In der Tat, indem du dich selbst kennst – wie du dich verhältst wenn du gewinnst oder verlierst, wie du mit deinen Erfolgen und Misserfolgen umgehst – ist beinahe genauso wichtig, wie die Charts zu analysieren. Es ist nicht der Markt, an dem du zerbrichst, es bist du, der dich zerstört. Zu viel Risiko. Zu großer Hebel. Disziplinlosigkeit. Ein Mangel an Schärfe. Ich weiß sehr wohl. Ich habe all diese Sünden des Handelns auch begangen, ebenso wie jeder Händler, der ehrlich zu sich selbst ist. Aber das ist es, wie du das lernst, was du *nicht* machen sollst. Du nimmst deine Fehler wahr, akzeptierst deine Verantwortung und kommst doch am nächsten Tag zurück zum Handeln.

Kapitel 01

Die besten Zeiten

Ich war nirgends in der Nähe des Börsenabgrundes am Schwarzen Montag. Ich war weg von Chicago, außerhalb des Landes und in diesem Moment außerhalb der Reichweite des Marktes. Es war Spätnachmittag am 19. Oktober 1987 als ich in den Piaget-Laden in Zürich in der Schweiz ging, um eine Uhr zu kaufen. Der Verkäufer hinter dem Tresen war ein Schweizer in mittleren Jahren, so konservativ gekleidet wie alle Banker, die ich in der Bahnhofsstraße, Zürichs Bankencenter, gesehen habe. Er legte vier Uhren auf das schwarze Samtkissen und wartete, während ich sie betrachtete. Ich schaute von den Uhren auf zu einem elektronischen Schild außerhalb einer Bank. Ich kann kein Deutsch, konnte mir aber ausmalen, was die Zahlen bedeuteten. Der Dow Jones Industrieindex war 500 Punkte gefallen.

„Das muss kaputt sein", sagte ich zu dem Verkäufer, indem ich auf das Schild der Bank zeigte. Ich nahm eine der Uhren, um sie näher zu betrachten.

„Nein, mein Herr", sagte der Verkäufer ruhig in seinem undeutlichen Schweizer Akzent. „Der amerikanische Aktienmarkt ist heute zusammengebrochen.".

Sämtliche Farbe verschwand aus meinem Gesicht. Ich warf die Uhr dem Verkäufer hin und rannte zur Tür. „Mein Herr, wollen Sie die Uhr denn gar nicht?" fragte er, durch mein Verhalten völlig verwirrt.

Kapitel 01

„Vergessen Sie die Uhr", gellte ich zurück. „Ich muss schauen, dass ich nach Chicago zurückkomme".

Zurück in meinem Hotel leuchtete drohend die Nachrichtenlampe an meinem Telefon. Es gab Nachrichten von meiner Frau und meinem Bruder, die das wiederholten, was der Verkäufer im Uhrenladen mir erzählt hatte. Es gab einen Crash am Aktienmarkt.

Meine erste Reise nach Europa wurde kurzfristig abgebrochen. Wir waren zu siebt – alles Geschäftsleute, und ich war der Jüngste mit 30 – auf einem 10-tägigen Ausflug nach Europa, um auszuruhen und sich ein wenig zu erholen. Wir reisten am letzten Freitag Nachmittag ab, in Richtung Italien, dann in die Schweiz. Ich hatte 25 Standard & Poor's 500 Aktienindex-Future Kontrakte verkauft, als ich am Freitag Nachmittag im Flugzeug von Chicago nach New York war, aber ich hinterließ einen Auftrag, sie zum Schluss glattzustellen. Zu der Zeit, als ich in New York mit meinem Transatlantikflug ankam, habe ich U$ 250.000,– an diesem Geschäft verdient. Ich war schon bei U$ 2 Millionen in diesem Jahr. Es sollte eine großartige Reise werden.

Nach einem Wochenende in Italien, kamen wir in Zürich an. Ich stieg im Hotel Beau Rivage ab, dem besten Fünf-Sterne Hotel in Zürich. Ich war ganz auf Freizeit und nicht auf Geschäfte eingestellt, als ich in das Uhrengeschäft ging. Als ich es einige Momente später verließ, war alles, woran ich denken konnte, möglichst schnell zum Parkett. Am Dienstag morgen nahm ich einen Flug nach London, wo ich hoffte, die Concorde nach New York zu bekommen. Zu meiner Verwunderung war der Flug ausgebucht und ich musste mit der Warteliste vorlieb nehmen – für sage und schreibe U$ 5.000,– für das einfache Ticket. Aber sogar dieser himmelhohe Preis war sein Investment wert, um mich zurück in die Hölle des Handelns zu bringen, wo mich – im Gefolge des größten Tagesverlustes der Aktienbörse – viele Möglichkeiten erwarteten.

Ich war auf dem Drei-Stunden-Flug nach New York so angespannt, dass ich noch nicht einmal die Tatsache genießen konnte, dass ich das erste Mal mit der Concorde flog. Mein Ziel war es, möglichst schnell zum Handelsgeschehen zurückzukommen, wo, wie ich mir vorstellte, wie sich der S&P nach dem scharfen Rückgang am Montag wahrscheinlich erholen würde. Aber es ging mir noch etwas anderes Bedrückendes im Kopf herum, etwas, das ich nur selbst lösen könnte. Ich hatte vor zweieinhalb Monaten für 25.000,–$ 1.000 Kaufoptionen auf die Dreimonats-Eurodollar-Zinsentwicklung gekauft, die mir das Recht gaben, Dreimonats-Eurodollar zu

94.00 zu erwerben. Die Gründe, um diese Optionen zu kaufen, waren zweierlei: zum einen wollte ich besser im Umgang mit Optionen werden, da sie mir ziemlich neu waren. Und augenblicklich müssten die 94er Kaufoptionen ziemlich viel wert sein, sollte es zum Rückgang der kurzfristigen Zinsen kommen.

Als Futureshändler, der auf den Standard & Poor's 500 Aktienindex Kontrakt an der Chicagoer Börse spezialisiert ist, wollte ich einfach mehr über Optionen lernen. Das interessante an Optionen ist, dass sie dem Halter das Recht – aber nicht die Verpflichtung – geben, eine Position am künftigen Markt zu übernehmen, in Abhängigkeit von der gezahlten Prämie. Optionen haben einen festgelegten Ausübungspreis. Um so näher der Ausübungspreis an dem Marktpreis ist, um so wertvoller ist die Option (und um so höher die Prämie). Je weiter sich der Ausübungspreis vom Marktpreis bewegt, desto weniger Wert wird die Option.

Es gibt verschiedene ausgefeilte und verwickelte Strategien, um Futures und Optionen zusammen zu handeln, und ich habe begonnen, mich ein wenig damit zu beschäftigen.

Das erste Mal waren es Optionen auf Rinder. Ich hatte die Vorstellung, dass die Preise für Rinder hochgehen, teilweise auf Grund dessen, was ich von einem Freund gehört habe, der im Fleischgroßhandel tätig ist. Ich beschloss, Kaufoptionen zu erwerben – 2.000 Stück davon – für etwa 25.000,- $, womit ich das Recht bekam, einen Futures auf Rinder zu 65.00 Cents zu kaufen. Genau wie ich erwartete, der Markt stieg stetig an, bis die Rinderpreise nur noch 0,20 Cents unter meinem Ausübungspreis waren. Hätte ich nur damals gewusst, was ich heute weiß. Ich hätte Futures verkauft, als der Markt bei 64,80 war. Wenn ich diese Strategie dann verfolgt hätte, als der Preis gestiegen ist, hätte ich Rinder zu 65 kaufen können, indem ich meine Kaufoption ausgeübt hätte. Wenn der Preis gefallen wäre, hätte ich bei 64,80 verkauft. Mein einziges Risiko wäre dieser Unterschied von 20 Punkten zwischen der Kaufoption und dem Futures Preis gewesen. Das beläuft sich auf eine Anlage von etwa 61.000 $ – die Kosten meiner Option und die Aufwendungen für das Futuresgeschäft – das hätte den Gewinn, den ich mit diesem Geschäft hätte machen können, mehr als wettgemacht.

Stattdessen habe ich an meiner Option festgehalten, weil ich gedacht habe, dass der Ausübungspreis überstiegen würde. Dann kam das amerikanische Landwirtschafts-Ministerium mit einem Bericht heraus, dass das Angebot an Rindfleisch wahrscheinlich größer sein würde als bisher. Die

Rinderpreise fielen rapide fünf Tage lang und meine Optionen verfielen und wurden wertlos. Hätte ich nur den FuturesKontrakt verkauft, wäre mein geschätzter Gewinn bei diesem Geschäft locker 750.000,- $ gewesen.

Das zweite Mal, als ich versuchte, mit Optionen zu spielen, war sechs Wochen bevor ich nach Europa abflog. Die Eurodollar-Zinsen waren 92, als ich diese 1.000 Kaufoptionen erwarb, mit denen ich zu 94 kaufen konnte. Aber das Szenario, das ich erhofft hatte – eine Senkung der kurzfristigen Zinsen – ließ sich nicht durchsetzten. Als ich Chicago verließ, waren die Eurodollar runter bis auf 91.50. Die Zinsen müssten um 2 1/2 Prozent gesenkt werden, um an meinen Ausübungspreis heranzukommen. Das schien eine sehr weit an den Haaren herbeigeholte Sache zu sein. Meine Optionen waren im Schrank, das heißt, obwohl sie noch nicht verfallen sind, waren sie praktisch wertlos.

Dann kam der Crash am Aktienmarkt und Alan Greenspan gab bekannt, um den Markt zu beruhigen, dass die FED die Zinsen lockern würde. Am Dienstagmorgen schossen meine Eurodollar-Optionen vom buchstäblichen Nichts auf solides Gold. Ich hätte dafür über eine Million $ Profit schlagen können, aber ich wusste es nicht auf der Reiseflughöhe von 50.000 Fuß.

Es gab in der Concorde keine Telefone und zu der Zeit, als ich New York erreichte, hatte der Eurodollar-Markt noch nicht eröffnet. Ich musste warten, bis ich im Flugzeug von New York nach Chicago war, um meinen Broker am Parkett anzurufen. Aber, aus welchem Grund auch immer, war das Telefon in diesem Flugzeug nicht in der Lage, meine Kreditkarte zu lesen, als ich es durch das Lesegerät zog. Ich geriet in Panik. Niemand wusste von diesen Optionen und ich steckte in einem Flugzeug mit einem nicht funktionierenden Telefon. Ich lockte die Stewardess mit einem 100 $-Schein und der Frage: „Haben Sie eine Visa oder eine American Express Karte?"

Sie schaute mich verwirrt an.

„Ich bin Warenterminhändler. Der Markt spielt verrückt. Ich muss unbedingt anrufen und etwas in Ordnung bringen. Aber das Telefon kann meine Kreditkarte nicht lesen. Ich bin nur zwei Minuten am Telefon. Ich gebe Ihnen 100,- $, wenn Sie mich Ihre Kreditkarte benutzen lassen".

Ich tat der Stewardess leid, und sie wollte die 100,- $ nicht nehmen. „Es kostet fünf Dollar Telefongebühr", sagte sie. „Geben Sie mir fünf Dollar und Sie können meine Kreditkarte benützen."

Als ich endlich den Händlertisch am Börsenparkett erreicht hatte, er-

Die besten Zeiten

fuhr ich, dass der Eurodollar-Future mit 94,50 eröffnet hatte, aber dann vom Höchststand wieder zurückgekommen ist. Meine Option war noch etwas wert – aber nicht annähernd in der Nähe dessen, was sie wert gewesen wäre. Ich verkaufte sie mit einem 250.000 $ Gewinn, der gerade das zehnfache meines 25.000,– $ Einsatzes war.

Zurückblickend muss ich jedoch sagen, dass ich die Dinge vollkommen anders gehandhabt hätte, wenn ich an diesem Tag am Parkett gewesen wäre. Ich hätte meine 94er Optionen mit einem Gewinn von 500.000,– $ verkaufen können oder ich hätte 1.000 Eurodollar-Futures zu 94,50 verkaufen können und hätte die 94er Option halten können und so einen garantierten 50-Tick Gewinn vereinnahmen können. Drei Tage später waren die Eurodollar wieder unten bei 92 und ich hätte meine mit 94,50 verkauften eindecken können. Alles in allem rechne ich, dass ich mindestens ein Gewinnpotenzial von 1.250.000,– $ verloren habe. Zugegeben, ich habe mit meinen Optionen, bei denen ich dachte, sie seien wertlos, 250.000,– $ Gewinn gemacht. Aber wie vieles, das während des 87er Crashs passierte, habe ich viel Geld verdient – habe aber auch manche Chance ungenutzt verstreichen lassen.

Als ich das Parkett an der Chicagoer Börse um 1.00 Uhr erreicht hatte, schaute es aus wie ein Schlachtfeld nach schwerem Gefecht. Einige örtliche Händler sind Pleite gegangen und werden nie mehr wiederkehren. Andere wurden von ihren Clearinghäusern hochgehalten, weil sie nicht genug Geld in ihren Handelskonten hatten, um potenzielle sechsstellige Verluste auszugleichen. Andere hatten nur eine Schramme abbekommen und blieben weg, bis der Rauch sich verzog. Die Händler, die blieben, schauten recht verschreckt drein.

„Du hättest da sein sollen, Lewis", sagte ein Händler. „Du hättest am Montag mindestens 5 Millionen $ gemacht."

Ein anderer Händler stoppte mich auf dem Weg zum Parkett. „Ich schwöre Gott, du hättest 5 Millionen $ gemacht," sagte er. „Es war unglaublich."

Fünf Millionen – jedes Mal, wenn mich jemand sah, hörte ich diese Zahl. Es war nicht das, was ich hören wollte.

Ich gewann am Dienstag 500.000,– $, als der Markt über 350 Punkte zurückkam. Am Mittwoch war ein anderer, verrückter, volatiler Tag in dieser Hölle und ich gewann weitere 500.000,– $. Volatile Tage bringen riesige Chancen für einen Tageshändler, wie ich es bin, mit sich. Je mehr sich der Markt innerhalb des Tages bewegt – steigt und fällt, Unterstützungslinien testet, durch Widerstandspunkte durchbricht – um so größer ist der potenzielle Gewinn. Aber ein volatiler Markt ist vergleichbar mit einer Wildwasserfahrt. Wenn du alles unter Kontrolle hast, ist es ein Riesenspaß, aber wenn du den Überblick und die Disziplin verlierst, kann es ganz schnell gefährlich werden. Diese Fähigkeit hat mir in Krisenzeiten sehr gut gedient, sowohl im Privat- als auch im Berufsleben. Wenn die Welt um mich herum verrückt spielt, werde ich vernünftig. Umso wilder der Markt wird, umso disziplinierter werde ich.

Dann kommt der Dienstag morgen. Am Parkett herrscht eine Stimmung, die Sorgen, Ängste, Hoffnungen und Vorurteile der Menschen widerspiegelt. Wenn negative Nachrichten auf den Markt kommen, fühlt sich das Parkett wie ein überladenes Boot an, das zum Kentern kommt. An festen Tagen kannst du den Optimismus offensichtlich fühlen, dass wir die alten Höchststände testen und genug Momentum aufbauen, um sie zu brechen. Diese Haltung kommt aus der Erfahrung, die ich an der Börse tagein tagaus gesammelt habe, seit ich am ersten Tag als Zettelträger 1981 am Parkett angefangen habe. Ich habe einen Instinkt entwickelt, der sowohl auf meinen Bauch als auch auf meinen Kopf hört. Ich lag schief und habe mich oft in Frage gestellt und das Ergebnis war, dass ich mich total verausgabt habe. Aber, wie viele altgediente Händler habe ich gelernt, auf die Fähigkeit zu vertrauen, die wie ein sechster Sinn wirkt, wenn ich den Markt analysiere.

Am Dienstag nach dem Crash lag zweifellos etwas in der Luft. Als ich, einige Minuten bevor die Eröffnungsglocke schlug, aufs Parkett kam, bemerkte ich, dass die Broker, die Kundenaufträge ausfüllten, nervös und gereizt schienen. Ich war selbst Überbringer von Aufträgen vier Jahre lang, bevor ich für eigene Rechnung zu handeln begann. Ich konnte mich gut daran erinnern, wie nervös man eine große Order zur Eröffnung handhabt. Das ist das, was ich am Parkett an diesem Morgen sah. Ich konnte ihre zappelige Körpersprache sehen und wie ihre Augen zuckten. In diesem Moment beschloss ich, dass sie verkaufen wollen. Nach dem Tag des historischen Verlustes am Montag, dem zwei sehr volatile Tage am Dienstag und Mittwoch folgten, kamen die Verkäufer wieder zurück in den Markt.

Kurz bevor der Markt öffnet, ist es den Brokern erlaubt, ihre Kauf- und Verkaufs-Gebote zu nennen, die die Tendenz für die Eröffnungskurse legen. An jenem Morgen verkündete ein Händler, dass er S&Ps 400 Punkte niedriger zum Verkauf anbieten würde. Dann setzte ein anderer Broker,

Die besten Zeiten

diesmal einer von Shearson, noch eins drauf. Er bot an, 1.000 Punkte niedriger zu verkaufen. Zu dieser Zeit hatte der S&P keinerlei Handelsbeschränkungen. Heutzutage gibt es Beschränkungen, um zu kontrollieren, wie schnell – und wie weit – der S&P fallen kann. Diese Schutzgrenzen wirken wie eine Bremse, um einen scharfen Absturz zu verlangsamen. Aber zu jener Zeit stieg und fiel der Markt ganz nach Laune von Angebot und Nachfrage.

Falls der Shearson Broker wirklich 600 Punkte unter dem ersten Broker verkaufen wollte, fragte ich mich, wie weit der Markt noch runter gehen würde. „Ich bin 2.000 niedriger!" rief ich aufs Parkett.

Der Shearson Broker zögerte keinen Moment. „Ich bin 3.000 niedriger!", brüllte er zurück.

„Großer Gott!" dachte ich bei mir. Dieser Markt war 3.000 Punkte niedriger und wir haben noch nicht einmal angefangen zu handeln. Um das einmal ins Verhältnis zu setzen, ein Anstieg oder Rückgang von 400 oder 500 Punkten war in dieser Zeit eine beachtliche Bewegung.

„4.000 niedriger!" gellte ich.

„5.000 niedriger," konterte der Shearson Broker.

Damit eröffnete der S&P 5.600 Punkte niedriger. Es war ein freier Fall, aber wir mussten nahe dem Boden sein, sagte mir mein Innerstes. „Ich kauf' sie!" begann ich zu dem Shearson Broker übers Parkett zu sagen, bis der Händler hinter mir mich am Arm grabschte.

„Lewis! Ich verkaufe dir 150!"

„Kaufe ich!" gellte ich zurück.

Ich kritzelte das Geschäft auf meine Karte und schaute auf.

Eine Sekunde später fing ein anderer Händler meinen Blick auf „Ich verkaufe 300" posaunte er hinaus.

„Das kann ich nicht machen," signalisierte ich zurück. Ich habe gerade 150 Kontrakte gekauft und dachte nicht, dass ich das Risiko von 300 weiteren verdauen könnte, solange der Markt so leicht crashen oder sich erholen könnte.

Zwei Sekunden später zog ein Händler quer übers Parkett meine Aufmerksamkeit auf sich. Indem er eine Kombination aus Handzeichen und Lippenlesen benutzte, fragte er mich: „Was machst du?"

„Ich bin Verkäufer" antwortete ich.

„Ich bin Käufer" signalisierte er zurück.

Ich bot diese 150 Kontrakte an – die ich vor weniger als einer halben Minute gekauft hatte – für 2.000 Punkte über meinem Kaufpreis. Ich habe

1,3 Millionen $ an diesem einzigen Geschäft verdient. Aber ich wusste auch, wenn ich die anderen 300 Kontrakte gekauft hätte, wäre mein Gewinn locker 5 Millionen $ gewesen. Aber ich konnte nicht zurückschauen. Ich habe meine interne Risikobegrenzung erreicht. Ich habe ein paar kleinere Geschäfte gemacht, die zusammen netto 40.000,– oder 50.000,– $ brachten. Dann hatte ich genug. Ich gab meinen letzten Händlerzettel meinem Angestellten, verließ das Parkett, ging auf die Toilette und übergab mich.

Ich spritzte mir Wasser ins Gesicht und begann, mich im Spiegel zu betrachten. Rote Venen streiften meine blauen Augen und meine Haut schaute grau aus. Ich fuhr mir mit den Händen durch meine blonden Haare, die so kurz geschnitten waren, wie in den Tagen, als ich am College Football spielte. Meine Gedanken drehten sich um die enorme Größenordnung, die ich gerade bewegt hatte und mein Selbstbewusstsein war gerade dabei, es zu erfassen. Ich war 30 Jahre alt und habe in weniger als einer Minute über eine Million Dollar verdient. Aber ich habe den bitteren Gallengeschmack in meinem Rachen gespürt und ich wusste, was mein Innerstes mir sagte – es hätte ebenso anders herum passieren können und ich wäre aus einem anderen Grund zum Kotzen auf die Toilette gegangen. Wenn sich der Markt gegen mich gedreht hätte, wäre ich ausgelöscht worden.

Der Handel bringt die höchsten Hochs und die tiefsten Tiefs eines jeden Berufs mit sich, und ich habe genug von beiden gehabt. Während 18 Jahre stand ich an der Chicagoer Börse auf dem Parkett, während der Reagan-Jahre, des Persischen Golf Krieges, während des Russischen Putsches, des längsten Aufwärtstrends in der Börsengeschichte und in der Asienkrise. Auf die eine oder andere Art werde ich S&Ps für lange Zeit handeln – vom Börsenparkett oder elektronisch, von Chicago oder von anderswo. Das macht keinen Unterschied. Ich werde am Markt partizipieren, was immer kommt. Ich habe durchschnittlich 7-stellige Dollarbeträge jedes Jahr verdient – und das nur mit dem Handeln meines eigenen Geldes. Ich übernehme Risiken, die nicht ungesichert oder ängstlich sind, und ernte den Lohn der von Geduld, Disziplin und dem Wettbewerbstrieb kommt.

Mein Erfolg brachte mir meinen Anteil an guten Zeiten. Und ich habe die schlechten Zeiten ausgesessen. Aber wenn du beim Spielen bist, musst du die Glückssträhne bis zur letzten Sekunde auskosten. Es gibt noch andere Regeln, die ich mir über all die Jahre zu Nutze gemacht habe, eine Art persönlicher Code, den ich mir geschmiedet habe – oder der sich in mir verewigt hat. Vergiss nie dein Ziel, deine Disziplin und deine Kontrolle und vergiss nie, wer du bist.

Ich habe einen langen Weg hinter mir von der Taylorstraße im Westen Chicagos, wo italienisch ebenso oft wie englisch gesprochen wurde, und Kinder am Straßenrand und in den Hauseingängen Fangen gespielt haben. Ich habe mich von einer Nachbarschaft entfernt, bei der beinahe jeder ein einträgliches Geschäft nebenbei machte und wenn es ernst wurde, kannte jeder irgendeinen, der ihn rausboxte. Ich habe mein hitziges Temperament gezügelt, das mich nie einem Konflikt ausweichen ließ, und habe es ersetzt durch den kühlen Kopf eines Taktikers. Ich habe einen langen Weg hinter mir, aber ich habe nie vergessen, wo ich im April 1957 geboren wurde. Auch habe ich mein Herz und die Nerven, für einen zähen, psychischen und physischen Kampf, die mich erfolgreich machten, nicht verloren. Diese Eigenschaften gaben mir die Kraft, alles zu überstehen, von FBI-Nachforschungen bis zu einer bitteren Scheidung, und trotzdem den Durchblick nicht zu verlieren. Ich wurde, was ich heute bin, sowohl trotz meines Hintergrundes und gerade deswegen.

Nun, da ich dieses Buch im Alter von 41 Jahren schreibe, bin ich 18 Jahre in einem Beruf, in dem die Mehrheit abkratzt, sich völlig verausgabt oder nach nur wenigen Jahren totale Scheiße baut. Ich stehe nicht länger an der vordersten Front wie in alten Tagen. Ich überlasse diese mörderisch langen Tage jungen Händlern, einige fast halb so alt wie ich selbst. Ich verlasse das Börsenparkett, nicht weil ich die Ausdauer zum Mitspielen nicht mehr habe, sondern weil sich das Spiel verändert. Ich habe eine neue Arena als Fondsmanager betreten, die sowohl meine Fähigkeiten als Händler, als auch meinen Weitblick und meine Disziplin erfordert.

Über all die Jahre habe ich das Schlechte ausgestanden und von dem Guten profitiert. Für beinahe zwei Jahrzehnte war mein Radius ein Quadratmeter auf der zweiten Sprosse des Händlerparketts. Mein Bruder Joey, den ich als den größten S&P-Händler heutzutage ansehe, stand auf meiner linken Seite. Wenn ich da auf das Parkett schaue, wo Hunderte von Händlern, Brokern und Gehilfen schwärmen wie Bienen in einem Bienenstock, sehe ich neue Gesichter. Sie handeln für eine Zeit und dann sind sie verschwunden. Auf dem gesamten Börsenparkett gibt es nur eine Hand voll Typen, die so lange wie ich gehandelt haben. Wir grüßen uns gegenseitig mit einem Nicken oder winken wie Kriegsveteranen.

Ich habe alles gesehen – vom Ende des dualen Handels, der früher Brokern erlaubt hatte, sowohl für eigene als auch für Kundenrechnung zu handeln, und damit die Parketthändler zu einer vom Aussterben bedrohten Rasse gemacht hat. Ich erinnere mich an eine lange schmerzliche Untersuchung an den beiden Chicagoer Börsen, als das FBI versucht hat, Händler angeblich illegaler Transaktionen zu überführen. Einige kleine Verfehlungen kamen ans Tageslicht, aber die Masse der Händler war sauber. Und wir gingen aus der Untersuchung als die größten und wahrscheinlich die besten in der ganzen Finanzwelt hervor.

Wenn ich den Tag betrachte, an dem George Soros Verluste einstecken musste, die gleich bedeutend waren mit einem gemeinsamen Vorgehen gegen das S&P-Parkett nach dem 1987er Crash. Das Gerücht dauerte nur einen Tag, bis durchsickerte, wer hinter den gewaltigen Verkäufen am Dienstag nach dem Crash stand. Die Broker von Shearson führten eine Order für den Spekulant und Fonds-Manager George Soros aus. Aber der Auftrag von Soros, so haben wir herausgefunden, war über 2.500 Kontrakte. Irgendwie hatte der Verantwortliche die Order doppelt eingegeben. Unabsichtlich verkaufte Shearson 5.000 Kontrakte statt nur 2.500. Gerüchteweise war der Verlust bei diesem Geschäft etwa 60 Millionen Dollar.

Anfang 1988 kamen Anwälte, die Soros vertraten, um mich zu verhören. Ich wurde in einen Konferenzraum in einer piekfeinen Anwaltskanzlei gerufen, in der eine Gruppe von Anwälten in dunklen Anzügen auf mich wartete.

„Sie haben das Recht, einen Anwalt hinzuzuziehen." riet mir einer von Soros Anwälten.

„Ich brauche keinen Anwalt. Fragen Sie mich einfach, was Sie wissen wollen."

Sie fragten mich alles – wo ich auf dem Parkett stehe und wie lange ich Broker war, bevor ich Parketthändler wurde. Dann kamen sie zum Geschäft. Sie fragten mich, ob die Shearson Broker irgendwie die Order bekannt gemacht hätten, bevor der Markt geöffnet hatte.

„Nein," antwortete ich fest.

„Warum trieben Sie mit Ihrem Verkauf den Markt so runter?"

„Weil mir bewusst war, dass es viel mehr Verkäufer als Käufer in dem Markt gibt" antwortete ich.

Die Händler schreien ihre Order laut heraus und die Umsätze basieren darauf, dass die besten Kauf- und Verkaufsgebote ausgeführt werden. An jenem Dienstag Morgen war das Recht voll auf meiner Seite, indem ich ein Verkaufsgebot abgab, solange ich es für nötig hielt, um einen Käufer zu diesem Preis zu finden.

Die besten Zeiten

„Heißt das nicht, dass die Order preisgegeben wird?" drängten die Anwälte.

„Nein, heißt es nicht. Hören Sie zu, ich habe 150.000,– $ für meinen Börsensitz bezahlt, ich kann damit auch als erstes erfahren, wo der Markt steht und wer was tut. Es ist jeder willkommen, genau das gleiche zu tun, das ich gemacht habe – kaufen Sie einen Börsensitz und beobachten Sie den Markt."

Die Anwälte machten eine Pause. Ich hörte das Tonband, das sie in Aufruhr brachte. „Was war Ihre Absicht?" fragten sie mich.

„Ich war bereit, von Shearson zu kaufen. Aber ich tat es nicht. Ich habe 150 Kontrakte von einem anderen Händler gekauft." Aus den Gesichtern der Anwälte las ich heraus, dass diese Nachricht etwas neues für sie war. Jemand hat seine Hausaufgaben nicht gemacht.

Das Verhör war bald vorbei und die Klage gegen die Parketthändler wurde umgehend abgeschmettert. Letztlich blieb es ein Streit zwischen Soros und Shearson. Es wurden jahrelang Theorien über die wahrscheinliche Ursache des Crashs diskutiert. Einige machen computerisierte Verkaufsprogramme dafür verantwortlich, dass sie den freien Fall der Aktienpositionen gezündet hätten. Andere hoben einen anklagenden Finger gegen den S&P-Handel selbst, indem sie darüber klagen, dass die Schwäche von Futures den Ausverkauf von Aktien nach sich zieht. Was immer die Gründe sein mögen, die Nachwirkungen des Crashs, die Zwangsverkäufe von Aktiendepots, waren astronomisch. Die Brokerhäuser mussten Milliarden von Dollar herausrücken, um den Handel aufrecht zu halten und die FED stützte den Markt mit Rettungsaktionen.

Aber während die Wall Street sich noch auf wackeligem Grund befand, stand die Chicagoer Börse schon wieder aufrecht. Spezialisten der New Yorker Börse setzten einige Aktien für zwei oder drei Tage nach dem Crash aus, indem sie argumentierten, sie müssten warten, bis sie Kaufgebote hätten. Das S&P-Parkett war nur für wenige Stunden am Dienstag nach dem Crash geschlossen. Jeder, der S&P-Kontrakte leer verkauft hatte, sah sich mit einem 40 Punkte Abschlag gegenüber dem Aktienmarkt konfrontiert. Um dieses Risiko auszugleichen, wandten sich einige Händler dem Major Market Index zu, der auf den 20 größten Aktien des Dow Jones Industrieindexes basiert. Der Maxi-Kontrakt, der zu dieser Zeit an der Chicagoer Börse gehandelt wurde, war nicht vollständig mit dem S&P korreliert, aber er war ihm ziemlich nahe. Als der S&P geschlossen war, hatte der Maxi einen Abschlag von 80 Punkten zum Aktienmarkt. Zu der Zeit,

19

als der S&P wieder eröffnet wurde, verursachte der Abschlag von 80 Punkten eine Kursrakete im S&P. Beim Ausforschen der Ereignisse rund um den Crash komme ich zu der Überzeugung, dass der Maxi und die Erholung des S&P halfen, die Flut einzudämmen, die die Verluste von Aktien nach sich zogen und verhinderten einen ernsthaften Crash davor, in eine Katastrophe auszuarten. Das drehte die Richtung des Marktes und der Programmhandel sprang von massiven Verkäufen auf Kaufen um.

In den Tagen des Soros-Vorfalls schossen die Gerüchte an der Börse ins Kraut, obwohl wir noch – sogar heute noch – gelegentlich den Burschen aufziehen, der Shearson-Chefhändler an diesem Tag war. („Willst Du nicht 5.000 verkaufen?" hänseln wir ihn.) Für mich selbst werde ich weiterhin so aggressiv handeln, wie ich es schon immer getan habe. Mein Leben besteht nun mal aus kaufen und verkaufen. Das würde ich als mein herausstechendes Merkmal bezeichnen.

Der Businesssender CNBC beschrieb mich einmal als einen der größten und besten Händler auf dem S&P-Parkett. Ich weiß dieses Kompliment zu schätzen. Ich weiß, dass ich einer der Besten bin, wenn es darum geht, Unterstützungs- und Widerstandslinien des Marktes zu lesen, den Umsatz zu interpretieren und vorauszusagen, wie sich der Markt bei den nächsten Zuckungen des Federal Reserve Board verhält. Aber das ist nur ein Teil meiner Geschichte. Was mich als Händler erfolgreich gemacht hat, ist, wo ich herkam, die Vergangenheit, von der ich mich nicht nur abgesetzt habe, sondern die ich auch bewältigt habe. Ich habe mein eigenes Ich, aber ich bin auch Tony Borsellinos Sohn. In dieser Hinsicht bin ich auch das Produkt seiner Hoffnungen und Träume in mich.

Oberflächlich betrachtet war das Leben meines Vaters sehr unterschiedlich zu meinem. Er bewegte sich in einer anderen Welt, die man hätte meiden sollen. Aber so weit es in seiner Macht stand, hat er die Auswahl getroffen. Alles was er machte, war für uns, seine Familie, um uns ein besseres Leben als er es hatte, zu ermöglichen. Wenn ich ihn einmal sagen hörte, wie er es Millionenfach sagte: *„Ich mache, was ich kann, dann müsst ihr es schon nicht machen."* So meißelt es sich in meinem Gedächtnis fest.

Wie du siehst, ist meine Geschichte das Vermächtnis meines Vaters. Ich kann nicht mein Leben betrachten, ohne das meines Vaters. Ich sehe den Erfolg, den mein Bruder Joey und ich erreicht haben, und ich weiß, dass wir Vater danken müssen – aber nicht so, wie du vielleicht denkst. Ich habe ein Gerücht vernommen, dass Papa Joey und mir ein Bündel Geldscheine hinterlassen hat, das wir als Grundstock für den Handel an der

Börse benutzt haben. Das ist der Grund, wie die Geschichte zeigt, warum es Joey und ich so weit gebracht haben. Die Wahrheit ist jedoch, dass es kein Geld gab, als Papa starb.

Manchmal scherze ich mit den Burschen am Parkett. Ich sage „Warum hat euch euer Vater 15 oder 20 Millionen Dollar vermacht. Mein Vater hat Joey und mir eine Skimütze, ein Gewehr und einen Zettel vermacht, auf dem stand: 'Geht und nehmt euer Leben in die Hand. Versorgt eure Mutter.' Das ist alles, was wir mitbekommen haben."

Mein Hintergrund ist kein Geheimnis unter meinen Mithändlern, obwohl mich nie jemand danach gefragt hat. In der Tat vermute ich, dass die meisten fürchten, meine Gefühle zu verletzen oder mir die Laune zu vermiesen. Das Ergebnis davon ist, dass die anderen Händler mich manchmal anders behandelt haben, als ob sie nicht völlig gleichgültig wären. Um dem zu entgegnen, scherze ich manchmal über meine Kindheit. Ich erzähle die „Skimützen"-Geschichte, die manche auflockert und andere ein bisschen aufrüttelt.

Aber die Wahrheit ist, dass Papa uns weder eine Skimütze noch ein Gewehr hinterlassen hat. Er hätte uns geprügelt, bis es uns vergangen wäre, wenn wir je daran gedacht hätten, in seine Fußstapfen zu treten, wenn es so gekommen wäre, wie er sein Leben gestaltet hat. Mein Vater war LKW-Fahrer, rechtmäßigerweise mit 17 Jahren. Wenn etwas „aus dem Wagen gefallen ist," machte er ein bisschen Geld nebenher. Dann kam die Versuchung, die Chance für ein großes Ding. Es gab kein zurück.

Das Erbe, das mein Vater Joey und mir hinterließ, war weit mehr wert als Millionen und wird lange anhalten. Er vermachte uns Rechtschaffenheit, Selbstvertrauen, Stärke, Hartnäckigkeit, und die Fähigkeit, auf unseren eigenen Füßen zu stehen. Er machte uns zu richtigen Männern, als wir noch kleine Jungen waren. Und er liebte uns. Uneingeschränkt. Ohne Zweifel. Unwidersprochen. Seine Liebe zu uns und sein Glaube, dass wir alles, was wir uns in den Kopf setzen würden, durchsetzen und zum Grundstock für unseren Erfolg machen würden.

Ich habe eines Tages mit Michael Jordan Karten gespielt. Normalerweise erregt das Aufsehen und macht dich zu einer wichtigen Person. Aber es ist wahr. Wir haben uns im Clubhaus eines privaten Dorfclubs nach einem Golfturnier erholt, bei dem die Manager einiger der größten Chicagoer Unternehmen, einiger Sportgrößen und unabhängige Geschäftsleute wie ich, teilnahmen. Wir saßen um den Tisch herum, rauchten Zigarren und tranken. Jemand zog ein Kartenspiel heraus und begann zu mischen. Ich erkannte an diesem Abend, dass, wenn es nicht für Geld gewesen wäre, Michael Jordan hätte nie bei diesem Kartenspiel mitgemacht und ich ebenfalls nicht. Wir kommen aus einer anderen Welt als die Herren, denen wir an diesem Abend Gesellschaft leisteten. Es mögen sicherlich tolle Kerle sein, aber ich weiß, wer ich bin und wo ich herkomme. Und auf keinen Fall erzähle ich, in welchem Club ich Mitglied bin, mit wem ich mich umgebe oder wieviel ich verdiene, niemals entblöße ich mich in dieser Menge. Wenn ich es mir aussuchen kann, möchte ich immer ein Mensch für mich allein bleiben.

Da ich blond, blauäugig und akademisch gebildet bin, hätte ich ohne weiteres meinen Namen ändern oder in eine andere Identität schlüpfen können, indem ich in ein Golfhemd oder einen Business-Anzug geschlüpft wäre, aber das wären nur die Äußerlichkeiten gewesen. Ich könnte nie den Einfluss meiner Erziehung auf den Charakter verleugnen, und ich weiß ganz bestimmt, dass ich es nie versuchen würde. Ich bin Italo-Amerikaner, und ich bin stolz auf mein Erbe und meine Staatsangehörigkeit. Mein Großvater, Luigi Borsellino, ist aus Sizilien ausgewandert und schlug sich durchs Leben, zuerst als Schmuggler während der Prohibition. Dann begannen er und seine zwei Brüder mit der ersten Spaghettifabrik in Chicago und führten ebenfalls ein Ölimportgeschäft.

Die Großeltern meines Vaters hatten vier Kinder. Der älteste Sohn Norfe wurde in Italien geboren und verbrachte die ersten neun Lebensjahre mit seiner Mutter, nachdem sein Vater in die Vereinigten Staaten ausgewandert war. Nachdem er schließlich auch dort ankam, hatte Norfe keinerlei Erinnerungen an seinen Vater, bis auf die Geschichten, die ihm seine Mutter erzählte. Dieses erste Treffen wurde vermießt durch einen Trick von Norfe, der als Familienwitz für die nächsten 70 Jahre herhalten musste. Jemand nahm Norfe in Italien zur Seite und erzählte ihm, dass sein Vater, der nicht mehr als 1,50 Meter groß war, einen neuen englischen Spitznamen hätte, mit dem er gerne gerufen würde. So lächelte Norfe seinem Vater, den er das erste Mal seit er ein Baby war, sah, entgegen und sagte laut den englischen Ausdruck, den er gelernt hatte: „Hallo, Kleiner!" Er hat nie verstanden, warum ihn sein Vater in dem Moment, in dem er ihn sah, ohrfeigte.

Nach Norfe kamen Louisa, mein Vater Tony und Josephine, die jeder „Josie" ruft. Mein Vater, Florence, oder „Tootsie", wie sie ihn auch genannt hat, war ebenfalls italienischer Abstammung mit einem großen Anhang: Sammy, Caroline, Frank, Antoinette (die jeder „Cookie" nennt) und Tina. Sowohl von väterlicher, als auch von mütterlicher Seite hatten wir eine enge Verbindung zu Onkeln, Tanten und Cousinen. Wir mussten in der harten Zeit einer für den anderen da sein, wodurch sich die Situation leichter ertragen ließ. Das Wesentliche für mich daran ist, wie Italo-Amerikaner aufzuwachsen. Ich wurde in dem Glauben aufgezogen, dass kein Opfer für deine Eltern, deine Kinder oder deine Geschwister zu groß ist. Ich erinnere mich an eine Geschichte, als meine Eltern frischvermählt waren und in einer Wohnung ein Stockwerk über den Eltern meines Vaters wohnten. Papa sorgte sich so, dass seine Mutter, die einen Herzfehler hatte, einen Herzanfall erleiden könnte, während sie die Treppen stieg, dass er ihr täglich drei Kurzbesuche abstattete.

In einer italienischen Familie ist jeder für jeden verantwortlich. Das heißt, wenn jemand ein Problem hat, haben wir *alle* das Problem. Das Telefon geht von Haus zu Haus, bis das Problem gelöst ist. Als ich noch ein Kind war, war die Lösung normalerweise mein Vater. Er war der ursprüngliche „Problemlöser", wie die Softwareleute heutzutage ihre Mädchen für Alles nennen. Obwohl er nicht der Älteste der Familie war, war er derjenige, der um Rat und Hilfe angegangen wurde. Ich wäre heute Milliardär, wenn ich für jedes Mal, wo ich meinen Vater sagen hörte „Sorge Dich nicht. Ich kümmere mich darum." einen Dollar hätte.

Mein Vater war stark, mit eisernem Willen und Nerven wie Stahlseile, aber er konnte auch sanft und mitfühlend, großzügig und scherzhaft sein. Er wurde von allen geliebt, die ihn gut kannten. Ich wurde daran erinnert, als ich letztes Jahr im April mit meiner Frau Julie und den sieben Kindern in Las Vegas meinen 41-sten Geburtstag gefeiert habe. Zwei Limousinen parkten am Straßenrand, als wir Caesars Palast verließen, um die Nacht in der Stadt zu verbummeln. Der Fahrer von einer näherte sich mir.

„Sind Sie nicht Herr Borsellino?" fragte er mich.

„Ja, das bin ich," antwortete ich und vermutete, dass der Fahrer sich nur vergewissern wollte, dass er die richtigen auflud.

„Sind Sie Tonys Sohn?" fragte er mit weicher Stimme.

Ich war schockiert, den Namen meines Vaters nach all den Jahren hier erwähnt zu hören. „Ja, ich bin Lewis Borsellino."

Der Fahrer schüttelte den Kopf und lächelte ungläubig. „Mein Gott, Tonys Sohn. Sie sehen genauso aus wie er. Er war der beste Junge auf der ganzen Welt."

Sie kennen ja das alte Sprichwort „Es gibt so etwas wie Ganovenehre." Es passte buchstäblich auf meinen Vater. Er brach das Gesetz, indem er von einer Firma stahl, und eine Ladung in seine eigenen Hände umleitete.

Kapitel 01

Aber er hätte niemals einen Menschen bestohlen oder ausgeraubt. Es war illegal und unrecht. Ich mag es nicht und heiße es nicht gut, was er tat. Mein Vater hätte ein völlig legitimes Geschäft führen können, indem er seinem Verstand vertraute und die Sachen in Gang brachte, um ein Geschäft zu betreiben. Ich bin ärgerlich, dass er das nicht tat. Ich bin ärgerlich, dass er nie meinen Erfolg und den Erfolg meines Bruders sah. Ich bin ungehalten, dass er nie seine Enkel sah. Und ich bin ungehalten, dass meine Mutter seit fast 20 Jahren Witwe ist, seit sie 43 Jahre alt ist.

Aber er war mein Vater und ich liebte ihn. Ohne Rücksicht auf die Wahl, die er getroffen hat, war er ein Mann, der seine Familie liebte, der uns aus der alten Nachbarschaft in Vororte herausholte, um uns eine bessere Chance zu geben. Es war ein Lebensstil, den er sich eigentlich nicht leisten konnte, und so zahlte er den Preis, in schlechtes Fahrwasser zu kommen. Ich werde ihm das nie vergessen. Was er wollte, war, dass es uns besser ging als ihm.

„Ich tu' was ich tu', so müsst Ihr es schon nicht machen."

Mein Vater nahm nie ein Blatt vor den Mund, sei es, dass er mir einen Rat gab oder mir geradewegs über sich selbst und sein Leben erzählte. Er kannte die Angst. Und er kannte das Risiko. Und er konnte mit beiden umgehen. Offen und aufrichtig sagte uns Papa die ganze Wahrheit über das Leben, wie er es sah. Ich erinnere mich, als ich mich mit 18 mit meinen Freunden in den Clubs umhertrieb. Mein Vater grinste und sagte „Es sieht aus, als ob du Theaterspielen gingst, hahaha. Du möchtest ein gutes Leben haben? Du tätest besser daran, eine gute Erziehung und einen Job zu kriegen." Ähnlich nahm er mich zu einem Club mit und zeigte auf die Jungs an der Bar. „Siehst du den Kerl? Der ist Richter. Der Andere ist Anwalt. Er ist Arzt. Dem Anderen gehört ein Geschäft…Du möchtest so wie sie sein? Schau, dass du eine Ausbildung bekommst."

Auf vielfältige Art und Weise machte mich mein Vater zu dem, der ich heute bin. Wie immer der Erfolg war, ich habe es genossen, als Händler tätig zu sein, und ich habe ihm zu danken für seine Lektionen, die er mir erteilte in Überlebenskunst, Disziplin und Ausdauer. Von Anfang an wollte mein Vater, dass mein Bruder Joey und ich auf eigenen Füßen stehen, unabhängig und selbstbewusst. Bis auf den heutigen Tag höre ich meinen Vater sagen: „Lauft nicht der Masse nach. Führt sie an."

Ich habe von meinem Vater eine intensive Vorliebe für das, was ich verehre und woran ich glaube, geerbt, besonders an meine Familie und jene, die mir nahestehen. Diese Vorliebe ist beides – mein größtes Plus und

Die besten Zeiten

meine Schwäche zugleich. Die Zeiten, in denen ich die Kontrolle über mich verloren habe oder mich selbst in Zweifel zog, waren wegen dieser Schwäche; ich kann sie jedoch nie zähmen oder ganz verleugnen. Es ist der Kern dessen, was ich bin, meine Kanten und Ecken und gleichzeitig mein großer Vorteil.

Mein Vater brachte mir andere Lektionen des Lebens bei, insbesondere es zu feiern. Wenn es ihm gut ging, ist er förmlich aufgeblüht. Als wir Jungen waren, wussten Joey und ich, dass es Sommer war, wenn wir einen Bürstenhaarschnitt bekamen und Mammi uns packte, um den Sommer in einem gemieteten Haus am Genfer See in Wisconsin zu verbringen, das für Chicago so etwas ist, die die Hamptons für New York. 1964 kaufte mein Vater ein Boot für 12.500,– $. Er fuhr einen brandneuen Oldtimer und Mutti hatte einen neuen Thunderbird. Ich erinnere mich, dass er immer in bar bezahlte und immer einen Geldbündel bei sich hatte.

Kein Wunder, dass ich als eines der ersten Dinge, als ich als Händler groß wurde, ein Haus am Genfer See kaufte. Es war für meine Familie und mich zur Erholung. Aber im innersten meines Herzens war es auch für Papa, der immer scherzte „Eines Tages werde ich ein Haus am See kaufen und auf der Veranda sitzen. Wenn Spaziergänger kommen, werde ich sie verjagen. 'He, haut ab von meinem Grundstück.' "

Aber es ist wichtiger, Händler zu sein, als Geld zu verdienen. Sicherlich habe ich die finanziellen Anreize meines Berufes genossen, so wie ich während meiner besten Zeiten aufgelebt bin. Aber mit Erfolg umzugehen kann ebenso schwierig sein wie mit Rückschlägen. Tatsächlich glaube ich, dass das schlimmste, was einem jungen Händler passieren kann, eine Reihe von Gewinnen gleich in der ersten Woche ist. Es ist so leicht zu glauben, dass du *so viel* gerissener bist als der Rest der Welt, wenn du jedes Geschäft mit Erfolg abschließt. Wenn der Markt gegen dich läuft und du in einer Position in einem schnell fallenden Markt festgefahren bist, oder wenn du krampfhaft versuchst, in einem Aufwärtstrend eine Leerposition einzudecken, fühlst du dich verdammt.

Das Problem ist, dass du nicht glaubst, den Markt zu beherrschen. Oh ja, es gab sicher Zeiten, in denen ich so leicht Geld verdiente, dass ich einen sechsstelligen Tagesgewinn machte, ohne in Schweiß auszubrechen. Aber es gab auch andere, in denen ich meine eigenen Gesetze brach und glaubte, ich weiß wann und wie der Markt gesteuert wird, anstatt dem Markt sein eigenes Timing zuzugestehen. An diesen Tagen war ich förmlich kopflos.

Der Markt regelt sich selbst, wie immer wieder gesagt wird. Jegliche Anstrengung muss unternommen werden – sei es, dass Umsätze am Parkett ausgerufen werden oder an der Computerbörse in den PC eingegeben werden – um die Integrität des Marktes zu erhalten. Der gleiche Zugang muss für alle Teilnehmer garantiert werden, egal ob für einen Broker oder einen unabhängigen Händler, denn am Ende ist es der Markt, der von allen Teilnehmern bearbeitet werden muss und nicht umgekehrt.

Deswegen schaue ich den Crash von 1987 als einen der schlimmsten Dinge an, die unserem Markt passieren konnten. Sicherlich, ich bin wie jeder andere auch ganz in der Euphorie aufgegangen, schnell Geld zu verdienen. Es gab viele von uns, die eine Unmenge Geld gescheffelt haben, wie es ebenso welche gab, die auf dem falschen Fuß erwischt wurden und vernichtet wurden. Aber ich würde immer vorziehen, über 30 Jahre hinweg 1 Million Dollar im Jahr zu verdienen als in einem Jahr 4 Millionen Dollar und damit den Markt und seine Integrität zu zerstören.

Da gab es jene, die nach dem Crash herumzogen und sich diebisch darüber freuten. Auf mich wirkten sie wie die sprichwörtlichen Narren, die das Huhn, das goldene Eier legt, töten und meinen, sie bekommen den ganzen Schatz auf einmal. Aber, wie die Geschichte lehrt, legt das Huhn seine goldenen Eier eins nach dem anderen und die Narren mit dem Dolch hatten eine Riesenschweinerei in ihren Händen. Die Moral der Geschicht': Ausdauer und Vernunft sind, sogar in finanziellen Angelegenheiten, immer ihren Preis wert. Vielleicht ist das die letzte Lehre dieser besten Zeiten. Lebe, solange du kannst! Genieße das Glück, das dir das Leben bringt, aber akzeptiere, dass sich die Zeiten auch wieder ändern. Ebenso wie der Markt hat auch das Leben seine eigenen Zyklen. Die besten Zeiten währen nie ewig.

Kapitel 02

Der Handels-
alltag

An dem Tag, als ich zum ersten Mal zur Börse ging, wusste ich, dass ich meine Berufung gefunden hatte. Ich hörte den Krach, ich sah das Chaos, ich fühlte die Energie und die Aufregung – und ich war begeistert. Die Leute gellten und schrien miteinander, winkten mit den Händen und warfen Händlerzettel in die Luft. Da lag Geld förmlich in der Luft.

Ich war 22 Jahr alt, als ich im Januar 1980 das Parkett der Chicagoer Börse das erste Mal besuchte. Ich war mitten in einer schmerzlichen Lebensphase und unsicher, was ich mit dem Rest meines Lebens anfangen sollte. Dann kam ich zur Börse und wusste, dass ich dort meinen Platz gefunden hatte.

Heute dominieren Computer den Handel sehr stark. Das System, dass die Händler ihre Aufträge laut ausrufen, wird von den Vorteilen des elektronischen Handels herausgefordert. Ich habe mich dahingehend entwickelt, in einem ganzen Raum von Computern für mich und andere Anleger befriedigend zu handeln. Wenn die betreffenden Einrichtungen eine Möglichkeit gefunden haben, wird das Handelsparkett vermutlich verschwinden und das Ausrufen der Händler sein Ende haben. Aber der Handel wird natürlich fortgesetzt. Die Banken werden nach wie vor ihre Zinsrisiken absichern, die Institutionellen werden nach wie vor den S&P-Future

zum Ausgleich ihrer Aktienbestände nutzen, und die Börsenhändler, die überleben, werden nach wie vor mit kleinem Gewinn handeln. Falls die Chicagoer Börse eines Tages ein Museum sein sollte, werde ich nach wie vor handeln. Ich werde in meinem Büro ein paar Häuser von der Börse entfernt vor einer Reihe von Computern sitzen oder ich werde mit einem Laptop und einem Handy in meinem Sommerhaus am Genfer See entspannen.

Es ist sehr schwer, außenstehenden Menschen zu erklären, was ich für ein Leben führe. Mancher auf dem Golfplatz hört, dass ich Händler bin und möchte meine Meinung über Intel oder IBM oder andere Aktien wissen. Ich erkläre dann, dass ich keine einzelnen Aktien handele. Meine Besonderheit ist der S&P-Futures, ein Kontrakt, der auf dem Wert von sämtlichen S&P 500 Aktien beruht. Die Augen der Leute fangen dann normalerweise zu glänzen an und dann fragen sie, ob ich nicht gekillt worden sei, als der Markt die Woche zuvor herunter kam oder ob ich schwer eingeheimst habe, als der Markt nach oben ging.

Ich erkläre dann, dass es nichts ändert, welche Richtung der Markt nimmt. Ein Händler kann Geld verdienen, ob der Markt steigt oder fällt. Wir handeln sowohl von der Kauf-, als auch von der Verkaufssicht her. Wenn ich die Leute noch nicht völlig gelangweilt habe, fahre ich fort und erkläre: Es ist so, wie wenn du eine Fußballwette mit einem Kumpel eingehst. Wenn du der Ansicht bist, dass Dallas gewinnt, wirst du so setzen. Aber du kannst ebenso leicht gegen Dallas wetten und auf die Broncos setzen. Das gleiche ist mit dem S&P: wenn du meinst, der Markt geht hoch, dann kaufst du Kontrakte, wenn du meinst, der Markt fällt, dann verkaufst du zum aktuellen Preis.

Einige Leute benutzen Zocken als Analogie für Handeln. Gehen wir einmal davon aus, beides sind riskante Geschäfte, und diejenigen, die ihr Geld gierig in die Kiste packen, werfen das Geld zum Fenster heraus. Aber wenn du in Las Vegas würfelst, dann ist es ebenso wahrscheinlich, dass du eine drei wie eine fünf hast. Professionelle Spieler nutzen Strategien, um ihre Chancen zu verbessern, aber die Zahlen sind die Richtschnur. Beim Handeln spekulierst du darauf, was im Markt passiert, basierend auf den fundamentalen und technischen Aspekten. Du weißt, was den Markt beeinflusst, ob es eine gute Nachricht über die Asienkrise ist oder eine Warnung von Alan Greenspan, dass die Wirtschaft zu heiß läuft. Sogar den besten Händler kann es zerreißen, wenn der Markt plötzlich ohne ersichtlichen Grund dreht. Er hat gekauft und der Markt fällt plötzlich und er kann seine Kontrakte nicht verkaufen, denn der Preis ist wesentlich niedriger, als er sie gekauft hat. Das ist mir öfter passiert als mir lieb ist, was ich zugeben will, das ist bei jedem Händler so. Deine Zielvorgabe und Disziplin bringen dich jedoch wieder zurück in das Spiel. Du machst wieder gut, was du verloren hast – und noch mehr.

Ich beginne den Tag in meinem Büro zwei Häuserblocks von der Börse entfernt, wo ich mich mit einem halben Dutzend Händler vor der Eröffnung treffe, um zu diskutieren, wohin der Markt sich bewegt. Wir brüten über technischen Preischarts, die für ein ungewohntes Auge wie das Umherirren eines verrückten Mathematikers oder mystischen Chartisten ausschauen.

Die Charts zeigen die Preismuster oder das Niveau des Markts, das den Widerstand und die Unterstützung stellt. Indem die Händler wissen, wo diese Kernpunkte liegen, können sie eine Strategie für den Tag ausarbeiten. Beispielsweise liegt der S&P bei etwa 1.050. Aber wenn wir zurückschauen, dann war 1.065 der Punkt, an dem der Markt Schwierigkeiten hatte, höher zu gehen. Er hat diese Marke ein paar Mal getestet, hat es aber nicht über längere Zeit geschafft, und die Preise fielen wieder. Wenn der Markt über 1.050 geht, wird das nächste Ziel 1.065 sein. Wenn er da wieder Momentum verliert, wird der Markt fraglos schwächer. Aber wenn der S&P durch diese Marke durchbricht, wird die Stimmung freundlich.

Diese technischen Preismarken ziehen die Handelsaktivitäten wie Magnete an. Das ist in hohem Maße verbreitet, weil die Händler und Markttechniker alle auf die gleichen Signale achten. Obwohl die technische Analyse durchaus unterschiedlich gestaltet ist, bestimmte Punkte – wie die vorherigen Höchst- und Tiefststände oder Umkehrsignale, an denen der Markt die Richtung gedreht hat – sind den meisten Analysesystemen gemeinsam. So weißt du genau, wenn sich der Markt diesen Preisen nähert, dass sich alle Augen darauf konzentrieren, was als nächstes passiert.

Wir betrachten jeden morgen die Charts und diskutieren die Ziele, und machen uns mit den Schlüsselpunkten vertraut, die wir beobachten müssen. „1.065. Das ist die Friss-oder-stirb-Marke," röhrt einer der Händler.

Ich nicke zustimmend, indem ich hinter einem großen Schreibtisch aus dunklem Holz sitze, an dem drei Baseballs mit den Autogrammen von Joe DiMaggio, Ted Williams und Mickey Mantle unter einer Glasplatte ausgestellt sind. „Wenn der Markt über 1.065 geht, ist es ein Kaufsignal," pflichte ich bei. „Darunter, dann wird er fallen."

Ich schaue auf meinen Computerbildschirm, der bereits mit den gestrigen Tagesaktivitäten markiert ist, und schalte für einen Moment auf die CNBC Überschriften. Dann wird es Zeit zum Handeln. Die Händler strömen aus meinem Büro in den nächsten Raum, der mit einer Bildschirmwand ausgestattet ist, an der Preise und Indikatoren angezeigt werden. Die Telefone werden abgenommen und die Orders platziert. Der Markt wird gleich eröffnen und die Wetten laufen.

Ich bin für einen Moment allein in meinem Büro, umgeben von Fotos und Zeichen von Vorlieben in meinem Leben. Zuerst und hauptsächlich ist das meine Familie. An den Wänden sind Fotografien meiner Frau Julie und meiner sieben Kinder, die wir miteinander haben. Ich habe auch die Sportbegeisterung meines Vaters geerbt und seine Vorliebe für Wettkämpfe. Fotos meiner Golfpartner und meiner verschiedenen Turniere sind an der Wand aufgehängt. Das Trikot von Walter Payton ist signiert unter Glas. Ein Notre Dame Helm, der von jedem Gewinner der Heismann Trophäe an jener Universität signiert ist, hat seinen Platz auf einem kleinen Tischchen vor meinem Schreibtisch.

Ich schlüpfe in meine weiße Händlerjacke, die einen Anhänger trägt mit der Aufschrift LBJ. Obwohl meine Initialen LJB sind, habe ich sie verdreht, um ein leicht zu merkendes Initial zu haben. (Denke nur an Lyndon Johnson und „all die Wege mit LBJ?") Unsere Anhänger sind gleichzeitig unsere Unterschriften, und je einprägsamer, desto besser. Mein Bruder Joe entschied sich für „OEJ." Andere Möglichkeiten wären POW oder WOW gewesen. Mein guter Freund und Mentor litt einmal an einer Krankheit, die ihn plötzlich einschlafen ließ. Deshalb wählte er ZZZZ auf seinem Anhänger. Was immer die Abkürzung ist, das Ziel ist Aufmerksamkeit auf dem Parkett zu erregen, dass sie sich an diesen Handel erinnern – und an den nächsten.

Ich verlasse das Büro und weiß, dass ich in ein oder zwei Stunden wieder zurück bin. Ich überlasse die schrecklich langen Tage den jüngeren Händlern, einige von ihnen nur knapp halb so alt wie ich, die sich an meinen Umsätzen orientieren. Sie kaufen, wenn ich kaufe und verkaufen, wenn ich verkaufe. Ich halte meine Präsenz auf dem Parkett trotzdem, denn die Handelsaktivität ist zu wichtig, als dass man sie ignorieren könnte. Solange es ein Parkett gibt, wird meine Firma und ich dort präsent sein. Aber die Zukunft ist außerhalb des Parketts beim PC.

Wenn ich zur Börse gehe, tausche ich die Gedanken meist mit einem anderen Händler aus. Außerhalb der Börse ist Platz für Kameradschaft oder sogar Freundschaft. Am Parkett gelten andere Regeln. Ob der Markt langsam dahin plätschert oder wild fuhrwerkt, es ist nichts anderes als Krieg.

Der Handelsalltag

Ich bin nur so gut wie mein letztes Geschäft, sei es, dass ich an irgendeinem Tag 100.000,– $ gewonnen oder 50.000,– $ verloren habe.

Kurz bevor der Markt eröffnet, mache ich meine Ansprüche geltend. Ich stehe auf der zweiten Stufe, gegenüber dem Podium, wo das Band mit den Börsenkursen läuft. Mein Bruder Joey ist schon da und steht auf meiner linken Seite. In der Minute, bevor die Glocke läutet und der Handel anfängt, denke ich an das erste Mal zurück, an dem ich 1980 zur Börse kam.

Ich hatte ein Jahr zuvor das College bestanden und lernte gerade mit dem Laster meines Vaters zu fahren. Es war nicht das, was ich mir fürs Lebens vorgestellt habe, aber dann hat sich nichts ereignet, das mein Leben verändert hätte, wie ich es gehofft habe. Ich spielte mit einem Mann namens Lou Matta Handball, der etwa 15 Jahre älter war als ich, ein Mann aus meiner früheren Nachbarschaft, der es als Börsenhändler zu etwas gebracht hat. Ich habe das *Wall Street Journal* wegen der Goldpreise gelesen, die in diesen Tagen explodiert sind, und ich habe mich dafür interessiert, Goldfutures für mich selbst zu kaufen.

Als ich das Lou erzählte, schlug er vor, dass ich ihn an der Merc besuche. „Komm' einmal zur Börse und schau dir an, was Handeln bedeutet," sagte er zu mir.

An dem Tag, an dem ich zur Börse ging, bot mir Lou Matta auf der Stelle einen Job an. Ich weiß nicht, ob es der Krach oder der Adrenalinstoß war, aber ich wusste intuitiv, dass ich in dieser Umgebung Erfolg haben würde. Ich wurde Zettelträger, was die einzige Möglichkeit ist, sich an der Börse einzuarbeiten. Es ändert überhaupt nichts, ob du der netteste Kerl der Welt bist – ob Atomforscher mit dem Nobelpreis oder nicht – wenn es an der Börse ans Arbeiten geht, musst du unten als Zettelträger anfangen. Für ein kleines Gehalt nimmst du die Aufträge, die von Kunden kommen und bringst sie den Brokern, die an unterschiedlichen Maklerschranken stehen -für Rinderhälften, Schweinebäuche, Währungen, Eurodollarzinsen und so weiter.

Nach ein paar Tagen als Laufbursche traf ich einen Mann, der sehr früh mein Leben geprägt hat und der einer meiner einflussreichsten Förderer meiner Karriere war und ein guter Freund bis auf den heutigen Tag ist: Maury Kravitz. Maury hat nicht viel von mir gesehen, seit ich neun Jahre war und meine Mutter als Anwaltsgehilfin bei ihm arbeitete. Sein Rücken war zu mir gewandt, als ich ihn am Parkett erspähte. „Hallo Maury," sagte ich. „Erinnern Sie sich an mich?"

Maury betrachtete mich über den Rand seiner Lesegläser, die er gerade

Kapitel 02

aufhatte. „Hallo Lewis," sagte er warmherzig. Dann zeigte er auf den Anhänger und meine Uniformjacke der Börse. „Was machst du hier?"
„Ich bin Zettelträger für Lou Matta."
„Warum hast du mich nicht wegen einer Stelle gefragt?" fragte Maury aufrichtig verletzt.

Ich wollte nicht irgendeinen Bekannten von Maury oder sonst jemanden fragen. Ich erwartete nichts mehr als ein Schulterklopfen und ein nichtssagendes „viel Glück für dich". Aber Maury war anders. Er sorgte sich wirklich um Menschen, und wenn er mir eine Chance bot, dann meinte er es auch so. „Lass' uns in zwei Wochen wiedersehen," sagte er „Ich werde dich zu meinem Verkäufer machen."

Als ich Lou Matta erzählte, was Maury mir angeboten hatte, lächelte er. „Lewis, wenn Maury Kravitz dir eine Gelegenheit wie diese angeboten hat, dann musst du zugreifen." Lou und ich schüttelten die Hände, als sich unsere beruflichen Wege trennten, aber er bleibt bis heute ein guter Freund. Dann ging ich zu Maury Kravitz, einer Legende unter den Händlern.

Maury hat sich selbst durch seine Intelligenz, seinen geschäftlichen Scharfsinn und seine Zielstrebigkeit einen Namen gemacht. Während seiner gesamten Karriere, sowohl als Anwalt und später als Händler, war er sowohl mit Leo Melamed und Jack Sandner verbunden. In der Tat waren Maury und Leo Anwaltspartner lange bevor sie eine Handelsgesellschaft, Dellsher, gegründet haben, benannt nach ihren zwei Töchtern. Jack Sandner kam als junger Anwalt zu Maury, um für ihn zu arbeiten. Meine Mutter war Maury's langjährige Sekretärin und musste Anwaltsbriefe für Jack schreiben, als er gerade mit seiner Berufspraxis angefangen hatte.

In meiner ersten Zeit an der Börse war die geschäftliche Beziehung zwischen Maury, Jack und Leo sehr herzlich. Jahre später sollte eine bittere Fehde über die Kontrolle der Börse Jack und Leo in Konflikt bringen. Die Börsenmitgliedschaft wurde in der Tat aufgeteilt. Von Anfang an war ich mit Maury verbunden, der wiederum eng mit Jack liiert war. Bei dem ganzen Streit war ich ein Teil von Jack's Lager. Im Laufe der Jahre sollten Leo und ich einige bittere Schlachten austragen.

Etwa in der Zeit, als ich an der Börse anfing, teilten Maury und Leo ihr Geschäft. Maury blieb in der Anwaltskanzlei, während Leo Eigentümer von Dellsher wurde. Jack war Präsident von RB&H Financial Services, einer Verrechnungsfirma, die eine Hochburg des Rinderhandels war und einen Großteil der Umsätze, die über die Börse liefen, abwickelte. Durch meine Verbindung zu Maury kam ich sofort in den inneren Zirkel.

Der Handelsalltag

In den frühen Tagen war Maury der König des Goldhandels. Anfang der 70er, kurz bevor die Vereinigten Staaten den Goldstandard aufhoben, hatte Maury die Voraussicht, bei einigen der führenden Brokerhäuser die Idee einzuführen, dass sie ihr Geschäft eines Tages mit Goldkontrakten führen sollten. Maury bestand all die Jahre darauf, bis die Brokerhäuser zustimmten, um ihn zu beschwichtigen oder auch nur, um ihn ruhig zu halten, dass er ihr Goldgeschäft abwickeln könne. Dann wurde Maurys Hirngespinst eine Realität. Als die Börse den Gold-Futures-Kontrakt herausbrachte, hatte Maury praktisch das gesamte Geschäft von den großen und den kleinen Brokerhäusern. Er wurde so beherrschend, dass die Börse ihn später dazu zwang, seinen Kundenbereich auf andere aufzuteilen.

Als ich für Maury arbeitete, war ich schon ein großer Goldhändler, und ich half ihm, sein „Deck" zu führen. Das Deck ist ein Stapel von Kundenaufträgen, mit Käufen auf der einen und Verkäufen auf der anderen Seite – und alle sind um den aktuellen Marktpreis herum angesiedelt. Als Verkäufer handelte ich an einem Tisch, indem ich die Umsätze für die Broker annahm, die die Kundenaufträge am Parkett ausführten. Damals war das Handeln noch etwas anderes als es heute ist. Als sich der Markt veränderte, habe ich die Käufe und Verkäufe umstrukturiert, indem ich mich über die Kundenorder für die Broker auf dem Parkett auf dem Laufenden hielt. Die Aufgabe des Verkäufers war, den Händlertisch mit der Zeit und dem Marktpreis so up to date zu halten, dass die Broker die Umsätze auf dem bestmöglichen Weg ausführen könnten. In diesem Verfahren bewies ich Maury, dass ich den Instinkt und das Gefühl für den Markt hätte, um Händler zu werden.

Ich arbeitete nur einige Monate für Maury, als er meine Mutter und mich zur Konfirmationsfeier seiner Tochter Sheryl in sein Haus in Skokie einlud. Maury bat meine Mutter zur Seite und erzählte ihr etwas, das sie später im Auto auf der Heimfahrt wiederholte.

„Maury erzählte mir, dass ich mir um dich keine Sorgen machen müsse und dass du auf dem besten Weg bist, Millionär zu werden," sagte meine Mutter stolz.

„Wow, ich hoffe, das passiert bald, denn wir könnten das Geld gebrauchen," sagte ich, nicht sicher, ob ich das glauben könne, was Maury gesagt hatte.

Meine Mutter lachte. „Sei doch geduldig," sagte sie. „Es kommt, wenn die Zeit reif dafür ist. Maury ist ein guter Mensch. Er ist wie ein Bruder zu mir. Er wird dich immer gut behandeln."

Maury Kravitz war – und ist – ein Mann, dessen Handeln auf Freundschaft und Loyalität basiert. Das kann man nur von wenigen Menschen behaupten, besonders in den Märkten, in denen das Geld den Ton angibt. Für die meisten Leute in diesem Geschäft ist Geld ihr Gott, den sie anbeten und für den sie leben. Letzten Endes wird es zu ihrer Achillesferse. Im Extremfall werden einige Menschen alles für Geld machen, einschließlich sich selbst dem Risiko auszusetzen, meistens unter Ausschalten von jeglicher Angst Tausende beim Handeln zu verlieren.

Ich habe meinen Teil Geld verdient und ich genieße den Lebensstil, den ich dadurch habe. Die Philosophie meines Vaters war, wenn du Geld hast, gibst du es auch aus. Mein Vater war sehr großzügig, sowohl beim Ausgeben, als auch, indem er jemandem aushalf, der gerade Pech hatte. Geld war Stoff, der ausgegeben werden musste. Aber niemals, um es zu horten oder – Gott behüte – über jemanden zu herrschen. Ich wusste immer, ich könnte morgen alles verlieren und auf die Füße fallen. Das ist der Grund, wenn ich fünf Dollar habe und du zwei brauchst, du die zwei haben kannst. Wenn du fünf brauchst, nimm sie. Ich werde schon wieder andere fünf bekommen. Einige Menschen haben vielleicht Kapital aus mir geschlagen, wie aus meinem Vater, weil ich es jedem recht machen muss. Aber ich stimme seiner Philosophie zu, besonders wenn es um meine Familie und die mir Nahe stehenden geht: „Entweder gehen wir alle. Oder niemand geht."

Aber es war für mich in diesen ersten Monaten als Verkäufer schwer, auf meine Chance zu warten, dass ich mich selbst als Händler beweisen konnte. Glücklicherweise musste ich nur einige wenige Monate warten. Im September 1981 bekam ich meinen Börsensitz zum Verkauf von Gold. Aber es war nicht die günstigste Zeit für den Goldmarkt. Das Volumen ging zurück, und was die Sache noch verschlimmerte, ich hatte nur 5.000,– $ in meinem Handelskonto. Um ein erfolgreicher Händler zu sein, benötigst du mehr – vorzugsweise das 10- bis 20-fache des Betrages – das es dir ermöglicht, genug Kontrakte zu handeln, um Gewinn zu machen und um dir ein Polster zu verschaffen, für den Fall, dass es schlecht läuft. Ich füllte Aufträge aus und handelte, aber ich machte mit meinem Börsensitz nicht mehr als 3.000,– $ Gewinn im Monat

Kapitalkraft ist eine der Kernpunkte des Handelns, sei es am Parkett oder am PC. Als ich begann, benötigte ein junger Händler nicht mehr als ein Handelskonto und jemanden, der für dich bürgt. Heute sind die Börsenzulassungsregeln wesentlich schärfer. Ich habe kürzlich eine Anleihe über 50.000,– $ als Sicherheit für einen jungen Parketthändler gestellt, den ich ausgebildet habe, um sein Handelskonto von 10.000,– $ zu erweitern. Zusätzlich musst du berücksichtigen, dass ein Anfänger im ersten Jahr kein Geld verdient. Das alles zusammengenommen, einschließlich dem Börsensitz und den Lebenshaltungskosten, brauchst du über 250.000,– $, um dich als Händler zu etablieren. Für die, die nicht berufsmäßig am Parkett handeln, ist glaube ich ein Minimum von 50.000,– $ nötig, um wenigstens Mindestmengen zu handeln, besonders in so einem volatilen Markt wie dem S&P. Das erfordert ein nötiges Polster, nicht nur um mögliche Einschüsse für Übernachtpositionen, sondern auch, um sich gegen Verluste abzusichern.

Futures sind ein Spiel mit einem enormen Hebel. Ein S&P-Kontrakt hat einen Gegenwert von 250.000,– $ in Aktien. Sogar beim Handel mit einem Kontrakt kannst du mit 3.000,– $ am Tag rechnen. Auf dein Händlerkonto von 50.000,– $ gerechnet, ist das ein Ertrag von 6 % an nur einem Tag. Aber der Hebel geht in beide Richtungen. Die Verluste in einem Kontrakt können sich sehr schnell zu vielen Tausenden summieren. Das ist der Grund dafür, warum der Umgang mit Geld ebenso wichtig ist, wenn nicht noch mehr, als der Marktdurchblick und das Beherrschen der Handelstechnik. **Die 11. Händlerregel lautet:** *Du solltest nie das ganze Pulver verschießen.*

In meinem ersten Händlerjahr habe ich eine Menge Mist gebaut. Ich hatte wenig Geld in meinem Händlerkonto übrig und es sah nicht so aus, als ob ich es schnell verdienen würde. Ich war geplagt mit Schieflagen. In so einer Schieflage bist du der Ansicht, du hast ein Geschäft gemacht – beispielsweise hast du zehn Kontrakte an den Händler gegenüber am Parkett verkauft, aber tatsächlich hat der Bursche gegenüber das Geschäft mit dem Händler gemacht, der neben dir stand. So bist du der Ansicht, du hast zehn Kontrakte an jemanden verkauft und in Wahrheit gibt es gar kein Geschäft. Um die Dinge zu verkomplizieren, hast du als Verkäufer eine Verpflichtung deinem Kunden gegenüber eingegangen, dass das Geschäft zu einem bestimmten Preis erfüllt wird. Du bemühst dich nun um eine Vereinbarung mit einem anderen Händler dieser Schieflage, um deinen Kunden auszuführen – ein Vorgang, der oftmals Tausende von Dollar aus des Händlers eigener Tasche erfordert.

Diese Ausgeschäfte waren für mich als junger Händler vernichtend. Aber noch schlimmer als diese Verluste war die Angst, die Zuneigung von Maury und Jack zu verlieren. Die Chicagoer Börse hatte gerade den S&P-

Kontrakt geschaffen, der höchst erfolgreich werden sollte. Es war lange vor dem Aufwärtstrend, der den Dow Jones Industriewerte Index – Korrekturen ausgenommen – von unter 1.000 auf gut über 9.000 brachte. Ich sah das S&P-Geschehen und wusste, dass ich daran teilnehmen musste. Kann sein, es war, weil dieser neue Kontrakt ein neuer Anfang für mich war. Oder es war, weil ich ein gutes Händchen für den Kontrakt hatte. Was immer der Grund dafür war, ich wollte an dem Geschehen teilnehmen.

Aber ich kämpfte mit Gold und ich hatte nicht das Geld dazu, einen Fuß in den S&P-Markt zu bekommen. Maury und Jack brachten noch einen anderen Händler an den Tisch und es schaute so aus, als ob ich überzählig werden sollte. Wenn ich mich auf das S&P-Parkett bewegen wollte, musste ich es für mich selbst tun. So klammerte ich mich an einen Händler mit dem Namen Marty Potter und half ihm aus am S&P-Parkett. Ich handelte jeden Tag Gold bis zum Schluss des Parketts bis 1:30 Uhr. Dann wechselte ich zum S&P-Parkett, um Marty zu helfen, Orders auszufüllen, einschließlich seinem größten Kunden, Bache Securities. Das S&P-Parkett war mein Platz, das spürte ich ganz deutlich, und ich musste einen Weg finden, um ganztags dort zu handeln. Diese Gelegenheit kam eines Tages, als ich den glücklichsten Fehler meines Lebens machte. Obwohl das Glück beim Handeln eine bestimmte Rolle spielt, wie es das auch im Leben macht, gehört zum Erfolg mehr als nur glückliche Umstände. Du musst dich für das Glück einsetzen; alles Glück der Erde nützt nichts, wenn du dich im Hintergrund hältst.

Es war während des Falklandkonflikts von 1982 zwischen Argentinien und Großbritannien. Gold machte große Ausschläge als Antwort auf jede Nachricht, die rauskam. Ich war am Parkett und füllte Orderzettel für Kunden aus und handelte auf eigene Rechnung, wie das damals noch erlaubt war, beides gleichzeitig zu tun. Aus heiterem Himmel kam die Nachricht: Argentinien hat im Falklandkonflikt aufgegeben. Gold fiel auf einen Schlag um 50,– $. Dann kam nach einer kurzen Weile die Nachricht, dass es keine Kapitulation gab. Gold schoss wieder um 50,– $ hoch.

Mitten in der Hektik notierte ich einen Umsatz, dass ich zum Tiefststand einem Händler mit dem Namen Mike verkauft hatte. Als ich das mit Mike überprüfte, sagte er, dass er zum Tiefststand an mich verkauft hat.

„So verkaufen wir beide," sagte ich zu Mike.

„Oh ja, und nun ist der Markt 50,– $ höher," grinste er. „So kaufst du meinen und ich kaufe deinen."

Wir wickelten den Kauf ab und jeder kassierte 57.000,– $. An einem einzigen Tag habe ich mehr als genug verdient, um einen Anfang am S&P-Parkett machen zu können. Mein Handelskonto war gut gefüllt für den Anfang, und meine Zukunft war gesichert. Ich verließ das Goldparkett und ging zum S&P, und ich habe niemals zurückgeschaut. So glücklich wie dieser Zufall war, die Zeit dafür war noch glücklicher dafür. Ich lernte die Spielregeln im zurückliegenden Jahr und war bereit, in Richtung S&P-Parkett aufzubrechen. Wären mir diese 57.000,- $ eher zugefallen, hätte ich eher durch schlechte Geschäfte wieder vertrieben worden sein können. In diesem Fall war es ein glücklicher Zufall im richtigen Moment.

Als Orderausfüller für Marty zeigte ich schnell Maury und Jack, was ich an dem S&P-Parkett machen könnte. Mein Selbstvertrauen wurde wieder hergestellt, ich wurde einer der besten am Parkett. Ich war nicht mehr länger der Überflüssige, und Jack und Maury nahmen mich als ein flügge gewordener Händler in ihr Team auf.

Unter meinen Kunden am S&P-Parkett war eine hauptsächlich im Warenterminhandel tätige Firma, O'Connor Partners. Als ich die Aufträge für O'Connor Kunden ausführte, passte ich besonders auf Umsätze mit einem der größten Kunden auf: Jim Pierce. Jim war einer der besten Händler, die ich je gesehen habe, ohne dass er je am Parkett war. Er hatte einen unheimlichen Instinkt für den Markt, und ich beschloss, immer das zu machen, was er auch tat. Wenn er mir eine Order gibt, wie zum Beispiel 500 S&P-Kontrakte zu kaufen, würde ich den Auftrag ausführen und sogleich für mich selbst 20 kaufen. Der Markt würde schnurstracks hoch gehen. Wenn Jim aus dem Markt ging, verkaufte ich seine Kontrakte und verkaufte anschließend meine. Aber was machte Jim Pierce, der irgendwo in Carolina vor seinem Computer saß und etwas sah, das ich nicht sah? Jim studierte Preischarts, schaute auf Schlüsselpunkte zur Unterstützung (an dem der Markt unwahrscheinlicherweise weiter fallen würde) und Widerstände (wo er Schwierigkeiten hätte, durchzubrechen). Das war, als ich begann, mich mit technischer Analyse zu beschäftigen, eine Beschäftigung, die meine vollste Leidenschaft werden sollte.

Indem ich die Kundenaufträge beobachtete, konnte ich sehen, dass die Geschäfte an bestimmte Preispunkte anstießen. Dies erregte mein Interesse im Herausfinden dieser Preiszonen und wie meine Kunden Nutzen daraus zu ziehen. Von Anfang an war ich gierig darauf, alles was ich über Handeln lernen konnte, sei es in der grafischen Darstellung oder auch dem Einsatz von Optionen und Futures. Es gab gar nicht genug, das ich lernen konnte.

Ich begann also mein Augenmerk darauf zu richten, wie der Orderfluss am Parkett lief. Der Fluss der Kauf- und Verkaufsaufträge am Parkett gibt dir ein Gefühl dafür, wie dynamisch sich der Markt entwickelt. Aber es ist mehr als einfach nur Verkaufen, wenn dir die Orderausfüller eine Menge Kontrakte hinschütten. Es bedeutet, die Körpersprache der Broker zu deuten, die die großen Kundenaufträge abwickeln. Sind sie nervös, wenn sie eine große Kauforder ausführen, da der Markt sehr schnell steigt? Das heißt auch, den Aktienmarkt beobachten, in diesem Fall den Wert des S&P 500 Index selbst. Als junger Händler war ich davon berührt, wenn zuerst der S&P hochging und die Futures runtergeprügelt wurden. Dann kam es mir: die Vermögensverwalter kaufen Aktien und sichern ihre Position ab, indem sie Futures verkaufen. Die beiden Märkte laufen nicht immer gleichförmig.

Die Interpretation der Parketthändler ist mehr Kunst als Wissenschaft. Es gibt Tage, an denen ich zur Börse gehe und mir vornehme, dass ich verkaufe. Dann nehme ich die Flut der Parkettorder wahr und entschließe mich plötzlich, zu kaufen. Mein inneres Gefühl und mein Empfinden am Parkett waren und werden immer die Grundlage bilden, aber mein Verständnis der technischen Analyse ist ein anderer Pluspunkt. Meine Fähigkeit, beide diese Faktoren so zu verbinden, hat zu meinem Erfolg geführt – und mir geholfen, erfolgreich zu bleiben.

Für mich kam die Fähigkeit, den Parketteingang zu interpretieren, mit Erfahrung und Ausdauer. Ich war so lange Jahre am Parkett, als Broker und später als Platzhirsch, dass der Fluss der Aufträge und der Wechsel zwischen der Stimmung, ob die Kurse steigen oder fallen, greifbar für mich wurde. Auf die selbe Art und Weise werden Handelsmuster sichtbar, wenn du den Bildschirm beobachtest. Du siehst das Niveau, auf dem die Aufträge eingehen, die Preise, zu denen eher Kauf- oder Verkaufsbereitschaft besteht. Auf dem selben Niveau erkennen computerunterstützte Handelssysteme auch bestimmte Zonen, Unterstützung und Widerstand, und Preise, an denen der Markt durchbricht oder zurückkommt. Das kommt mit der Erfahrung und durch sorgfältige Studien. Wenn du gut aufpasst, ist der Markt dein Lehrer.

Da gibt es einen anderen Bereich des Handels, der schwierig, wenn nicht gar völlig unmöglich zu erklären ist. Es ist das, was ich das *Unfassbare* nenne. Du kannst es ebenso gut inneres Gefühl nennen. Wie immer du es nennst, es ist das Gefühl, wohin der Markt geht. Es gibt Tage an denen du Umsatz für Umsatz das Geschäft am Bildschirm oder am Parkett beobachtest und mehr und mehr Verkäufer siehst, die auf den Markt strömen, wie Menschen, die sich scharenweise auf ein Boot drängen. Es wird ein Punkt kommen, an dem, wie bei einem überfüllten Schiff, der Markt sinkt und manchmal sehr schnell. Andernfalls erkennst du, dass der Markt Momentum bildet und sich wie ein Korkenzieher dreht, bis er so festsitzt, dass er plötzlich hochspringt. Dieser Instinkt ist über lange Zeit ausgeprägt und durch die Erfahrung ausgefeilt.

Handeln ist ein Beruf, anders als jeder andere und ein S&P-Händler ist immer noch besser. Womit du es am ehesten vergleichen kannst ist vielleicht Berufssport. In beiden Bereichen gibt es Superstars, die jeden übertreffen und jeden überleben; da gibt es die Hoffnungsträger, die kämpfen und durchs Feuer gehen; und es gibt diejenigen, die es niemals bis zur Spitze bringen, aber es fertig bringen, ein angenehmes Leben während der ganzen Karriere zu führen. Aber einmal an Bord, kosten die Händler – ebenso wie die Sportler – die Gefühlswallungen voll aus. Jeder Tag, an dem du Gewinn an der Börse gemacht hast, ist ein großartiges Gefühl; an den Tagen, an denen du Verlust gemacht hat, fühlst du dich nicht so gut. Und dann hast du einige Verluste in Folge....

Es gibt keine Sicherheit als Händler, und du bist nur so gut wie dein nächster Abschluss. Es ist oft, dass ein Händler nachts schweißgebadet mitten in der Nacht aufwacht und sich selbst fragt, „Was wäre, wenn ich verloren hätte? Was ist, wenn ich nicht mehr handeln kann?"

Handeln ist ein Spiel mit permanentem Gewinnen und Verlieren. Glücklicherweise war ich nie derjenige, der jede Woche seinen Scheck braucht. Es gibt einige Leute, die sich auf der sicheren Seite bewegen, vielleicht aus Unsicherheit. Ich bin nicht unsicher und ich ging nie den sicheren Weg in meinem ganzen Leben. Ich habe immer meiner Fähigkeit vertraut, so dass ich mir nie Sorgen gemacht habe, wo der nächste Dollar herkommen würde. Ich habe mich im Leben immer so gefühlt, als ob ich auf meinen Füßen landen würde. Ich wusste, dass ich Höhen und Tiefen erleben würde – und bitte glaube mir, ich habe. Aber ich war immer davon überzeugt, dass ich überleben würde und zur rechten Zeit Erfolg haben würde. Diese Lektion habe ich von Papa gelernt.

Mein Vater Tony Borsellino konnte Gelegenheiten aufspüren. Im normalen Geschäftsleben hätte er, schwöre ich, bestimmt jeden Risikokapitalist oder Firmenübernehmer zum Schämen gebracht. Aber mein Vater kam aus einer anderen Welt. Die Gelegenheit musste mit beiden Fäusten gepackt werden. Zum Beispiel als Papa Laster fuhr, spielten sie zur Mittagszeit in einem Anhänger in der Grand Avenue und der Unteren Wackerstraße Würfeln. Eines Tages zeigte mein Vater auf den Anhänger, wo 15 oder 20 andere Kerle Wetten machten und würfelten. Er hob die Würfel auf und sagte: „Das Spiel ist zu Ende", das hieß, er wollte das Spiel für einen Anteil am Einsatz leiten.

„He, wer hat dich hier zum Boss gemacht?" beschwerte sich einer der Kerle.

Die Antwort meines Vaters? Bong! Ein Schlag und der Kerl war kaltgestellt.

„Noch jemand, der mit mir diskutieren möchte?"

Von diesem Tag an leitete Papa das Würfelspiel.

Ich frage mich oft, was aus Papa geworden wäre, wenn er seine Schulausbildung zu Ende gemacht hätte. Hätte er eine Karriere gemacht, die ihm den Lebensstil ermöglicht hätte, den er sich gewünscht hat? Hätte er den aufrechten Weg eingeschlagen? Aber das Schicksal führte nicht die Hand meines Vaters. Papa musste die Texas Techniker-Schule nach einem Jahr verlassen, nachdem sein Vater krank wurde. Er kam nach Hause und fing an, Laster zu fahren.

Meine Eltern wohnten in der alten Nachbarschaft, nachdem sie heirateten und ich wohnte dort als kleines Kind. Nach diesen frühen Jahren sehnte sich mein Vater nach nichts anderem, als nach dem sprichwörtlichen amerikanischen Traum. Er wollte ein Haus am Stadtrand für seine Frau und seine zwei Söhne. So folgte mein Vater schnell Onkel Norfe, Papas Bruder, als der nach Lombard, Illinois zog. Er kaufte ein Haus für 23.000,– Dollar- mit 2.000 Quadratmetern in einem neuen Viertel, wo unsere Nachbarn nicht nur Italiener, sondern auch Polen, Iren und ebenfalls Deutsche waren. Das Haus war der Stolz und die ganze Freude meines Vaters: Eine Ranch mit drei Schlafzimmern und 2.200 Quadratmetern Grundstück, die uns wie ein Schloss vorkam, im Vergleich mit unserer alten Wohnung.

Obwohl das Haus aus zweiter Hand war, machte mein Vater es schnell zu seinem eigenen, von dem *B* für Borsellino an der Eingangstüre bis zum weißen Verputz, das unser Haus zum einzigen Weißen in der ganzen Straße machte. Das Haus war der ganze Traum meines Vaters, aber die Hypothekenzahlung von beinahe 300,– $ war viel bei seinem Gehalt von wöchentlich 150,– $ fürs LKW fahren. Das war, als die Verlockung kam. Das LKW fahren gab Papa den Zugang zu waren, die entführt und verkauft werden konnten. Sein erstes Ding brachte ihm über 100.000,– $, sein erster Geschmack vom großen Geld. Mein Vater ging die ersten Schritte auf einen Weg, den er nie hätte beschreiten dürfen. Aber nachdem er einmal angefangen hatte, gab es kein zurück mehr.

Mein Vater ging Tag für Tag, um seinen Laster zu fahren. Er arbeitete hart, und er liebte seine Familie. Wenn ich sonst nichts über meinen Vater sage, muss ich das wiederholen. Er liebte uns mehr als alles andere, mehr sogar als sein eigenes Leben, was der Grund dafür ist, dass er all die Risiken auf sich genommen hat.

Schon bald erkannte ich, dass mein Vater nicht nur ein LKW-Fahrer war. Lange zurück in den frühen 60ern, als jedermann einen Farbfernseher wollte, hatten wir einen – und ebenfalls Papas älterer Bruder Onkel Norfe. Das gleiche mit einer Stereoanlage oder einem Tonbandgerät. Diese kleinen Luxusgegenstände tauchten im Haus auf, aber immer ohne Kaufbeleg. Die Erklärung meines Vaters war: „Es fiel vom Laster."

Ich erinnere mich noch, als Joey und ich wie die anderen Kinder Walkie-Talkies wollten. Wir wollten diejenigen von Mattel. Was Papa uns brachte waren Walkie-Talkies, die eine Reichweite von zehn Kilometern hatten und von der Art, die er und seine Partner auf ihren „Streifzügen" benutzten. Immer mehr Gegenstände tauchten im Haus auf.

Ich hatte keine normale Kindheit. Zu der Zeit, als ich neun Jahre alt war, wusste ich, dass mein Vater mehr war als nur ein Lastwagenfahrer. Ich konnte von den Sachen erzählen – teuere Sachen –, die wir plötzlich im Haus hatten. Wenn ich meinen Vater und seine Freunde belauschte, hörte es sich wie ein Spiel für sie an. Die ernsten Probleme wurden von den jungen Ohren fern gehalten. Ich wusste, mein Vater wollte, dass wir ein gutes Leben führen könnten, was ihm immer verwehrt blieb. Für einen Erwachsenen macht es vielleicht keinen Sinn, aber für mich als ein Junge, der zu seinem Vater aufschaute und ihn liebte, konnte ich spüren, was in ihm vorging. Er wollte, dass wir mehr haben, als er machte, und für ihn war das die einzige Möglichkeit.

Wo immer es ein Risiko gibt, gibt es auch Angst. Angst kann man nicht vermeiden, und es ist kein Zeichen der Schwäche, sie zu spüren. Das wichtigste bei der Angst ist, wie du damit umgehst. Die Angst zu besiegen, bringt dich weiter. Wenn du es zulässt, dass dich die Angst besiegt, lähmst du dich selbst.

==Im Handel gibt es einen ganz einfachen Grund, warum die Menschen vor Schreck erstarren: das alte Reh-in-Scheinwerfer Syndrom. Es ist die Angst vor dem Verlust ihres Geldes und ihres Berufes.== Ihre Dinge – Geld,

Häuser, Autos, was immer bedeutet ihnen so viel, dass sie das, was sie haben, nicht wirklich genießen können. Sie werden wie jemand, der so viel Angst davor hat, eine Delle in sein wunderbares Auto zu bekommen, dass er es nicht fährt. Ihre Angst ist oft vermischt mit der Tatsache, dass sie zu viele Risiken übernehmen. Sie sind gelähmt und sitzen in der Falle ihrer eigenen Angst und Unsicherheit. Um im Leben erfolgreich zu sein, besonders im Handel, der täglich dein Geld wieder in Frage stellt, kannst du kein Gefangener deiner Gedanken sein.

Es gibt zwei Denkschemen, wenn du Geld verlierst. Du kannst nach Hause gehen und sagen: „Oh, diese Kerle haben mich ausgezogen…," oder du sagst dir selbst: „Weißt du was? Ich hab's vermasselt. Ich habe das und das gemacht…" Du setzt dich hin und schreibst auf, was du gemacht hast und betrachtest es. Dann gehst du ins Fitnesszentrum und lässt Dampf ab und wartest, dass der Markt am nächsten Tag wieder eröffnet. Warum? Weil jeder Händler, der einen Schuss Pulver wert ist, *sein Geld zurückhaben will*.

Wenn du einen schlechten Tag hast, gehst du auf das Wesentliche zurück, was du machst: den Markt beobachten und disziplinierte Umsätze tätigen. Unter keinen Umständen kannst du dir leisten, deinen Überblick zu verlieren. Tatsächlich habe ich mir in meiner ersten Zeit niemals einen Tag freigenommen. Ich stand da vom Läuten der Eröffnungsglocke, bis zum Schluss. Ich lebte den Handel. Ich studierte den Markt, bis er meine zweite Haut war und ich habe nie den Respekt davor verloren. Das schlimmste, was ich je tun könnte, wäre zu unterstellen, dass der Markt mich nicht länger überraschen könnte. Sogar nach 18 Jahren Börsenparkett weiß ich, dass der Markt ein Monster ist, das niemand zähmen kann.

Das ist eine schwerwiegende Einsicht für die Menschen, die von dem – wie ich es nenne – Harvard MBA Syndrom angesteckt sind. Manch netter Bursche mit einem beeindruckenden Abschluss, sagte sich selbst: „Meine Untersuchungen sagen mir, dass der Markt einen Boden findet und dann dorthin geht." Sie gehen eine Position ein und sitzen dann da und warten; doch, was passiert, ist, dass der Markt in den kurzfristigen Bewegungen gegen sie läuft. Sie machen immer mehr Verluste auf ihrer Position, bis sie daran eingehen. Rate mal, was als nächstes passiert? Der Markt dreht sich und geht genau dorthin, wo sie es prophezeit haben. Das Problem ist, dass sie versucht haben, genau vorherzusagen, wohin und wann der Markt sich bewegt. Wenn ich einmal gesehen habe, wie das passiert, habe ich es eine Million mal gesehen. All die Analysen – volumenmäßige, fundamentale, technische oder was immer – werden dir nicht helfen, wenn du nicht den richtigen Zeitpunkt findest. Du lässt den Markt den Boden finden und zum Aufschwung schwingen; dann musst du den Markt den Gipfel finden lassen und zum Abschwung ansetzen. Den richtigen Zeitpunkt zu finden ist nicht etwas, das du von einem Buch lernen kannst, einem Seminar oder einem Vortrag. Es ist etwas, das sich entwickeln muss; es kommt durch Erfahrung und wird dir als Belohnung geschenkt.

Letztendlich kommt alles herunter, um mit dem Markt in Einklang zu stehen. Um ein erfolgreicher Händler zu sein, musst du dich selbst als Teil des Marktes begreifen. Wenn die Märkte wild und verrückt sind, kannst du ein wenig freier und ungebundener handeln. Wenn die Ausschläge sehr groß sind, hast du eine bessere Gewinnchance, als wenn sich der Markt immer nur im Kreis dreht. Aber wenn der Markt langsam und in geordneten Bahnen verläuft, musst du langsam und gesittet handeln. ==Du übernimmst den Charakter des Marktes Tag für Tag.==

Du übernimmst deine Risiken und erntest den Ertrag. Oder, wenn du eine schlechte Entscheidung triffst oder sich der Markt gegen dich dreht, trägst du die Konsequenzen. So ist es nun mal im Leben. Ich sah das schon als Junge in einem Alter, in dem die meisten noch auf dem Spielplatz spielten und am Samstagmorgen Zeichentrickfilm sahen. Ich lernte die Faust kennen, um Risiken zu akzeptieren und den Preis dafür in Kauf zu nehmen. Es formte mich als Junge und als Mann.

1963 und 1964 ging es uns ganz gut. Dann, im Jahre 1965, wurde mein Vater verhaftet und wegen Entführung einer Ladung Silber im Wert von 1 Million $ eingesperrt. Ironischerweise wurden sie für die Ladung, für die er bestraft wurde, nie bezahlt. Mit ihnen wurde ein falsches Spiel gespielt und sie wurden um das Geld, das sie erwartet hatten, hintergangen. Dem FBI wurde es bekannt, als einer der Partner bei einem Einbruch in Indiana erwischt wurde. Während der Partner im Gefängnis war, wurde er davon überzeugt, dass seine Frau eine Affäre mit einem Nachbarn hätte. Der Gedanke daran machte ihn verrückt. Das war, als das FBI an den Burschen mit einem Deal herangetreten war, der ihn aus dem Gefängnis und zurück zu seiner Frau bringen konnte: als Kronzeuge aufzutreten und seine Partner zu identifizieren. Der Partner benannte meinen Vater als Teil der Mannschaft, die das Ding drehte.

Nachdem sie Papa eingesperrt hatten, versuchte der FBI auf Grund seines Profils, ihn als Lockvogel einzusetzen – mit Frau, zwei Kindern und einem Job, den er täglich ausführte. Was sie nicht einkalkulierten war der

Charakter meines Vaters, der seinem eigenen Ehrenkodex zufolge handelte. Eine „Ratte" zu sein, war nicht Bestandteil dieses Codexes. Nach seiner Verhaftung 1965 war er im Cook Landesgefängnis in Chicago. Ironischerweise konnte er vom Gefängnishof die Harrison Schule sehen, in der er einige Jahre zuvor ein Fußballstar gewesen war.

Um Papa zur Aussage zu zwingen, brachte man ihn mit Mördern zusammen. Er und einer seiner Partner mussten in einer 4-Bett-Zelle zusammen mit 13 Gefangenen hausen. Der Anführer in der Zelle gab meinem Vater eine Decke und sagte: „Du schläfst am Boden im Eck."

„Oh je? Und wo schläfst du?" fragte ihn Papa.

„Ich schlafe in der oberen Koje."

„Wirklich?" Papa schlug den Kerl, bis er zu Boden ging.

„Jetzt schlafe ich in der Koje," sagte er.

Niemand stritt danach noch mit ihm. Zwei Tage später wurde Papa ein Ehrenmitglied der Schwarzen Friedensgemeinschaft und bekam ein Halstuch der Gemeinschaft. Es half, dass er auf seiner Gefängnisjacke gezeichnet war mit „O. K.", für Organisierte Kriminalität. Mit diesem Zeichen wollte es niemand aufnehmen. Aber seine Stärke und seine Kraft machten ihn zu jemanden, mit dem man rechnen musste.

Meine Familie verheimlichte die Tatsache, dass Papa eingesperrt wurde nicht, auch dann nicht, als er zur Bewährung freigelassen wurde und wir wussten, dass es zur Verhandlung kommen würde. Der Tag, an dem das Gericht seinen Schuldspruch aufhob, rief Papa mich ins Elternschlafzimmer, wo er seine Krawatte und seine Jacke anzog. Er drückte mich aufs Eck vom Bett. „Lewis," sagte er zu mir, „ich könnte heute schuldig gesprochen werden. Und wenn, dann muss ich ins Gefängnis. Vielleicht sogar für lange Zeit."

Ich nickte. Ich war ein neun Jahre alter Stöpsel, aber ich wusste, was vor sich ging.

„Du weißt, dass ich dich liebe, deinen Bruder und deine Mutter," fuhr Papa fort. „Das wird sich nie ändern. Aber wenn ich weg muss, brauche ich die Gewissheit, dass du dich um die Familie kümmerst."

„Das werde ich machen, Papa," versprach ich, total verängstigt, dass er ins Gefängnis musste, und gleichzeitig stolz, dass er dachte, ich könnte der Mann sein, der die Familie durchbringen könnte. Dann siegte der kleine Junge in mir, wenn auch nur für einen Moment. Ich fragte ihn etwas ganz seltsames: „Papa, wenn sie dich schuldig sprechen, kann ich dann deine Brieftasche haben?"

„Meine Brieftasche?" wiederholte Papa amüsiert meine Frage.

„Ja. Kann ich sie haben?" Ich liebte die Wildlederbrieftasche, die Papa immer in seiner hinteren Tasche trug.

„Natürlich, mein Junge, die kannst du haben."

Papa ging ins Badezimmer, um sich die Haare zu kämmen. Als er ein paar Minuten später zurückkam, habe ich seine Brieftasche von der Garderobe geholt und den Inhalt herausgenommen. „Was machst du da?" fragte er mich.

„Ich nehme deine Brieftasche."

„Du hast nicht sehr viel Zuversicht, dass ich nicht schuldig gesprochen werde."

„Nein, Papa," sagte ich zu ihm, „das habe ich nicht."

Mein Vater wurde schuldig gesprochen – Laster entführt, gestohlene Waren transportiert und die Fahrer der erbeuteten Laster gekidnappt. Er wurde am Tage seiner Verurteilung in Haft genommen. Meine Mutter ging zur Verhandlung, um dabei zu sein, während alle Onkels und Tanten sich bei uns zu Hause versammelten und warteten. Auch Josie war in der Küche und kochte Spaghetti, obwohl jeder viel zu nervös war, um essen zu können. Die Erwachsenen versammelten sich um den Fernseher im Wohnzimmer und warteten auf Nachrichten. Joey setzte sich zu ihnen hin.

„Was macht ihr Kinder hier?" fragte Tante Louisa. Sie winkte uns mit den Kindern zum Zimmer hinaus. „Geht hoch zum spielen."

Ich ging mit Joey langsam die Treppen hoch, aber wir spielten nicht. Wir machten oben den Fernseher an und hörten auf die Nachrichten, ebenso wie es die Erwachsenen unten taten. Wir hörten jemanden einen Eid leisten und eine der Tanten begann zu schreien, als das Urteil verkündet wurde. Papa bekam vier Mal 20 Jahre. Ich sah, wie Mama aus dem Gerichtsgebäude neben einem Mann, der seine Jacke über den Kopf stülpte, ging, um sich vor den Fernsehkameras zu schützen. Ich hörte, wie ihn die Fernsehreporter fragten: „Tony, wie fühlen Sie sich?" „Tony, meinen Sie, sie können die Berufungsverhandlung gewinnen?"

Als ich den Mann hörte, wie er den Reportern antwortete, wusste ich, dass es mein Vater war. Ich erkannte seine Stimme.

Ein Kameramann versuchte, eine Nahaufnahme von Papa zu machen, indem er die Kamera direkt in sein Gesicht drängte. Plötzlich schwenkte die Kamera und zeigte zum Himmel. Mein Vater versetzte dem Kameramann einen Schlag und brach ihm den Kiefer.

„Er wird dich für den Angriff zur Verantwortung ziehen," schrie jemand.
„Ich wurde gerade zu 80 Jahren verurteilt, du Trottel," schrie mein Vater zurück, offensichtlich als Lückenbüßer für die Fernsehstation missbraucht. „Welchen Unterschied macht das noch?"
Was ich an diesem Tag am Fernsehschirm sah, brannte sich in mein Gedächtnis ein. Mein Vater wurde in die Haft überführt, um seine Zeit im Leavenworth Landesgefängnis abzusitzen. Ich wusste, dass er für eine sehr lange Zeit nicht nach Hause kam.

Ich spielte eines Nachts mit ein paar Freunden Karten, kurz nach meinem ersten CNBC-Auftritt. „He, ich hab dich neulich am Fernsehen gesehen," sagte einer der Burschen, indem er die Karten austeilte. „Du hast so geklungen, als ob du wüsstest, wovon du sprichst."
„Das war ein stolzer Moment in meinem Leben," scherzte ich zurück. „Es wird mir klar, dass ich das erste Mitglied meiner Familie bin, das ohne Jacke über dem Kopf auf dem Fernseher erscheint."
Wir lachten alle auf meine Kosten. Aber ich weiß, niemand hätte den Witz besser gefunden als mein Vater. Und niemand wäre so stolz gewesen – vielleicht mit Ausnahme meiner Mutter – meinen Bruder und mich aus einem ganz ehrenwerten Grund im Fernsehen zu sehen
Ich kann nicht anders, außer mich zu fragen, was mein Vater heute über mich denken würde. Manchmal kommt mir ein Bild meines Vaters ins Gedächtnis, seine Verkörperung von Charme und Stil und seine ganz besondere Definition von Standhaftigkeit. Er war 1,70 m groß, mit einer Taille von 80 Zentimeter, auf die er achtete, indem er täglich sieben Kilometer rannte und Gymnastik machte. Ich kann mir ein Lächeln in seinem Gesicht vorstellen, wie er alle Welt mit seinen braunen Augen anstrahlt wie Paul Newman mit einer gebrochenen Nase. Ich höre seine tiefe, volle Stimme, die wie meine eigene klingt; ich höre, wie er sagt, „He, Mach dir nichts draus! Wir machen das schon!"
Mein Vater erzog meinen Bruder Joey und mich zu Zähigkeit, Stärke, Disziplin und Zielstrebigkeit. Er gab uns das Gefühl für Risiko und die Fähigkeit, die Angst zu verdrängen. Er lehrte uns, den schlimmsten Fall in Betracht zu ziehen und das ins Verhältnis zum möglichen Erfolg zu setzen. Ohne auch nur irgendetwas über den Beruf des Händlers zu wissen, erzog er Joey und mich zu Händlern.

Kapitel 03

Der Kampf

Das Börsenparkett ist wie kein anderer Platz in der Wirtschaft: das Geld liegt in der Luft, das Geschehen ist schnell und hektisch und jedermann ist mit Adrenalin und Testosteron voll gepumpt. Die Händler stehen sich fast auf den Füßen und schreien ihre Kauf- und Verkaufsgebote heraus. Sie rangeln um ihre Position und versuchen, die Käufer und Verkäufer am Parkett zu sehen und gesehen zu werden. Die heftigsten Rivalen und die größten Wettbewerber stehen Schulter an Schulter oder meistens nur einige Zentimeter vom anderen entfernt. Die Hände und die Arme fliegen in die Luft. Manchmal fliegen die Fetzen in dem Gedränge. Jemand zieht dich und jemand schiebt dich zurück. Für Außenstehende sieht es wie das reinste Chaos aus; aber es gibt sehr wohl eine Ordnung am Parkett. Jeder hat sein Revier, etwa einen halben Quadratmeter, auf dem er steht. Wenn du handelst, dann verteidigst du dein Revier.

In der Geschäftswelt sind die Händler eine Brut für sich. Jeder Gewinn wird sofort registriert, jeder Verlust intuitiv wahrgenommen. Wenn du einen Fehler machst, dann merkst du es auf der Stelle. Noch bevor du Zeit hast, dich darüber zu ärgern, weißt du, wie der Verlust sich unter dem Strich auswirkt. Jeder Umsatz ist wie ein Moment des Steuerzahlens. Das ist in anderen Branchen nicht so, wo ein heute gemachter Fehler sich vielleicht nicht bis zum nächsten Monat auswirkt, oder zum nächsten Quartal oder sogar zum nächsten Jahr. Diese Volatilität macht die derzeitige Handelswelt zu nichts anderem als einem Nahkampf. Sicherlich, das einzige, was du verlieren kannst, ist dein Geld und nicht dein Leben. Aber für viele Menschen ist ihr Geld *gleich bedeutend* mit ihrem Leben.

In dieser Beziehung glaube ich, dass das einzige, womit du den Handel vergleichen kannst, der Wettkampfsport ist. In diesem Bereich, auf dem Platz oder auf dem Parkett, sind die Spieler mit Adrenalin voll gepumpt. Die mentale Vorbereitung ist mindestens so wichtig, wie die körperliche Kondition und die Zielstrebigkeit muss zu 100 % mit im Spiel sein. Für viele Sportler dauert diese psychische und physische Anstrengung jedoch nur so lange, wie das Basketball oder Fußballspiel andauert. Sportprofis trainieren täglich, aber nicht mit der zeitlichen Intensität eines Wettkampfes. Für Händler ist die Intensität der Status quo, tagein tagaus.

Vor dem Hintergrund dieses Wettbewerbs ist es leicht einzusehen, warum das Temperament mitunter aufflackert. Es ist, wie wenn das Parkett mit Kerosin begossen würde und auf den brennenden Funken wartet. Für mich selbst nehme ich die zweifelhafte Auszeichnung meiner 18jährigen Karriere an der Chicagoer Börse in Anspruch, die meisten Verstöße und Bußgelder für Kämpfe mit grober Gewalt (z.B. Drängeln und schubsten) beim Ein- und Ausgang des Parketts und für Fluchen kassiert zu haben. Niemand muss mir sagen, dass es falsch ist, einen anderen zu schlagen; es gibt keinen Grund, dieses Verhalten zu rechtfertigen. Das letzte, was ich tun würde, ist mit den Vorfällen zu prahlen, die ich in den Tagen als junger Händler hatte, als ich niemals einen Kampf anfing, aber auch nicht davon lief, wenn jemand Ärger machte. Aber die Geschichten über diese Zeit verfolgen mich, einige sind wahr und einige mit exotischen Verschönerungen angereichert, als ich einen anderen Händler am Parkett zusammenschlug. Es ist alles Teil der Legende von Lewis Borsellino, Händler am Parkett. Aber jetzt, mit 41, rolle ich die Augen, wenn mich jemand fragt, ob ich wirklich jemanden mit einem Bleistift verletzt habe (ich muss gestehen, es ist wahr), oder ob ich wirklich 14 Kerle mit der Faust eines Tages am Parkett zusammen geschlagen habe (eine maßlose Übertreibung).

Unglücklicherweise sind das die Geschichten die wieder und wieder über mich erzählt werden – mit einer wichtigen Unterlassung. Manchmal vergessen die Leute zu erwähnen, dass ich nicht wegen roher Gewalt an der Börse erfolgreich war, sondern wegen meiner Denkprozesse. Ich habe mir am S&P-Parkett keinen Namen durch Gewalt gemacht, sondern weil ich in dem, was ich mache, sehr gut bin.

Ich habe keinen Schlägerstil an die Börse gebracht. Es begann mit der Einführung der Finanzfutures im Jahre 1970 und den frühen 80ern. Die volatilen, umsatzstarken Kontrakte wie Währungen, Regierungsanleihen, Zinsen und S&P-Futures brachten eine neue Spielerrasse ans Parkett. Sie waren jünger und aggressiver, sowohl körperlich als auch geistig. Beide Chicagoer Börsen haben neue Parketträume und Anlagen gebaut, wegen der Finanzfutures und den Jungen Wilden, die sie handelten. Es war ein krasser Kontrast zu den guten alten Tagen an der Börse, die einst ausschließlich dazu genutzt wurde, landwirtschaftliche Warengeschäfte abzuschließen. Die Atmosphäre war eher wie in einem Herrenclub, mit all den Höflichkeiten eines Alt-Herren-Netzwerkes.

Ich fühlte mich heimisch in der Welt der geistigen und physischen Anforderungen an das Handeln, wo die Gangart schnell und das Handeln von Wettbewerb geprägt war. Aber es gab einen grundlegenden Unterschied zwischen den anderen Händlern am Parkett und mir. Die anderen Händler hatten oft einen rauen Ton und führten sich auf, als ob sie das ganze Leben auf der Straße verbracht hätten. Sie schrien sich gegenseitig ins Gesicht, fluchten und gaben sich gegenseitig gemeine Namen und schubsten einer den anderen. Es war ein verbreitetes Ritual in dem Spiel, das sich Nötigung nannte. Nur wenige waren bereit, zu ihrem groben Gerede zu stehen.

Ich bin in einer vollkommen anderen Welt aufgewachsen. Obwohl ich Absolvent der DePauw Universität war, habe ich an der „Tony Borsellino Lebensschule" trainiert. Mir hat mein Vater den Grundsatz, „ein Mann ist ein Mann," mit auf den Weg gegeben. Er war stark, kräftig und loyal, und wenn es Ärger gab, wollte er auf deiner Seite stehen. Mein Bruder Joey und ich waren Papas Seelenruhe. Er wusste, selbst als wir noch kleine Jungen waren, dass wir ganz gut auf uns und unsere Mutter aufpassen konnten. Zu unserem Schutz, besonders wenn er nicht in der Nähe war, erzog er uns, dass wir ebenso stark waren wie er.

Als ich in der vierten Klasse war, kurz vor Papas Verurteilung, schlug mich ein Sechstklässler zusammen und ging nach Hause. Mein Vater beobachtete die Sache vom Wohnzimmerfenster aus, als ich mich auf dem Bürgersteig heimschleppte und die ganze Zeit heulte.

„Was ist mit dir los?" fragte er mich.

„Ich wurde verhauen," flennte ich. „Er ist ein Sechsklässler und größer als ich."

Ich bekam von Papa kein Verständnis, sondern ein weiteres Kapitel seiner Lebenseinsichten. „Lass mich dir einmal etwas erklären," sagte er und packte mich an den Schultern. „Du gehst jetzt raus und verteidigst dich selbst oder ich werde dich verhauen."

Mit Papa im Schlepptau ging ich aus dem Haus und den Häuserblock hinunter. Ich fand diesen Sechsklässler in seinem Hof. Er war einen halben Kopf größer und mindestens 10 Pfund schwerer als ich, aber ich stürzte mich auf ihn. Ich schlug ihn immer wieder, bis er am Boden war und schrie. Mein Vater stand im Hintergrund und beobachtete uns und war stolz auf die Art und Weise, wie ich mich selbst verteidigt habe. Als der Vater des Jungen aus dem Haus stürzte, um die Rauferei zu beenden, beglich Papa die Rechnung, indem er dem Mann mit seiner Rechten das Maul stopfte. Papa wusste, dass es der Junge war, der abends zu unserem Haus kam und in die offenen Fenster schrie: „He, Herr Borselliono, was macht das Entführungsgeschäft?" Papa hat den Jungen nicht zur Rede gestellt. Er wiederholte nur das schlechte Gerede, das er von seinem Vater gehört hatte.

Ich marschierte neben meinem Vater nach Hause, indem er stolz seine Hand auf meine Schulter legte. Ich hatte blutige Lippen und ein blaues Auge, aber ich habe ein Kapitel von Papas Lebenseinsichten gelernt. Da gab es kein Wegrennen.

Als Papa im Gefängnis war, übernahm ich die Rolle meines Vaters als der Mann der Familie. Obwohl ich erst neun war, hieß es, meinen Bruder, der erst in der zweiten Klasse war, als Papa wegging, und mich zu verteidigen. Körperlich sind Joey und ich das genaue Gegenteil. Als Kind war Joey schmächtig für seine Größe, mit einem Berg voll Komplexen, dunkelhaarig und mit grünen Augen; ich war hoch gewachsen, blauäugig und blond, was zu meinem rasenden Temperament passte. Aber keine zwei Geschwister könnten sich je näher sein als Joey und ich.

Ich erinnere mich an einen Vorfall, als Papa zwei Jahre im Gefängnis war und ich in der sechsten Klasse. Joey, ein Viertklässler, wurde vom „Großen Al", einem Achtklässler, der 1,85 m groß war, angegriffen. Obwohl der Große Al wie ein Wachhund auf jüngere Kinder aus war, machte es ihm besonderes Vergnügen, meinen Bruder jeden Morgen zu quälen. Joeys einzige Rache war, in der Mitte des Bürgersteiges stehen zu bleiben und zu rufen: „Leck mich am Arsch, Großer Al," und schwang sich dann auf sein Fahrrad, bevor der Große Al ihn packen konnte. Dann warf der Große Al eines Tages Joey von seinem Fahrrad und brach alle Speichen in den Rädern. Obwohl ich nur 1,25 m hatte, musste ich einen Weg finden, um mei-

Der Kampf

nen Bruder gegen den Großen Al zu verteidigen. Ich wartete auf ihn außerhalb der Schule, schlich hinter ihm her und warf ihn ein Treppengeländer hinunter. Als er zu Boden ging, stürzte ich mich auf ihn. Wir waren mitten im Kampf, als Schwester Regina Marie uns in ihr Büro rief. Als die ganze Geschichte herauskam, schickte sie mich zurück in die Klasse und holte den Großen Al für eine prächtige Tracht Prügel in ihr Büro.

Von der Zeit an, als ich ein Junge war, lernte ich, mich selbst zu verteidigen. Ich wusste, dass ich keinen Streit anfangen oder Ärger machen durfte. Aber wenn deine Ehre oder deine Unversehrtheit in Frage gestellt wurde, durftest du einer Konfrontation auch nicht ausweichen. Als ich zur Börse kam, bekamen einige Händler mehr als ihnen zustand. Burschen, die gewohnt waren, jemanden einzuschüchtern, fanden sehr schnell heraus, dass diese Strategie bei mir nichts nützte. Ich zog eine Grenze, was ich bei anderen Händlern am Parkett tolerieren würde und was nicht. Jeder, der diese Grenze verletzte, musste damit rechnen, dass er zur Verantwortung gezogen wurde. Ich war nicht derjenige, der einen anderen mir zu nahe kommen ließ. Wenn jemand mir ins Gesicht schrie, fluchte oder versuchte, mich herum zu schieben, dann war ich sehr wohl in der Lage, mich selbst zu verteidigen. Und ich war nicht der Typ, der einen Beschwerdebrief gegen jemanden schrieb, weil er fluchte oder mich verdrängt hat, ich würde mich auch nicht beim Bademeister beschweren, wenn mir jemand Sand ins Gesicht wirft. Als sich mir jemand in meinen jüngeren Tagen aggressiv näherte, dann war es besser, dass ich darauf vorbereitet war, um mich selbst zu verteidigen.

Ich erinnere mich, als ich noch neu im Handel war, mich noch in den Goldhandel am Parkett einarbeitete. Eines Tages vor der Eröffnung habe ich die Computerausdrucke meiner Umsätze vom Tag zuvor gerade eingescannt. Die Zahlen sagten mir, dass ich einen offenen Posten von fünf Kontrakten hatte, die Teil einer 20-Kontrakt-Kauforder waren. Ich führte die ersten drei Umsätze von je fünf Kontrakten reibungslos aus. Aber der Computerausdruck zeigte an, dass ich die letzten fünf Kontrakte zur Vervollständigung des Umsatzes von 20 Stück nicht gekauft hatte. Meine Aufzeichnungen zeigten mir aber, dass ein Händler, den ich hier Stuart nennen möchte, mir die letzten fünf Kontrakte verkauft hat.

Stuart stand mit seinen 1,90 Metern da und schaute aus, als ob er nicht mehr als 70 Kilo wöge. Aber er redete wie ein starker Kerl. Der offene Posten kostete einen von uns 4.000,– $. Er wusste, dass er im Unrecht war, aber er beschloss zu versuchen, dass er mich einschüchterte und ich den

Fehler schlucken würde. „Du dummer Idiot," schrie mich Stuart an. „Du weißt ja noch nicht einmal, was ein Kauf und ein Verkauf ist. Du solltest nicht in dieser blöden Börse…"

Zuerst war ich verärgert über die Art, in der er mit mir sprach. Dann erkannte ich, dass das ein Vorteil für mich sein könnte, wenn er weiterhin in dieser groben Art mit mir sprechen würde. Zuerst versuchte ich, mit ihm zu argumentieren. „Das war ein Auftrag über 20 Stück im Ganzen. Da gab es kein Problem mit den anderen drei Teilen der Order. Nun, weißt du was? Das sagt mir, dass es dein Fehler ist."

Stuart fuhr fort, Unsinn zu reden und mich zum Nachgeben zu bewegen. „Du weißt ja noch nicht einmal, was du hier am Parkett sollst."

Das reichte. Ich habe einen Punkt erreicht, bei dem sich die Argumente nicht mehr durchsetzen konnten und zum Rückzug gab es keine Möglichkeit. Ich packte Stuart beim Kragen. „Pass auf" schrie ich ihm ins Gesicht. „Das ist dein Fehler. Du wirst mir das wieder ersetzen. Und noch etwas: wenn du noch einmal so mit mir redest wie gerade eben, werde ich dir die Augen aus dem Kopf reißen und sie auffressen."

Ich bin nie an die Börse gegangen, um zu kämpfen. Ich war dort, um Geld zu verdienen, und der Kampf gegen den Markt war grausam genug. Aber im Alter von 23 Jahren habe ich so viel Erfahrungen in meinem Leben gesammelt, wie die meisten Menschen höchstens darüber lesen. Durch die Art, wie ich aufgewachsen bin, habe ich geglaubt, dass das Davonlaufen vor einer Konfrontation eine grundsätzlich gefährliche Situation nicht entschärfen würde, sondern mich eher verwundbar erscheinen lassen würde. Hinzu kommt die Unverfrorenheit des S&P-Parketts, an dem die ältesten Händler nicht mehr als 30 Jahre alt waren und der Spieleinsatz in die Zehntausende von Dollar ging.

In dieser Welt war ich eine doppelte Bedrohung – ich hatte eine gute Schulbildung und war von meiner Fähigkeit als Händler überzeugt; dazu kommt, dass ich eine körperliche Kraft hatte, die klar zum Ausdruck brachte, dass ich nicht jemand war, mit dem du dich auf einen Kampf einlassen musstest. Dieser Zwiespalt war mein großer Vorteil, er hat mich aber auch misstrauisch gemacht. Wenn ich nur ein Straßenjunge gewesen wäre, der mit Murmeln spielt, und keinen Verstand gehabt hätte, wäre ich auf der Stelle wieder von der Börse geflogen. Da die anderen Broker und Händler sahen, wie gut ich war, erkannten sie, dass ich jemand war, mit dem man rechnen musste. Und als ich jünger war, zögerte ich nicht, Gewalt anzuwenden, wenn ich der Meinung war, dass es die einzige Möglichkeit ist.

Der Kampf

Ich war etwa einen Monat am S&P-Parkett, füllte für Kunden Aufträge aus und handelte für mich selbst. Ich hatte eines Tages eine Order im Buch, 50 Kontrakte zu einem Halben zu verkaufen. „Fünfzig zu einem Halben," schrie ich, meine Arme über dem Kopf fuchtelnd. „Fünfzig zu einem Halben."

Bevor ich einen Käufer zu 50 finden konnte, sprang ein Händler, den ich Ricky nennen möchte, ein. Er begann 55, 60 und dann 70 zu bieten. Die Verkäufer eilten zu Ricky und der Markt bewegte sich, noch bevor ich eine Chance hatte, den Auftrag mit 50 auszuführen. Ich arbeitete mich zu Ricky vor. „Du hast meine Order übergangen!" sagte ich. „Du tust besser daran, sie richtig auszuführen. „

Nach den Börsenregeln wusste ich, dass Ricky meine Verkaufsorder ordnungsgemäß zu 50 ausführen musste. Aber Ricky versuchte, mich zur Seite zu schieben. „Leck mich doch am Arsch," sagte er und schob mich zur Seite.

Da die Vernunft nicht half, antwortete ich mit meinen Muskeln. Es brauchte fünf Händler und zwei Sicherheitsleute, um den Kampf abzubrechen. Ricky saß ganz verwirrt am Fußboden. Er beschwerte sich gegen mich beim Börsendisziplinarausschuss, weil ich ihn geschlagen hatte. Ich bekam einen mündlichen Verweis, aber sonst kam bei dem Vorfall nichts heraus. Ich schrieb eine Beschwerde gegen Ricky, da er gegen meine Verkaufsorder verstoßen hat, die nach Lage der Dinge eine ernsthafte Zuwiderhandlung darstellte.

Mein Handeln war sicherlich nicht diplomatisch. Im Nachhinein hätte ich mich sicherlich nur bei der Börse beschweren können, dass Ricky meine Order übergangen hatte. Aber in meinen jungen Tagen fürchtete ich, dass wenn ich vor einem Streit davonlaufe, den ein anderer beginnt, würde ich eine Zielscheibe für jedermanns Aggressionen werden. Als ich bei Ricky stand, sendete ich eine klare Botschaft an die anderen Händler. Die neue Wache ist aufgezogen.

In 1983 arbeitete ich an einem der größten Tische für Kundenaufträge auf dem S&P-Parkett. Eines Tages hatte ich den Auftrag, 400 Kontrakte für O'Connor Partners zu kaufen. Neben mir war ein Verkäufer, Bobby Natali, der später Händler wurde. Hinter Bobby stand ein Bär von Mann mit 1,95 Metern und 120 Kilo, den ich Bru nennen werde. Bru versuchte, einen Auftrag buchstäblich über meinem Kopf zu schreiben. Als er aufsprang und mit den Armen wedelte, rannte er gegen Bobby.

„Bru," schrie ich ihn an. „Lass meinen Verkäufer in Ruhe."

Kapitel 03

„Ich muss einen Auftrag ausführen," bellte Bru zurück. Er stieß ein weiteres Mal an Bobby.

Während ich an dem Auftrag für O'Connor arbeitete, fuhr Bru fort, Bobby auf mich zu schieben.

„Bru, lass meinen Verkäufer in Ruhe!"

Wham. Er puffte wieder in Bobby hinein.

„Bru, lass meinen Verkäufer in Ruhe!"

Und ein weiteres Mal stieß Bru Bobby auf mich.

Schließlich kaufte ich den letzten Kontrakt für O'Connor. Bru klatschte das letzte Mal auf Bobby.

„Du Arschloch!" schrie ich und, bum, mit einem Schlag warf ich Bru vom Parkett. Ich sprang die Stufe herunter und warf mich auf ihn. Ich hatte ihn am Kragen, und packte ihn am Revers seiner Jacke. Als ich aufschaute, sah ich meinen Bruder Joey, der zu dieser Zeit noch Verkäufer war und zu meiner Unterstützung herumsprang, gerade so, als wir Kinder waren.

Harry Lowrance, besser bekannt als Harry „der Hut", packte mich an den Schultern und zog mich weg von Bru. Plötzlich war Harry am Boden der Börse kaltgestellt und mein Bruder stand über ihm. Oh, nein! Dachte ich bei mir. Mein Bruder hatte gerade einen der am meist geachteten Broker in diesem Geschäft niedergestreckt. Nach diesem Kampf bekam ich eine Verwarnung und eine Abmahnung von der Börse, wurde aber nicht bestraft. Es half, dass ich für Maury Kravitz arbeitete, der sehr geachtet war und durch seine Verbindung sowohl zu Leo Melamed als auch zu Jack Sandner gute politische Kontakte hatte. Meine Verbindung zu Maury verhinderte, dass ich eine Menge Ärger bekam. Aber da war da noch die Sache, dass mein Bruder als junger Verkäufer Harry den Hut schlug.

Am nächsten Tag sprach mich einer von Harrys Verkäufern am Parkett an. „Harry möchte dich sehen," sagte er.

Harry saß an einem der Schreibtische am Parkett, an dem die Verkäufer telefonieren und Kundenaufträge annehmen. In Harrys Hand war der Verkäuferanhänger meines Bruders. Er ist beim Kampf heruntergefallen. „Sag' deinem Bruder, er soll keine Broker prügeln," sagte Harry mit einem Lächeln.

Ganz Ehrenmann, der er ist, gab mir Harry den Verkäuferanhänger meines Bruders und sagte nie ein einziges Wort über den Kampf. Ich war noch ein Twen, ein Kind im Vergleich zu einem Mann wie Harry. Aber er zollte mir den Respekt eines erfahrenen Händlers.

Der Kampf

Nun ja, mit 1,75 Metern und 84 Kilo bin ich nicht der größte auf der Welt. Am Parkett gibt es noch andere Händler, die mich tatsächlich überragen. Wenn jemand aggressiv wird oder um sich schlägt, dann stelle ich normalerweise die Angriffsfläche dar. Das war genau das, wovor mich mein Vater vor Jahren gewarnt hatte. Er nannte es den Borsellino-Fluch.

Papa erklärte mir diesen Fluch eines nachts, als ich betrunken von einer Party nach Hause kam, während ich die 2. Klasse des Colleges besuchte. Papa wusste, dass Teenager gerne mal einen Drink nahmen. Aber er hatte Angst, dass mich jemand ausnutzen würde, mich zusammenschlagen und mir wirklich Schaden zufügen könnte.

„Verliere nie die Kontrolle über dich selbst. Bring' dich nie in eine Situation, in der man dich übervorteilen kann." Papa durchschritt das Wohnzimmer, während ich auf das Sofa sank. „Lewis, du hast den Borsellino-Fluch. Ich habe ihn mein ganzes Leben mit mir herum getragen. Wenn es jemanden gibt, der Streit sucht, dann bist du derjenige, mit dem er anfängt. Es kann sein, dass es die Art ist, wie du einen Raum betrittst. Es kann sein, dass es deine Körperhaltung ist. Und dann, du bist nicht der größte auf der Welt. Menschen, die Streit suchen, möchten mit Kleineren anfangen. Was es noch verschlimmert, ist, dass du beliebt bist. Du bist der Menschenschlag, den andere niederstrecken wollen."

Maury Kravitz, mein Freund und Mentor, und Jack Sandner, sein Partner, der auch Vorsitzender der Börse war, haben mir in meiner Anfangszeit manche Lektion zu meinem Guten erteilt. Sie haben mich ermuntert, ruhig zu bleiben und nicht mein Temperament mit mir durchgehen zu lassen. Ihr Ziel war, einige meiner scharfen Kanten abzuschleifen. Aber es gab Zeiten, in denen sie meine rauen Kanten als strategischen Vorteil einsetzten. Ob es ein Blick in meine Augen oder meine körperliche Erscheinung war, ich vermittelte eine Art von Vertrauen, die, um ehrlich zu sein, einschüchternd wirken könnte. In Verbindung mit meinen Fähigkeiten als Händler hat mich das zu einer Ein-Mann-Steitkraft gemacht. Das wusste Maury, als er mich ans Eurodollar-Parkett schickte.

Mitte der 80er machte ich mir selbst einen Namen als einer der fleißigsten Orderschreiber an dem S&P-Parkett. Bei dem ungetrennten Handelssystem, das in diesen Tagen noch erlaubt war, handelte ich sowohl für meine Kunden als auch für mich selbst. Der große sich ständig bewegende Markt, der als S&P bekannt ist, und ich wurden füreinander geschaffen. Aber Maury wollte, dass ich an das Eurodollar-Parkett gehe. Er versuchte eine Präsenz am Eurodollarmarkt, aber jedes Mal, wenn er einen Broker zum Handeln schickte, wurde er zurückgedrängt. Maury wurde buchstäblich aus dem Eurodollarmarkt herausgedrängt, denn die Hauptspieler in diesem Bereich weigerten sich, mit seinen Brokern zu handeln. So kam Maury zu mir, indem er wusste, dass ich mich von niemandem herumschubsen lassen würde.

„Ich möchte, dass du an das Eurodollar Parkett gehst," sagte mir Maury eines Tages.

„Ich mache keine Eurodollar," sagte ich ihm bestimmt. „Ich handele S&Ps."

Maury blickte mich über den Rand seiner Brille an und fixierte mich mit einem starren Blick, der mir sagte, dass er nicht zu glücklich war. „Lewis, ich brauche dich, um dies zu machen."

Maury hatte einmal meiner Familie einen Gefallen getan, was ich ihm nie vergessen werde. Als mein Vater auf Hafturlaub von Leavenworth kam, stellte Maury einen Scheck über 1.500,– $ aus, um einen Anwalt für meinen Vater zu nehmen. Meine Mutter arbeitete im Sekretariat von Maurys Kanzlei und er wusste alles über Papas Rechtskämpfe. Für das, was er für meine Familie tat, bin ich Maury loyal gegenüber bis zum heutigen Tage. Deshalb habe ich zugestimmt, dass ich für Maury am Eurodollar-Parkett mache, was ich kann, aber ich würde trotzdem den S&P nicht aufgeben.

„Das hier ist das, was ich machen möchte," sagte ich ihm. Ich werde Eurodollarzinsen zur Eröffnung um 7:30 Uhr handeln und etabliere uns dort. Aber wenn der S&P um 8:30 Uhr eröffnet, werde ich das tun – und ich bin dort auch tagsüber."

Maury schüttelte den Kopf. Er war nicht sicher, ob eine Stunde genug sei, um einen Fuß auf dem Eurodollar-Parkett zu haben.

„Mache dir keine Sorgen," versicherte ich ihm, „ich werde das tun, was ich zu machen habe. Aber der S&P ist das, womit ich mein Leben verbringen möchte."

Am nächsten Morgen ging ich zum Eurodollar-Parkett. Der bekannteste Händler dort war ein Bursche namens Dick, der eine ganze Menge Kundenaufträge hatte. Ich marschierte schnurstracks zu ihm und sagte, „He, Dick. Was läuft hier. Ich werde von jetzt an hier stehen." Ich schaute zu den Händlern auf meiner linken und rechten Seite. „Und niemand hier wird mich vom Parkett verdrängen. Und jetzt, wenn du anfangen möchtest, können wir anfangen."

Im Eurodollarzinsmarkt hatten die Händler, wie überall sonst auch auf dem Parkett, ihren eigenen Platz, an dem sie standen. Dadurch mussten eine ganze Menge der anderen Händler für mich Platz machen, als ich am Eurodollar-Parkett neben unserem Händlertisch, an dem die Kundenaufträge hereinkamen, Aufstellung nahm. Ich war sicherlich kein Fremder für sie und sie wussten, warum ich da war. Sie machten sich ohne Zweifel Gedanken darüber, dass ich ihre Kunden nicht umwerben könne, ihre Aufträge in Eurodollar zu erfüllen, besonders die Kunden, die ich schon in S&P bediente. Sie wollten nicht, dass ich mich auf ihrem Gebiet heimisch fühlte. Als der Handel begann, boxte mich der Kerl neben mir. „Was soll das?" fragte ich ihn.

„Die haben mich gestoßen," antwortete er.

Ich schaute in die Reihe der Händler. Einer stieß den anderen, um eine Kettenreaktion auszulösen, die bei mir endete. Das Ende dieses Spieles, das wusste ich, war, den neuen Spieler abzuschieben.

„Wenn du mich noch einmal stößt, fliegst du vom Parkett", sagte ich dem Kerl neben mir.

„Das bin ich nicht. Jemand anderes stößt mich. „Er winkte zu dem Händler zu seiner rechten.

„Dann fliegt ihr eben beide vom Parkett."

Er wurde wieder auf mich geschubst. Ich packte ihn am Kragen seiner Händlerjacke und warf ihn vom Parkett. Ich warf den Burschen, der auf seiner Rechten stand, ebenfalls einige Sekunden später hinaus. Das löste einen Krawall am Eurodollar-Parkett aus. Die Händler packten Broker, und Verkäufer ereiferten sich. Die Sicherheitsbeamten wurden gerufen und ich musste wieder vor dem Disziplinarausschuss der Börse erscheinen. Der Ausschuss verhängte keine Strafe, aber ich wurde verwarnt, dass jeder weitere Vorfall innerhalb von sechs Monaten eine Bestrafung nach sich zöge.

In dieser Zeit war Maury Partner einer Firma zur Auftragsannahme mit einem anderen Händler mit dem Namen Jimmy Kaulentis. Jimmy, der Schweinehälftehändler war, hatte noch eine interessante Nebentätigkeit, indem er junge Nachwuchsboxer trainierte, einschließlich James Tillis „der Schnelle", der für die Weltschwergewichtsklasse kämpfte. Als Maury und Jimmy von der Eurodollar-Rauferei hörten, beschlossen sie, dass ich einen Assistenten bekommen sollte. Am nächsten Tag, als ich am Eurodollar-Parkett meinen Platz einnehmen wollte, gab es ein familiäres Schlägergesicht mit einer zerschlagenen Nase, die unter der Masse der Verkäufer hervorstach. Es war Johnny Liara, ein früherer Boxleichtgewicht Meister, der sich für die Weltmeisterschaft qualifizierte. Ich kannte ihn als Kind, als ich in der Turnhalle trainierte und ein wenig selbst zu boxen versuchte.

„Lewis, lass mich wissen, wer dich in die Klemme nimmt," sagte mir Johnny. „Sie werden dich nicht mehr belästigen." Ich wusste die Bemühungen meiner Freunde zu schätzen, aber Johnny hatte eine sehr kurze Karriere als Verkäufer.

Schließlich hatte Maury seinen Brückenkopf im Eurodollarzinsmarkt. Ich arbeitete täglich eine Stunde oder so im Eurodollar und dann übernahm ein anderer Broker. Ich sagte beim Weggehen: „Ich gehe. Aber wenn jemand mit ihm Ärger anfängt, komme ich zurück."

Es gab Zeiten, in denen meine aggressive Art zu Handeln ein zweischneidiges Schwert darstellte, insbesondere wenn mein Hintergrund ins Spiel gebracht wurde. Gerüchte und versteckte Andeutungen haben mich die meiste Zeit meiner Karriere begleitet. Deswegen war ich übersensibel bei jeglicher Anspielung an organisierte Kriminalität oder Witze über Italo-Amerikaner und Banden. Für mich gab es da nichts zu lachen. Als ich am S&P-Parkett anfing, hatte ich einen Streit über einen offenen Posten mit einem Burschen, der in Melrose Park, Illinois, aufwuchs, einer überwiegend italienischen Bevölkerung, die einen schlechten Ruf bis in unsere Tage hat. Unsere Diskussion über den offenen Posten wurde hitzig, aber es fielen keine Drohungen oder Schläge. Aber ich sagte verärgert: „Du bringst das in Ordnung oder du bist tot."

Du bist tot. Wenn das jemand während eines Streites sagt, nimmt es niemand ernst. Das ist etwas, das wir alle in der Hitze des Gefechtes einmal sagen. Aber in meinem Fall berichtete dieser Händler dem Börsendisziplinarausschuss, dass ich Drohungen ausgesprochen habe. „Lewis kennt Leute, die mir sämtliche Knochen gebrochen hätten," erzählte der Händler dem Ausschuss. Dann wurde ich in die erniedrigende und unnötige Position gedrängt, dass ich der Börse erklären musste, dass ich diesen Kerl nicht bedroht habe. Es war nicht das letzte Mal, dass ich mit dieser unbewiesenen Behauptung konfrontiert wurde.

Ich wusste, dass die Leute diese Dinge wegen meines Vaters sagten. Aber ich würde ihn nie verleugnen oder mich von ihm distanzieren. In meiner Jugend wurde ich vom Charakter meines Vaters geformt. Bis zum heutigen Tage übt er einen starken Einfluss im Hintergrund aus. Er ist derjenige, der mir die Kanten gab, die mich zum furchtlosen Händler machten – aber nicht so furchtlos, dass ich jemals unbegrenztes Risiko akzeptiere. Dieses interne Risikolimit war letzten Endes der Schlüssel für meinen Erfolg. Von meinem Vater lernte ich schon im Alter von neun Jahren, dass ich machen konnte, was immer ich mir vornahm. Durch ihn wuchs ich in dem Glauben auf, dass er mich bedingungslos liebte und unterstützte. Und wegen ihm wurde ich gezwungen, schneller als meine Geschwister aufzuwachsen.

Das Leben meines Vaters hat mir Kraft verliehen und war zugleich meine Achillesferse. Gleichgültig wie viele Auftritte ich im CNBC gehabt habe und wie viele Artikel über mich und meinen Erfolg geschrieben wurden, möchten manche Menschen über mich nur in der einen Richtung denken. Für die bin ich immer ein Hitzkopf, dessen Vater in organisierte Kriminalität involviert war. Seit dem Gymnasium oder dem College wurde ich jeweils – ob beim Fußball oder an der Börse – auf eine Frage reduziert: Bin ich oder bin ich nicht in organisierte Kriminalität verwickelt? So sehr ich solche Fragen auch hasse, ich muss mich ihnen stellen. Die kurze und einzig mögliche Antwort ist nein. Ich bin weder jetzt, noch habe ich je etwas mit organisierter Kriminalität zu tun gehabt.

Die Frage, die sich einige Menschen immer wieder stellen, ist, warum ich mich je in organisierte Kriminalität habe hineinziehen lassen wollen. Wegen dieser Sache war mein Vater im Gefängnis von der Zeit, als ich in der vierten Klasse war bis zum Gymnasium. Wegen dieser Leute musste ich mit meinem „abwesenden" Vater aufwachsen und konnte ihn nur einmal im Jahr und dann auch nur kurz im Besuchszimmer in Leavenworth sehen. Mein Bruder und ich wandelten nie auf dem Pfad meines Vaters. Das kam für uns nie in Betracht. Papa hat das von Anfang an klar gestellt.

Das Erbe unseres Vaters war viel größer als jeglicher Schaden, den er für unseren Ruf hatte. Er stattete uns aus mit Herz, Charakter und Wertvorstellungen wie Rechtschaffenheit, Liebe zur Familie und Verantwortungsbewusstsein für uns und andere. Und wenn wir etwas falsch machten, dann haben wir dafür auch die Verantwortung übernommen.

Es gab unzählige Male bei denen ich einem schief gegangenen Handel gegenüber stehen musste und ich dafür verantwortlich war. Jeden Morgen bevor ich mich fürs Parkett fertig machte, prüfte ich mit Joni Weber, einer Brokerin, die sich um meine Schieflagen kümmerte. „Lew," sagte sie, „erinnerst du dich an den Handel gestern mit dem und dem?"

„Ja," erwiderte ich und suchte in meinem Gedächtnis, „ich glaube, ich habe 15 oder 20 Kontrakte mit ihm gemacht."

„Hast du, wow? Gut. Du hast sie nur nicht aufgeschrieben."

Es kann sein, dass diese Schieflage ein Verlust von 40.000,– oder 50.000,– $ war. Ich rannte schnurstracks aufs Parkett, um den anderen Händler zu finden. „Lewis, was ist passiert?" fragte er mich.

„Ich habe vergessen, unseren Umsatz aufzuschreiben. Es ist nicht dein Problem. Es ist meines." dann habe ich das schief gegangene Geschäft abgewickelt und ihm den Betrag bezahlt, den ich ihm schuldete.

Es gibt eine unausgesprochene Börsenregel, dass jeder die Gewinner kennt und keiner die Verlierer kennen will. Es gibt Leute die sagen: „Ich kann mich gerade an das Geschäft nicht erinnern. Warum teilen wir die Verluste nicht?" Aber das habe ich nie fertig gebracht. Wenn ich wusste, dass die Schieflage meine Schuld war, habe ich den Fehler auch geschluckt. Ich habe nicht gerne 30, 40 oder 50 Tausend Dollar von meinem eigenen Händlerkonto bezahlt. Aber wenn es mein Fehler war, habe ich auch die Verantwortung dafür übernommen. Der Handel beruht auf dem gesprochenen Wort. Denk darüber nach. In welch anderem Geschäft kannst du Tausende von Umsätzen am Tag machen, die Millionen von Dollar verkörpern, mit nichts als einem Kopfnicken und einem Handzeichen und ohne Anwalt? Wenn du eine Zusage an der Börse machst, dann ist dein Wort deine Bürgschaft. Für Broker, die Kundenaufträge ausführen, gibt es nichts Wichtigeres als langfristige Kundentreue und sicherlich werden nur wenige Übereinkommen jemals schriftlich gefasst. Ein Broker führt sein Geschäft, indem seine Kunden glücklich sind.

Seit 1986 war ich Teil der vorherrschenden Gruppe von Brokern am S&P-Parkett. Unsere Gruppe bestand aus Maury, meinem Bruder Joey, Bobby Nataly, einem Freund namens Louie Falco und mir. Ich nannte uns zärtlich die vier Italiener und den Juden. Wir waren die besten am S&P-Parkett und ich war die Schlüsselperson, die Aufträge von 50 Kontrakten und mehr ausführte. Unsere Gruppe hatte einen großen Auftragsbestand und bedeutende Kunden und praktisch das WHO ist WHO der Brokerfirmen wie Smith Barney, E.F. Hutton, O'Connor und Partner und Bache Securities. Während die S&P-Börsenmannschaft wuchs, wuchs auch der Wettbewerb für das Geschäft.

Da die S&P-Börse in Chicago war, zog sie sehr viel Aufmerksamkeit des Rivalen New York auf sich. Immerhin waren die meisten der großen Vermögensverwalter in New York. Aber die Chicagoer Börse hatte den Weitblick, den S&P 500 als Aktienindex zu etablieren. Der S&P 500 wurde Vergleichsmaßstab für die Aktienkursentwicklung, mehr noch als der Dow Jones Industriewerteindex. Der S&P-Kontrakt übernahm und überlagerte schnell einen Aktienindex der New Yorker Futures-Börse. Es war nur eine Frage der Zeit, dass ein New Yorker Händler nach Chicago kam, um aktiv zu werden. Der Händler war ein Mann, den ich Doug nennen möchte.

Der Kampf

Er war so grell wie die Stadt, aus der er kam, und baute seine New Yorker Kontakte aus, um Geschäfte mit einigen großen Brokerhäusern zu machen. Das verärgerte mehr als einige Leute am S&P-Parkett, die sich über diesen New Yorker auf ihrem Platz ärgerten. Mein einziger Streit mit Doug war eines Tages wegen eines Schlusskurses, der mich meine Beherrschung gekostet hat. Ich hatte einen Kaufauftrag, den ich zum Schlusskurs ausführen musste. Aber in letzter Minute brachte Doug eine Spätregulierung zu einem Preis, der höher als der Markt war. Ich wollte nicht, dass der Preis mit ins Protokoll genommen wird. In dem Moment, in dem Doug den Preis feststellte, sprang er zu seinem Kunden ans Telefon und rühmte sich damit, was er erreicht hatte.

„He, der Markt war geschlossen. Nimm diesen Preis heraus," rief ich zu Doug.

Er ignorierte mich und fuhr fort mit seiner Telefonkonversation.

Ich riss ihm den Hörer aus der Hand und sagte: „Er wird Sie zurückrufen" in die Muschel. Dann sagte ich Doug ins Gesicht, dass ich den Preis beanstanden würde. Ich forderte ihn auf, mit mir zur Börsenaufsicht zu gehen, um das zu klären. Doug weigerte sich zu gehen. Er drehte sich zu mir um und sagte in seinem New Yorker Akzent: „Das ist mir egal, was du sagst."

Ich packte ihn am Revers seiner Händlerjacke und zerrte ihn zur Börsenaufsicht. „Sage, dass der Preis herausgenommen wird," forderte ich.

Doug kämpfte, um von mir weg zu kommen. Ich verstärkte meinen Griff. „Sag ihnen, dass sie den Preis herausnehmen." wiederholte ich.

„Der Markt war schon geschlossen," keuchte Doug. „Nehmt den Preis heraus."

Ich bekam einen weiteren Verweis und Verhaltensmaßregeln vom Börsendisziplinar-Ausschuss, aber der Preis wurde herausgenommen. Die Aggressivität von Doug in der Kundengewinnung war vielleicht sein Verderben. Er wurde wegen eines Handelsvergehens scharf getadelt und einige Monate später für sechs Monate von der Börse suspendiert. Die Lektion, die Doug, mit dem ich mich später anfreundete, lernte, war, dass Chicago seine eigenen Methoden mit Händlern hat, die in ihr Revier eindringen. Deswegen wunderte ich mich auch nicht darüber, dass der Rechtsausschuss der Börse ein besonderes Augenmerk auf Doug warf und peinlichst darauf achtete, was er tat.

Der Wettbewerb um Kunden war in diesen Tagen so heftig, dass die Broker ihre Gebühren immer wieder senkten, um Geschäft zu machen. Die

Broker bekamen 3,– $ pro Kontrakt, wenn sie einen Kundenauftrag ausführten. Aber nicht alles Geld landete in ihren Taschen. Maury zum Beispiel berechnete mir 0,50 $ pro Auftrag, den ich am Parkett ausführte, weil das Geschäft von seinem Kundenbereich kam. So bekam ich tatsächlich nur 2,50 $ pro Kontrakt. Dann fingen Broker an, Kontrakte für 2,– $ oder gar 1,75 $ auszuführen. Um die Aufweichung der Brokerkommissionen zu verhindern, gab es sogar Gespräche darüber, dass sich die Broker gewerkschaftlich organisieren. Aber die Vereinheitlichung der Gebührensätze erregte kartellmäßige Bedenken, und die Idee des Organisierens der Broker kam über die Diskussionsphase nie hinaus.

Durch die Rabatte auf die Gebühren kam auch Tom Drittmer, Präsident von Refco, einem führenden Clearinghaus, auf die Idee. Seine Idee war ein Plan, die Gebühren drastisch auf 1,– $ pro Kontrakt zu kürzen und die Einsparungen an die Kunden weiterzugeben. Um derartig niedrige Gebührensätze anbieten zu können, brachte er eigene Hausbroker an die Börse, anstatt unabhängige Broker wie mich zu nutzen. Das Problem war, dass viele dieser Hausbroker viel zu wenig Eigenkapital hatten und unerfahren waren. Sie waren von der Vorstellung begeistert, dass sie sogar noch bei einem Dollar pro Kontrakt mehr als 20.000,– $ im Monat verdienen konnten. Aber wenn sie einen Irrtum beim Handeln machten, mussten sie es selbst ausbaden. Mit Irrtümern und Kosten hatten sich viele dieser 20.000,– $ verflüchtigt. Als Ergebnis davon wurde das S&P-Parkett von jungen Brokern bevölkert, die kein ausreichendes Kapital hinter sich hatten. Und Gott behüte, dass du einen schief gegangenen Handel mit einem von diesen Burschen hast, da sie oft genug nicht ausreichendes Kapital haben, um diesen Fehler auszugleichen.

Wir waren alle verärgert, dass Refco die Gebühren reduziert hat und wir rächten uns an den zwei Brokern am Parkett. Wie das Schicksal es wollte, standen die Refco Broker zwei Plätze neben mir am Parkett und es machte mir ein besonderes Vergnügen, ihnen das Leben schwerer zu machen. Wenn sie eine bestens Order zum verkaufen hatten, haben wir den Markt mit aggressiven Geboten herunter gedrückt und zwangen dadurch die Refco Broker den Auftrag zu einem niedrigeren Preis auszuführen, als sie das wollten. Wenn sie einen Auftrag hatten, billigst zu kaufen, haben wir den Markt mit Angeboten hochgezogen und so einen höheren Preis erzwungen.

Dann kam eines Tages dieser Herr im Anzug runter zum Parkett, um den Refco Brokern zu zeigen, wie das funktioniert. Er stand rechts hinter mir und während er handelte, stieß er mich ständig an. Ich sagte ihm mehrere Male, mich nicht zu stupsen, aber er fuhr damit fort. Schließlich hatte ich genug. Er stieß mich das letzte Mal. Ich drehte mich herum, legte meine Hände auf seinen Kragen und schob ihn vom Parkett. Er stampfte mit den Füßen und rannte zurück, um zu handeln.

Ein bisschen später kam einer der anderen Broker zu mir. „Weißt du, wen du vom Parkett verdrängt hast?" fragte er mich. „Das war Tom Drittmer."

„Ja und?" antwortete ich. Tom Drittmer machte mir meinen Platz nicht streitig. Aber ich achtete ihn dafür, dass er zurückkam, nachdem ich ihn rausgeschmissen habe und er nicht viel Aufhebens davon gemacht hat. So sehr, wie wir uns alle über diese Hausbroker geärgert haben, er zog sich nicht in irgendein Büro zurück und gab Anweisungen. Er kam selbst an die Börse und zeigte ihnen, was sie tun sollten.

Niemand muss mir sagen, dass du nicht herumlaufen kannst und die Leute herumschubsen und stoßen darfst. Ich wache morgens nicht auf und überlege mir, wen ich an diesem Tag vermöbeln kann. Ich warte lieber auf einen Anlass dafür. Oder, auf die Gefahr, ein Vorurteil zu wiederholen, wirst du vielleicht sagen, dass ich weniger Sonny und weniger Michael sein möchte. Die Fans von „Der Pate" werden wiederum sagen, dass die Söhne von Don Corleone anders sind als die Erwartung, die man in sie gesetzt hat. Sonny war heißblütig und explodierte bei der geringsten Veränderung, was später sein Untergang war. Michael, der Stratege, hatte Eiswasser in den Venen.

Ich habe gelernt, vor Streitigkeiten beim Handeln davonzulaufen. Ein Händler, der 50 Kontrakte anbietet, beschwert sich vielleicht später, dass er mich nicht gesehen hat, obwohl ich „kauf' ich!" fünf oder sechs Mal gerufen habe. Vielleicht hat er wirklich nicht. Oder ein anderer Händler sprang vielleicht zwischen uns und packte diese Kontrakte, die ich gerade wollte. Da gibt es nicht viel neben der Beschwerde über den Handel bei dem Broker, um dann zum Geschäft überzugehen. Und dieses Geschäft ist natürlich Handeln. Ich habe viele meiner Wettbewerber überlebt und die meisten meiner Kritiker. Meine besten Waffen sind nicht die Muskeln, sondern meine Intelligenz und mein Können. Darin habe ich viele meiner Kollegen überrascht, die weder meine Händlerfähigkeiten noch meinen geschäftlichen Scharfsinn erkannt haben.

Ich erinnere mich an den Tag, als ich Jack Sandner, der damals Börsenpräsident war, von meiner Idee erzählt habe, eine Versicherung für Schieflagen für Verkäufer und Broker anzubieten. Getreu meiner Zusage brachte ich nach zwei Jahren gründlicher Untersuchung und sorgfältiger Arbeit eine Versicherungspolice gegen Schieflagen heraus mit der AIG, der führenden in Amerika ansässigen internationalen Versicherungsgesellschaft. Die Leute waren schockiert, dass ich nicht nur über dieses Produkt nachgedacht habe, sondern dass ich sogar AIG als Partner gewinnen konnte.

Für Broker und Verkäufer sind Schieflagen der Ruin ihrer Existenz. Jedes Jahr kursieren Geschichten über große sechs- und siebenstellige Geschäfte, die schief gehen. Die Angst vor einer Schieflage dieses Ausmaßes sollte ausreichen, so habe ich immer wieder betont, um Broker und Verkäufer zu ermutigen, diese Versicherung zu kaufen. Aber das Produkt hat sich nicht durchgesetzt, teilweise weil die Clearinghäuser und die Börsen es nicht von den Brokern und Händlern verlangt haben. Oder wie es einer meiner Freunde ausgedrückt hat, die Versicherung wurde bei den Ameisen vermarktet und nicht bei den Ameisenhaufen.

Obwohl die Schieflagenversicherung keinen Erfolg hatte, betrachte ich es nicht als einen Fehlschlag. Ich bin auf den Gedanken gekommen, habe ihn weiterverfolgt und schließlich das Produkt in Gang gebracht. Zurückblickend erkenne ich, dass ich es anders hätte vermarkten müssen. Aber das bringt die Unterstützung für das nächste Projekt, das ich anpacke. Ich übernehme die Verluste und gehe weiter zum nächsten, übernehme die Verantwortung für das, was ich richtig gemacht habe und auch das, was ich falsch gemacht habe. Am Ende macht das den erfolgreichen Mann aus.

Kapitel 04

Das Gemüt eines Kämpfers

Ich bin ein geborener Wettkämpfer. Obwohl das Ergebnis sicherlich für mich entscheidend ist, geht es mir doch um das Spiel als solches. Sei es auf dem Footballplatz, beim Golfen oder an der Börse, es ist der Wettbewerb, der mich treibt. Es ist mein Trieb, den ich von meinem Vater geerbt habe.

Ob ich Footballtrainer oder Anwalt geworden wäre, es wäre das gleiche gewesen. Der Wettbewerb unterscheidet mich von anderen und treibt mich über meine natürlichen Grenzen hinaus. Versteht mich bitte nicht falsch. Ich genieße sehr wohl die Tatsache, dass ich, als auch meine Frau einen Mercedes fahren und wir eine Reihe Häuser besitzen, die durchaus in einer Architekturzeitschrift abgebildet sein könnten. Aber Geld ist nur ein Nebenprodukt von dem, was ich mache. Es ist der Lohn für meinen Lebenswandel und all die Mühen in meinem Geschäft.

Der S&P-Markt war um 2.000 Punkte im nachbörslichen Handel am Donnerstag, dem 27. August 1998, runter gesackt. Die russische Finanzkrise und die Angst, dass Boris Jelzin bald zurücktreten würde, hatte die internationalen Märkte mit Panik erfasst. Ich hielt am Parkplatz gegenüber der Börse, sprang aus dem Auto mit laufendem Motor, machte einen Satz über die Straße, noch bevor mir der Parkwächter ein Ticket gab. Mein Verkäufer wartete auf mich mit meiner Händlerjacke in der Hand. Diese Jacke schaute ziemlich schmutzig aus, nach all den hektischen Tagen am Parkett.

Ich handelte kurzfristig orientiert, nachdem der S&P jegliche Widerstandslinien durchbrochen hatte. Der Markt schoss nach unten, aber nicht wie in 1987, als er in freiem Fall nach unten schoss, weil es damals noch keine Handelsbeschränkungen gab. Ich verkaufte 90 Kontrakte mit einem Punkt, sah mich dann mit einer 500-Punkte-Erholung am S&P konfrontiert, bevor er wieder im Sturzflug runterging. Obwohl ich 18 Jahre im Geschäft bin, nimmt es noch immer meine physische und psychische Kraft voll in Anspruch, um in einem Markt wie diesem zu handeln. Aber wilde Märkte stellen riesige Möglichkeiten dar, besonders für einen erfahrenen Händler wie mich, der die großen Bewegungen und die großen Risiken beherrscht. Ich habe drei Stunden am Vormittag und zwei weitere am Nachmittag gehandelt. Ich ging danach zurück in mein Büro, hundemüde und mit schmerzenden Knochen, aber mit einem saftigen sechsstelligen Gewinn für diesen Tag.

Der Preis ist jedoch die Befriedigung, dass ich, ein „alter" Händler mit 41 Jahren, immer noch den Markt bewältigen kann. Ich kann das Gefecht am Parkett ebenso wie die jungen Hitzköpfe noch mitmachen. Du kannst dir nicht vorstellen, wie grausam es am Parkett mit all dem Lärm, dem Zerren und Stoßen, dem Schmutz und dem Schweiß ist. Nach fünf oder sechs Stunden fühle ich mich wie ein zusammengeschlagener Boxer. An manchen Tagen frage ich mich, ob ich es noch machen kann, und an anderen wiederum frage ich mich, warum ich es immer noch will. Die Lösung war für mich, immer mehr jenseits der Börse zu handeln, nicht wegen meines Alters, sondern wegen der Möglichkeiten, die sich mir boten. Aber an den wichtigen und volatilen Tagen stehe ich nach wie vor meinen Mann am Parkett. Ich habe die Eigenschaft, die mich mein ganzes Leben über begleitet hat und die mein wesentliches Plus als Händler auf meinem neuen Gebiet als Fondsmanager darstellt, nicht verloren, nämlich Gemüt.

Es ist schwer, diesen Begriff außerhalb des Sports zu erklären. Wenn ein Spieler Gemüt hat, lebt und atmet er das Spiel. Er hat die Hingabe und reine Willenskraft, über seine körperlichen Grenzen zu gehen. Kein Hindernis steht einem Spieler mit Gemüt im Weg; er spielt, verletzt und treibt seinen Körper und Geist trotz Schmerzen an.

Gemüt, Ausdauer und ein zäher Charakter sind die Schlüssel für mein Überleben und meinen Erfolg im Sport und als Händler. Ich erinnere mich, als ich an der DePauw Universität in Greencastle, Indiana, ein raues

Erwachen hatte, als ich erkannte, dass ich mich durch das Gymnasium mogelte, ohne recht viel zu lernen. Ich war ein klassischer Dünnbrettbohrer: ich war lieb und nett und tat gerade genug, um mitzukommen, aber ich hatte praktisch keine Begabung. An der Universität war ich auf mich selbst verlassen. Um meinen Mangel an akademischer Berufung auszugleichen, verbrachte ich jede Nacht drei bis vier Stunden in der Bücherei, indem ich las und studierte. Niemand musste mich drängen, das zu tun. Ich wusste, es war die einzige Möglichkeit, um es zu schaffen.

Ich bewarb mich mit demselben Drang und der Entschlossenheit für die Universitätsfootballmannschaft, die in der III. Liga spielte. Ich war ein ziemlich guter Spieler am Gymnasium, aber an der Universität, die mir ein Teilstipendium gab, stand ich in Konkurrenz zu sehr talentierten Athleten. Ich konnte mir nicht vorstellen, was es für mich gewesen wäre, wenn ich in eine Erstliga-Schule gegangen wäre.

Ich war sicherlich nicht der beste Spieler im Footballteam von DePauw. Aber der Verteidigungstrainer Ted Katula beschrieb mich damals als den zähesten Spieler, den er je gesehen hatte. Ich erinnere mich noch, als ich ein Neuling in der Unimannschaft war und in der ersten Mannschaft spielen wollte. Ich sagte dem Angriffstrainer Tom Mont eines Tages: „Gib mir eine Chance, in der ersten Mannschaft zu spielen. Lass mich beweisen, was in mir steckt."

Der Trainer Mont war wegen meiner Offenheit sprachlos, aber am nächsten Tag, als wir trainierten, wollte er sehen, was ich kann. Ich spielte gegen George, 1,90 Meter groß und über 100 Kilo schwer, und so dumm wie noch etwas. „He, Borsellino, nennst du das den Ball stoppen?" rief mir der Trainer nach.

„Trainer, wir sind hier nur im Training," protestierte ich.

„Denkst du immer noch, dass du besser als die anderen Spieler bist?" quälte er mich. Ich schaute zu George. „Setz' dein Mundstück ein und deinen Helm auf, George. Ich spiele mit voller Kraft," rief ich ihm zu.

Jetzt erzählst du wohl den Mitspielern, dass du sie blocken wirst?" rief der Trainer.

Ich stand auf und schrie den Trainer Mont an: „Jawohl, das werde ich tun. Und jedes Mal, wenn ich zum Block gehe, werde ich ihm in den Arsch treten."

Ich rannte gegen George und täuschte ihn, als ob ich hochziehen würde. Er stand auf und – bum! – ich schlug seine Beine von unten. Das zweite Mal täuschte ich ihn, dass ich runter gehen würde. Er bückte sich nieder und ich rannte über ihn. Das dritte Mal täuschte ich ihn nach unten und nach oben und ich nagelte ihn fest.

Mit Adrenalin vollgepumpt machte ich mir einen Jux daraus und nahm das Maul voll: „Ich habe dir gesagt, ich bin besser als alle deine Läufer," rief ich zum Trainer. Aber er hatte nicht genug Geduld.

Glücklicherweise hat der Trainer Katula gesehen, was ich leisten konnte und berief mich plötzlich in sein Verteidigungsteam. Was mir an körperlicher Statur und Veranlagung fehlte, machte ich durch Standhaftigkeit wieder gut. In meinem Zweiten Jahr holte mich der Trainer Mont zurück ins Angriffsteam als Läufer. Ich erinnere mich eines Spieles gegen die Valparaiso Universität an einem kalten, regnerischen Tag. Der Ball schoss an die Mittellinie. Ich bekam eine Verschnaufpause, indem der Dreck das Verteidigungsteam aufhielt. Ich nahm einen Seitenpass, überging einige Spieler und schoss über 90 Meter, einen Rekord, den die DePauw Universität und der Staat Indiana noch heute hält. Eine Sache, an die ich mich noch am meisten erinnern kann, war ein Spiel, bei dem mein Vater und zwei meiner Onkels zugesehen haben, bei dem ich im Sprint an der Seitenlinie runter rannte. Natürlich muss ich auch zugeben, dass ich, bedingt durch die Art und Weise des Trainers Mont, wir das gleiche Spiel das nächste Mal machten, als wir den Ball hatten. Das Verteidigungsteam erwartete mich und wurde getroffen.

Gemüt ist eine Haltung, die entweder vererbt oder erlernt ist, meines bekam ich von meinem Vater. Obwohl Papa als Kind an Rheuma litt und beinahe zwei Jahre im Krankenhaus war, trainierte er, um sich als Sportler auszubilden. Er schwamm und tauchte, boxte und spielte Softball. Er war in der Harrison High School in Chicago, die damals riesige Menschenmassen anzog, ein Starfootballspieler. Sogar in seinen Vierzigern rannte er lässig zehn Kilometer und ging regelmäßig ins Fitness-Center.

Gemüt, körperliche und geistige Disziplin und faires Konkurrenzverhalten – diese Sporteigenschaften sind es, die mein Bruder und ich meinem Vater zu verdanken haben. Diese Eigenschaften waren der Schlüssel zum Überleben und waren das, was ihn vom Rest unterschied. In Leavenworth nutzte Papa diese Eigenschaften zum Überleben. Er machte, was immer ihm möglich war, um seinen Geist beweglich zu halten und um sich zu verbessern. Er machte einen Dale Carnegie Kurs und gewann Preise für seine Redefähigkeit und organisierte sogar eine Blutbank im Gefängnis. Um seinen Körper fit zu halten, trainierte er jeden Tag und spielte Handball, um vielleicht sogar Gefängnismeister in dieser Sportart zu werden.

Das Gemüt eines Kämpfers

Papa war ein paar Monate im Gefängnis, als wir ihn zum ersten Mal besuchten. Ich erinnere mich noch, als ich in dem Besuchsraum saß, als er hereinkam. Sein Haar war kurz geschnitten und er war braun gebrannt. Außer, dass er ein bisschen abgenommen hatte, schaute er aus wie immer. Er hatte die Standard Gefängnisuniform an, weiße Hosen und weißes Hemd. Aber wie immer war Papa stolz auf sein Aussehen. Er bezahlte den Schneider, um sein Hemd anzupassen und um seinen Revers zu kürzen. Seine Hosen waren gerade gewaschen und gebügelt, sie hatten ein Bügelfalte, so glatt, wie mit einem Rasiermesser geschnitten, und seine Schuhe waren spiegelblank geputzt. Unter seinem taillierten Hemd trug er das St. Judas Medaillon, das er immer trug.

„Siehst du das?" fragte er, indem er an die Spitze seines Kragens zeigte. „Kostet mich eine Packung Zigaretten, aber sieht gut aus." Er rauchte nicht, aber Zigaretten waren so etwas wie eine Währung im Gefängnis. „Das Bügeln von der Hose? Kostet mich eine weitere Packung."

Ich habe es damals nicht begriffen, aber rückblickend weiß ich, warum mein Vater seine Gefängnisuniform abgeändert hat. In einem System, das versucht, Menschen zu Nummern zu stempeln, kämpfte mein Vater für seine Individualität. Der Schnitt seiner Kragen und die Form seiner Hosen waren das Zeichen für die Wärter und alle anderen um ihn herum, dass er immer noch er selbst war.

Als wir im Besucherraum saßen, beschwerte sich Papa nicht, dass er im Gefängnis war. Im Gegenteil, seine größte Sorge waren wir. Er unterhielt uns mit Geschichten über seine Mithäftlinge und brachte uns zum Lachen. „Es gibt keinen Einzigen, der hier schuldig ist," scherzte er, indem er Mama zuwinkte. „Es ist erstaunlich. Jeder hier am Ort ist unschuldig."

Schließlich fragte ich ihn: „Papa, es klingt so, als ob du hier Spaß hättest."

Er hörte auf zu Lachen und erzählte mir, wie es tatsächlich war. „Lass dir etwas erklären," sagte er. „Gefängnis ist nicht hart. Diese Leute können mir nichts anhaben. Aber ich will dir sagen, was wirklich hart für mich ist: dass ich nicht bei dir und deinem Bruder und deiner Mutter bin. Das einzige, was mir etwas ausmachen würde, ist, wenn sie dir etwas antäten. Du musst einfach besser als der Rest sein."

Besser als der Rest. Es war Wunsch und Antrieb in beidem. Zurückblickend weiß ich, dass mein Vater ganz klar sah, was er für Joey und mich wollte. Er wollte für seine Söhne, dass sie aufs Gymnasium gehen, Karriere machen und beruflichen Erfolg haben. Er wollte, dass wir unsere Ellenbogen an den richtigen Menschen abstoßen, von der Gesellschaft akzeptiert werden und unsere guten Umgangsformen nicht verlieren. Er wollte, dass wir die Fähigkeiten von beiden Welten nutzen. Aber, wie ich so oft in meinem Leben gesehen habe, macht diese Zwiespältigkeit beide Welten skeptisch.

Obwohl er im Gefängnis war, zeigte uns Papa seine Hoffnungen für uns nicht so sehr durch seine Worte, sondern durch seine Liebe zu uns. Joey war gerade sieben, als Papa das erste Mal ins Gefängnis kam. Weil er noch so jung war, beschlossen meine Eltern, ihm nicht zu sagen, wohin mein Vater ging. So weit es Joey betraf, war mein Vater in der Armee. Aber bei diesem ersten Besuch, als sich Joey in dem Besuchsraum in Leavenworth umsah, konnte ihn Papa nicht anlügen.

„Papa, bist du sicher, dass du in der Armee bist?" fragte Joey.

„Schaut es hier so wie bei der Armee aus, mein Sohn?" antwortete Papa mit einer Gegenfrage.

„Nein"

„Es ist nicht die Armee. Ich bin im Gefängnis, mein Sohn."

Mein Vater hätte Joey irgendetwas erzählen können, einschließlich der Geschichte, dass er „auf dem College" ist, eine andere Lieblingsgeschichte, die die Leute immer wieder fürs Gefängnis verwenden. Oder er hätte Joey erzählen können, dass er ins Gefängnis kam, weil jemand anderes einen Fehler machte oder weil ihm jemand etwas anhängte. Er hätte uns einfach irgendetwas erzählen können. Als Vater, der ich selbst bin, frage ich mich, wie es für ihn war, seinem sieben Jahre alten Sohn die Wahrheit über sich selbst zu erzählen.

„Ich bin hier, weil ich etwas falsch gemacht habe. Aber ich liebe euch immer noch. Liebt ihr mich auch noch?"

Joey nahm die Arme um Papas Hals und küsste ihn. „Aber sicher, Papa."

Einige Menschen glauben, dass die alte Theorie „tu-was-ich-sage,-nicht-was-ich-mache" nicht mehr funktioniert. Sie glauben, dass Kinder alles nachmachen, was ihre Eltern tun. Mein Bruder und ich haben bewiesen, dass diese Theorie falsch ist. Mein Vater stellte von Anfang an klar, dass Joey und ich niemals den Weg gehen, den er ging.

Mein Bruder und ich wuchsen zu erfolgreichen Männern heran, die ihr Wort in der Wirtschaft hielten, auf ihre Familie achteten und in das Leben ihrer Kinder einbezogen waren. Ich füge diese Eigenschaften auf die Tatsache zurück, dass Papa uns liebte und Mama die Familie zusammenhielt. Sie hätte Papa verlassen können, als er im Gefängnis saß. Als er das erste

Mal zu vier Mal 20 Jahren verurteilt wurde, sagte Papa, dass sich Mama von ihm scheiden lassen solle. „Du hast kein Leben mehr," sagte er ihr. Sie war damals Anfang 30. Aber sie war und ist Tonys treue Ehefrau.

Ich habe oft gesagt, ich hoffe, dass ich ein nur halb so guter Vater für meine Kinder sein kann, wie mein Vater es für Joey und mich war. Einige verstehen das nicht, oder, noch schlimmer, sind davon geschockt. „Aber dein Vater war im Gefängnis," erzählen sie mir dann. „Er war in organisierte Kriminalität verwickelt." Die Liebe meines Vaters hat nichts zu tun mit dem Leben, für das er sich entschieden hat. Wenn er ein Bankier oder ein Minister gewesen wäre, hätte er uns nicht mehr lieben können.

Als Papa das zweite Jahr im Gefängnis war, wurde das Geld Tag für Tag knapper. Wir konnten uns nur noch das Nötigste leisten. Da blieb nichts übrig, um die 90,– $ Fahrgeld für jeden von uns nach Kansas zu bezahlen, um Papa zu besuchen. Eines Sonntags nahmen zwei meiner Onkels Mama zur Seite. „Tootsie, wie lange ist es schon her, dass du Tony nicht mehr besucht hast?" fragten sie sie.

„Beinahe drei Monate," sagte sie ihnen.

„Und die Jungen? Wann haben sie das letzte Mal ihren Vater gesehen?"

„Etwa seit acht Monaten."

Onkel Gus und Onkel Mimi langten in ihre Taschen und nahmen jeder etwa 200,– $. „Tootsie", sagten sie zu Mama, „Schau, dass du mit den Jungen Tony siehst."

Ich sah meinen Vater nur zu bestimmten Gelegenheiten in der Zeit, als ich die vierte Klasse bis zur siebten besuchte. Es war nicht nur das Geld, das uns fern hielt. Ich habe Jahre später erfahren, dass Papa Mama sagte, er könne es nicht ertragen, uns nur für ein paar Stunden zu sehen und uns dann allen wieder Ade sagen zu müssen. Dann gewann Papa endlich nach drei Jahren einen Rechtskampf zur Wiederaufnahme seines Verfahrens. Er war wieder zu Hause und übernahm seine Pflichten.

Er versuchte, für die drei Jahre Abwesenheit von Joey und mir, uns dadurch zu entschädigen, dass er sich in unser Leben einmischte. Ich hatte angefangen, Sport zu treiben, besonders Football, das auch seine Sportart war, als er ins Gymnasium ging. Papa bevorzugte keinen von uns, als es um Sport ging. Er hätte mir nicht in der siebten Klasse das Footballspielen erlauben können, wenn nicht Joey, der blasshäutige, zwei Jahre jüngere, auch spielen durfte.

„Dein Bruder spielt nicht, dann spielst du auch nicht." sagte mir Papa eines morgens.

„Das ist nicht fair" protestierte ich. „Er ist zu leicht. Das ist aber nicht meine Schuld." „Wenn er nicht spielt, spielst du auch nicht."
„Aber Papa...."
„Versuche es, zu kapieren." als Papa das sagte, wusste ich, dass das Kapitel abgeschlossen war.

Ich bin froh, dass sie die Taschen nicht geprüft hatten, an dem Tag, als Joey für das Team gewogen wurde. Sie hätten die Gewichte gefunden, die ich ihm zustopfte, um meinen Bruder in das Team zu bekommen.

Joey und ich sind so eng verbunden, wie es Brüder nur sein können. Obwohl wir unabhängig sind, ist unser Leben miteinander verflochten. Er steht am S&P-Parkett neben mir, aber wir handeln unsere eigenen Positionen. Er hat sein eigenes Glück am Markt gefunden und trotzdem fragt er mich um Rat in geschäftlichen Angelegenheiten. Als ich eine schmerzliche Scheidung durchmachte, gab mir mein Bruder Halt. Mein Vater hatte gar keine andere Wahl. Er hätte uns zu Rivalen machen können, die um seine Aufmerksamkeit wetteifern und uns gegenseitig bekriegen, um uns stärker zu machen. Aber mein Vater liebt uns beide. Er wollte uns unabhängig machen, dass wir auf unseren eigenen Füßen stehen. Um so stärker wir als Einzelne wären, so glaubte er, um so stärker wären wir gemeinsam. Um unseren Körper und Verstand zu schärfen, ermunterte er uns, Sport zu treiben.

Als ich in der Juniormannschaft im Gymnasium Football spielte, kam mein Vater zu jedem Training und zu jedem Spiel. Er saß auf der Bank und applaudierte, wenn ich es gut machte und meckerte, wenn es daneben ging. Er war strenger als jeder Trainer. Nachdem das Spiel vorüber war, kritisierte er mich auf dem ganzen Weg nach Hause. Wieder und wieder hörte ich dasselbe. Da gab es kein Aufhören.

Er machte Joey und mich zu scharfen Kämpfern, die niemals auch nur ein Stück aufgeben konnten, was seiner Meinung nach der Unterschied zwischen Überleben und Untergang darstellte. Wenn er von mir forderte, alles zu geben, was ein Siebtklässler im Football geben kann, trotz eines aufgeschlagenen Knies, dann wusste ich, dass er wollte, dass ich stark bin. Wenn er mir sagte, ich solle mir beweisen, dass ich der Beste von allen Teamkollegen bin, dann wusste ich, dass er wollte, dass mich jeder anfeuerte und niemand niederstrecken konnte. Ich musste stark sein. Und ich musste zäh sein. Ich musste meinem Wettbewerber ins Auge blicken und ihn dabei niederstrecken. Ich durfte niemals aus Angst aufgeben.

Mit der Haltung, mit der ich mein Leben meistern musste, machte ich

Das Gemüt eines Kämpfers

das Gemüt des Wettkämpfers stark, nicht nur im Sport, sondern auch am Parkett. Es gab mir den Mut, zu kämpfen und zu gewinnen, und den Mumm, mich von den Verlusten wieder zu erholen.

Mitte 1985 beherrschte unsere Gruppe das S&P-Parkett, wegen unserer Fähigkeiten, Kundenaufträge auszuführen. Aber es gab eine einzige Adresse, die wir nicht hatten: Salomon Brothers. Obwohl sie Konkurrenten waren, wollte ich mit allen großen Adressen im Geschäft sein. Aber die Umsätze mit Salomon gehörten zwei Händlern, einschließlich einem Mann namens Bob. Bob stand drei Mann weiter und, obwohl er mein Rivale war, hatte ich viel Respekt vor ihm wie ich, war er ein heißblütiger Italiener mit einem deutlichen Gesichtsausdruck. Als Händler konnte er alles: Aufträge ausführen, die Spanne handeln und einige hundert Kontrakte mit Leichtigkeit hin und her bewegen. So sehr ich seine Fähigkeit bewunderte, so sehr wollte ich ein wenig des Geschäftes mit Salomon Brothers.

Matt Wolf leitete das Salomon Börsenbüro. Er war nur ein paar Meter von meinem Platz am Parkett entfernt, so dass ich wusste, dass er meine Fähigkeiten als Händler wohl einschätzen konnte. Aber Matt wollte mir nichts von seinem Geschäft abgeben. Bob war sein Mann. Matt war loyal zu den Menschen, die mit ihm arbeiteten, und wenn er sein Wort bei einem Geschäft gab, dann stand er auch dazu. Es kostete ein bisschen Ritterlichkeit gegenüber einer der wenigen Brokerinnnen am Parkett, um mir zu helfen, dieses Geschäft an Land zu ziehen, und dann sollte ein hässliches Gerücht es mir plötzlich wieder abnehmen.

Jennifer Gordon stand auf dem männerbeherrschten S&P-Parkett und handelte Kleinaufträge für Kunden. Sie war ganz nett, und es ärgerte mich, dass einer der Händler sie ständig belästigte. Eines Tages sah ich sie schreien. „Jennifer, was ist los?" fragte ich sie.

„Nichts" sagte sie und schüttelte den Kopf.

„Komm sag' schon. Was ist los?"

Jennifer zeigte auf einige Broker am Parkett. „Sie machen mir das Leben schwer. Sie meinen, es ist lustig, wenn sie mich beim Handeln durcheinander bringen."

„Wer macht das?" fragte ich nach. Jennifer sagte mir die Namen.

Ich ging zu den Brokern, die sie belästigten. „Ihr denkt, dass ihr so starke Kerle seid, dass ihr eine Frau belästigt," schrie ich sie an.

„Passt auf, wenn sich jemand mit Jennifer misst, misst er sich mit mir."

Von diesem Tag an wurden Jennifer und ich gute Freunde. Wenn immer ihr jemand Ärger machte, war alles, was sie scherzhaft sagen musste: „Ich werde es Lewis wissen lassen" und ihr Ärger war verflogen. Zu dieser Zeit galt Jennifers romantisches Interesse Matt Wolf. Als sie begannen, Verabredungen zu treffen (sie heirateten später und haben zusammen zwei Kinder), bat ich Jennifer, für mich ein gutes Wort bei Matt einzulegen. „Sag ihm, dass ich kein schlechter Mensch bin," sagte ich ihr, halb im Scherz, aber auch halb ernst. „Sag ihm, er soll mir ein bisschen von dem Geschäft abgeben."

Eines Tages, nachdem Jennifer mein Anliegen bei Matt vorgebracht hatte, brachte mein Verkäufer einen Auftrag, 200 Kontrakte in meiner Verantwortung zu kaufen. Der Kunde war Salomon. Ich führte den Auftrag bestens aus und beeindruckte Matt mit meinen Fähigkeiten. Ich fing an, ein wenig vom Geschäft von Salomon abzubekommen, aber Bob war nach wie vor deren Hauptbroker.

Dann wurden Bob und ein anderer Broker für die unerwiesene Behauptung, einen vorher abgesprochenen Handel getätigt zu haben, mit einer strengen Strafe belegt. Sie wurden angeklagt, einen Deal im Voraus arrangiert zu haben, indem ein Broker für 1.000 Kontrakte bot und ein anderer 1.000 Kontrakte verkaufen wollte. Obwohl es so aussah, als ob das Geschäft am Parkett gemacht wurde, wurde unerwiesenermaßen behauptet, es sei vorher abgesprochen gewesen. Das verbietet die Präsenzbörse, bei der jedes Kauf- und Verkaufsgebot ausgerufen werden muss und dadurch öffentlich gemacht wird.

Nach diesem Vorfall verlor Bob das Geschäft mit Salomon und ich bekam den Hauptteil davon ab. Danach hatte ich jedes große Brokerhaus in meinen Büchern. Für Bob wurde das Handeln durch diesen Vorfall wesentlich schwerer. Er gab später ganz auf und begann mit etwas ganz Anderem. Es war ein Zufallsgeschäft. Er machte es im Großen und verdiente über 200 Millionen Dollar.

Das Geschäft mit Salomon war ein Sieg meines Konkurrenzkampfes. Aber es brachte mich auch zu einem noch größeren Ziel. Seit ich zur Börse ging, hatte ich mit Gerüchten und Vorurteilen wegen meines Vaters und organisierter Kriminalität zu kämpfen. Im Laufe der Jahre wurden etliche anonyme Briefe an die Börse geschrieben, die besagten, dass ich in organisierte Kriminalität involviert bin, und dass ich Geld wasche. Nach dem Gesetz zur Informationsfreiheit habe ich die Akten eingesehen, die zeigten, dass ich Ziel von Nachforschungen war. Das Finanzamt hat mehrmals meine Bankunterlagen untersucht. Aber kein Vergehen meinerseits wurde

Das Gemüt eines Kämpfers

jemals aufgedeckt. Es war gerade so, wie es mir mein Vater sagte, als ich neun Jahre alt war: wegen meines Hintergrundes muss ich um einiges mehr rechtschaffen sein, als der Rest.

Das genau geschah, als das FBI einen inoffiziellen Besuch bei Salomon Brothers abstattete. Rückblickend hätte das ein Hinweis darauf sein sollen, dass die Behörden mit Nachforschungen über den Börsenhandel beschäftigt sind, mit dem Ergebnis, dass 1989 ein schmerzhafter Vorfall ans Tageslicht kam. Aber es gab keinen Hinweis darauf, als das FBI mit Ira Harris sprach, die Salomons Börsenaktivitäten in Chicago leitete. Nach dem Gespräch mit dem FBI rief Ira Harris Matt Wolf an. Von dieser Unterhaltung wurde mir später berichtet:

„Wer ist dieser Borsellino, der unsere Aufträge am Parkett ausführt?" fragte Harris Matt.

„Er handelt mit einigen unserer S&P-Kontrakte," erzählte ihr Matt. „Er ist einer der Besten."

„Das FBI hat bei mir angefragt," fuhr Harris fort. „Sie sagen, Borsellinos Vater war bei der Mafia. Sie glauben, dass Borsellino Geld für die Mafia in Chicago wäscht."

Glücklicherweise habe ich Matt aus Respekt von meinem Vater erzählt. Ich wollte nicht, dass er die Geschichte von jemand anderes hörte und, ich wusste aus bitterer Erfahrung, dass die Menschen meines Vaters Geschichte gegen mich ausnutzen konnten. Matt glaubte nie, dass ich Geld waschen würde, aber er hatte kaum eine Wahl, als Ira ihm vorschlug, das Salomon Geschäft vielleicht jemandem anderes zu geben. Matt war völlig aufgelöst, als er mit erzählte, was passierte.

„Mach dir keine Sorgen deswegen," versicherte ich Matt. Aber innerlich kochte ich. „Misch' dich da nicht ein, Matt. Du kannst bei Salomon die größten Schwierigkeiten wegen meinem Konto bekommen."

Aber Matt wollte die Sache nicht auf sich beruhen lassen. Ohne meines Wissens rief er einen Salomon Direktor, Stanley Shopkorn, in New York, an. Shopkorn hörte genau auf jedes Wort, das ihm Matt über mich sagte.

„Wurde dieser Kerl wegen irgendetwas angeklagt?" fragte ihn Shopkorn.

„Nein" antwortete Matt.

„Dann würde ich ihm kein Geschäft abnehmen. Es macht nichts, was sein Vater gemacht hat. Ich würde das nicht machen, nur weil sein Name mit einem Vokal endet."

Ich hatte nie die Gelegenheit, Shopkorn zu treffen. Wenn ich je die Gelegenheit haben sollte, würde ich mich bei ihm bedanken, für das, was er vor 15 Jahren für mich getan hat. Meine Dankbarkeit für Matt geht weit über den finanziellen Wert des Salomon-Geschäfts hinaus. Er ist für mich und meine Integrität aufgestanden und hat seine eigene Berufsehre in die Waagschale geworfen. Im Geschäftsleben, in dem wahre Freundschaft selten und beinahe jedes Handeln durch Motive bestimmt ist, war es ein Ausdruck der Freundlichkeit, die ich ihm nie vergessen werde.

Der Vorfall mit Salomon Brothers rief mir eine Geschichte ins Bewusstsein, die ich schon viel früher in meinem Leben gelernt hatte. Egal, wie gut ich es auch machte, es gab immer welche, die mir das abzunehmen versuchten, was ich verdient habe. Ich habe gelernt, mit Enttäuschung und Verantwortung umzugehen, wohlwissend, dass oftmals jemand anderes gemeint war, der viel älter war als ich. Aber wenn du im Wettbewerb stehst, musst du die Fähigkeit haben, mehr als nur eine Ladung auf deine Schultern zu packen. Das war eine weitere meiner Familienlektionen.

Nachdem Papa seine Berufung gewonnen hatte, beschlossen er und seine Verteidiger das weitere Vorgehen für eine zweite Verhandlung und stattdessen, das Verfahren durch eine Einigung abzuschneiden. Mein Vater bekannte sich schuldig, Ladungen entführt zu haben, und im Gegensatz dazu sollte er ein milderes Urteil über drei Jahre, die er schon abgesessen hatte, bekommen. Wir hofften und beteten, dass der Richter ihm Bewährung gewähren würde. Das letzte, das wir wollten, war, dass Papa wieder weg musste. Es waren acht Monate, seit er Leavenworth verlassen hatte.

Joey und ich saßen mit unserer Mutter beim Urteilsspruch. Ich schaute mich in dem holzvertäfelten Gerichtsraum um, in dem die Anwälte in dunklen Roben ihre Aktenkoffer öffneten und Akten und Gesetzesbücher herausnahmen. Ich erinnere mich, wie ich stramm stand, ganz wie Papa es von mir erwartete, als der Richter den Verhandlungsraum betrat. Auf den Schlag des Hammers setzten wir uns hin. Joey und ich starrten zu dem Richter mit gefalteten Händen. Wir wussten, wie wir mit unserer Nervosität umgehen mussten.

„Euer Ehren" begann Papas Verteidiger, „Sie kennen mich. Und Sie wissen, dass ich normalerweise keine Kinder zur Urteilsverkündung mitbringe." Er zeigte auf uns. Joey und ich setzten uns ein bisschen gerader.

„Aber Tony Borsellino ist nicht wie die anderen Angeklagten, die in diesen Verhandlungsraum kommen." Der Anwalt zeigte kurz die Lebensgeschichte meines Vaters auf. Er war Lastwagenfahrer, der jeden Tag zur Arbeit ging, aber er kam mit den falschen Leuten in Kontakt. Er hat schon drei Jahre in Leavenworth für seine Vergehen verbüßt, während der er ein vorbildlicher Gefangener war. Er erzählte ihm, wie Papa den Dale Carnegie Kurs gemacht hat, die Blutbank führte und für die Gefängniszeitung geschrieben hat. Mein Vater half sogar, Gastdozenten zu finden, die Vorträge in Leavenworth hielten, einschließlich Rocky Marciano.

„Euer Ehren" fasste der Anwalt zusammen, „Das ist ein Mann, der ohne weiteres rehabilitiert werden kann."

Der Richter schaute von der Bank herunter und faltete seine Hände.

„Wenn Tony Borsellino all das ist, was Sie sagen" höhnte der Richter, „möchte ich wissen, warum ich der Gesellschaft einen solch guten Menschen vorenthalten wollte?"

Der Richter verurteilte meinen Vater zu 13 Jahren Gefängnis und gewährte ihm einen Nachlass von drei Jahren, die er bereits abgesessen hatte. Noch zehn weitere Jahre nach seiner Verurteilung, so wusste ich, dass ich bereits 22 Jahre alt sein würde, wenn er wieder nach Hause käme. In diesem Moment sah es für mich so aus, als ob mein Vater für den Rest meines Lebens im Gefängnis bliebe.

Am nächsten Morgen gab es einen Hoffnungsschimmer. Der Anwalt meines Vaters rief an und berichtete, dass der Richter ein weiteres Treffen für Montagmorgen arrangiert hätte. Wir hofften, dass das Urteil möglicherweise reduziert würde. Stattdessen stimmte der Richter zu, dass Papa eine A-Nummer bekäme, was bedeutete, dass er einen regulären Strafaufschub hatte. Aber mein Vater war schon immer Realist. Ungeachtet der A-Nummer hatte er einen anderen Code – OK für organisierte Kriminalität – auf seiner Gefängnisjacke. Mit diesem OK wusste Papa, dass das A eine völlig andere Bedeutung hatte. Es könnte bedeuten, dass er *all* seine Zeit würde absitzen müssen.

Ich habe in den ersten Monaten, nach denen Papa ins Gefängnis musste, nicht geweint, aber ich habe es in den Ferien ohne ihn getan. Ich erwartete seinen ersten Hafturlaub, der ihm nach sechs Monaten zugestanden wurde, und ich vegetierte bis zum nächsten Hafturlaub ein Jahr später und den nächsten danach nach sechs Monaten. Das Leben ging zu Hause weiter. Mama arbeitete als Anwaltssekretärin bei Maury Kravitz und nahm dann eine zweite Stelle als Bedienung und später als Trainer in einem Fitnessstudio an, die ihr ein Freund besorgte. Ich wechselte auf das katholische Montini-Gymnasium in Lombard. Als ich aufs Gymnasium kam, begann ich zu begreifen, wie lange mein Vater schon weg war, und wie lange in meinem jungen Leben ich ihn vermisst habe. Als ich im ersten Semester studierte, kam mein Vater vor den Strafaussetzungsausschuss und wurde wiederum abgelehnt. Dieses Mal traf es mich noch härter als zuvor. Als ich die Nachricht hörte, ging ich auf mein Zimmer und weinte bitterlich. Meine Mutter versuchte, mich zu ermuntern. Sie hat mich noch nie zuvor so stark weinen gesehen. Aber das hat nicht viel zu sagen. Papa war im Gefängnis, und wir wussten nicht, wie lange er wegbleiben würde. An diesem Punkt beschloss ich, dass ich nie mehr deshalb weinen würde, weil mein Vater weg war. Ich nahm es zur Kenntnis und entwickelte eine geistige Blockade, die meinen Schmerz verhinderte.

In der Zwischenzeit wusste ich, das Beste, das ich tun konnte, war das, was Papa von mir erwartete. Ich ging täglich in die Schule und machte das, worum meine Mutter mich bat und spielte im Schulfootballteam.

Wenn ich Sport trieb, fühlte ich mich meinem Vater näher, während er nicht da war. Ich habe nie mit Drogen etwas angefangen. Ich wollte nicht nur meine Eltern nicht enttäuschen, ich sah den Konsum von Drogen auch als ein Zeichen von Schwäche an. Ich war Teil der Mannschaft an der Schule und ich spielte auch anderen Sport im Viertel. Darin war ich wie mein Vater. Ich war ein Sportler mit Kameraden auf verschiedenen Gebieten. Ich konnte mich unter Oberklassekinder in Montini und ebenso unter Italienerkinder mischen, die auf der falschen Seite nahe Cicero waren, einem Viertel, das nicht den besten Ruf hatte.

Rechtzeitig erprobte ich die Verantwortung, die mein Vater in seiner Abwesenheit auf meine Schultern geladen hatte, als der Mann der Familie. Ich erinnere mich an den Tag, als ich von meinem Ferienjob während des Gymnasiums nach Hause kam und plötzlich spürte, dass etwas nicht in Ordnung war. Mamas Auto war in der Garage, aber ich konnte sie nicht finden. Ich ging durchs Haus und rief nach ihr. Ich ging die Treppen hoch. Die Badezimmertüre war geschlossen. „Mama?" rief ich durch die Tür. Ich stieß die Türe mit einem Satz auf und schrie wiederum: „Mama?"

Ich fand sie bewusstlos und blutend in der Badewanne. Ich zerrte sie aus der Wanne und zog sie ins Auto. Obwohl ich schon recht stark war, war ich erst 15 und hatte keinen Führerschein. Ich fuhr sie zum Elmhurst-Krankenhaus, wo ihr in einer Notoperation die Gebärmutter herausgenommen wurde.

Mein Vater war im Gefängnis und meine Mutter im Krankenhaus. Ich hatte keine Vorstellung davon, wie nahe sie dem Tod war. Aber ich konnte mich nicht von meiner Angst leiten lassen. Ich musste mit Papa Kontakt aufnehmen, aber Gefangene durften keine Telefongespräche auf normale

Art entgegen nehmen. Heute können sie jeden Tag anrufen. Aber damals war das anders.

Joey und ich gingen zu Tante Josies Haus und riefen im Gefängnis an. Nach einigen Umständen bekamen wir den Priester, der der Gefängniskaplan war und erklärten ihm die Umstände. Schließlich kam Papa ans Telefon.

Es tat gut, seine Stimme zu hören, aber ich hasste es, was ich ihm sagen musste. „Papa" sagte ich, „mit Mama ist etwas wirklich nicht in Ordnung. Ich kam heute nach Hause und fand sie blutend in der Badewanne. Ich brachte sie ins Krankenhaus."

Mein Vater durfte nur mit mir am Telefon reden. Das war die Anordnung. Aber Tante Josie, seine Schwester, ließ Papa wissen, dass alles wieder gut werden würde. „Mach' dir um deine Kinder keine Sorgen, Tony" rief sie im Hintergrund, laut genug für Papa, um es zu hören. „Sie sind bei mir. Ich passe auf sie auf, Tony. Sorge dich nicht um sie."

„Sage Tante Josie, dass ich sie gehört habe" antwortete Papa. „Sage ihr, dass ich mir keine Sorgen mache, weil sie sich um euch kümmert."

Nach Mamas Operation gab es andere Sorgen, einschließlich der Tatsache, dass meine Mutter keine Krankenversicherung hatte und wir absolut kein Geld hatten. Glücklicherweise half uns der Sozialarbeiter im Krankenhaus, dass wir finanzielle Hilfe bekamen und Essensmarken. Mama schämte sich zu sehr, in einen Laden mit den Lebensmittelmarken zu gehen, und sie fand einen Händler, der ihr für 50,– $-Marken in Bargeld 40,– $ tauschte. Papa wiederum tat, was er konnte und dankte dem Krankenhaus für die Aufmerksamkeit, die Mama zuteil wurde. Da er für die Blutbank in Leavenworth verantwortlich war, arrangierte er eine große Ladung Blut für das Krankenhaus.

Während sich Mama erholte, konnte sie nicht arbeiten. Wir waren Pleite und ich musste etwas unternehmen. Da Sommerferien waren, fragte ich einen von meines Vaters Freunden namens Chuck, ob ich einen Job bei einer Montagefirma bekommen könnte, die große Anzeigetafeln am McCormick Platz, dem großen Versammlungsplatz in Chicago, aufstellte. Chuck hatte keine Stelle für mich. Aber zwei Tage später bekam ich einen Anruf von einem Mann, den mein Vater von der Teamsters Union kannte. Chuck hatte ihn angerufen und die Situation erklärt. Er sagte mir, ich sollte am Montagmorgen zur Arbeit erscheinen.

Am McCormick Platz laden die Lastwagenfahrer für die Aussteller auf und ab, die zu den verschiedenen Verkaufsausstellungen und Kongressen

Kapitel 04

kommen. Keine Schachtel und kein Gepäckstück wird am Platz ohne Lastwagenfahrer bewegt. In diesem Sommer habe ich eine sehr wertvolle Erfahrung gemacht. Ich habe Lügenpoker mit den Seriennummern einer Dollarnote gelernt. Ich hatte gelernt, mit Mist zu werfen. Und ich habe einige der besten Kerle der Welt kennen gelernt, Männer, die das wirkliche Salz der Erde sind. Ich bekam eine meiner ersten Stellen an der Seite eines Mannes, genannt Onkel Lou. Er war einen Meter achtzig groß mit breitem Kreuz, dunklen Haaren und einem blauen Fleck zwischen seinen Augenbrauen. Onkel Lou rannte auf dem McCormick Platz mit einem Flitzer herum, und was immer er sagte, wurde gemacht. Er platzierte mich eines Tages am Verladedeck mit komplizierten Anweisungen:: „ Lass keinen der Aussteller hier parken. Wir müssen diesen Bereich freihalten. Sag' Ihnen, sie sollen zum Parkdeck gehen."

Sobald Onkel Lou mit seinem Flitzer davonbrauste, fuhr ein Aussteller mit einem brandneuen Cadillac vor. Ich sprach ihn an: „Entschuldigung, mein Herr. Sie können hier nicht parken."

Der Kerl verschloss die Tür und beachtete mich nicht.

„Mein Herr, Sie können Ihr Auto hier nicht lassen" wiederholte ich.

„Ich brauche nur eine Minute" sagte der Kerl und schob mich zur Seite.

Als Onkel Lou nach einigen Minuten zurückkam, war ich da – und ein Cadillac, der auf der gleichen Stelle geparkt hatte. „Lewis!" schrie er. „Was habe ich dir gesagt? Die Aussteller können hier nicht parken."

„Ich habe ihm das gesagt. Aber er hat mir keinerlei Aufmerksamkeit geschenkt."

Onkel Lous Gesicht, das durch seinen Bart dunkel war, füllte sich vor Zorn. „Und du hast ihn nicht mit der Faust geschlagen?"

„Nein, ich habe ihm nur gesagt, er könne hier nicht parken und er ignorierte mich."

„Hol' den Gabelstapler!" schrie Onkel Lou.

Ich startete den Gabelstapler, den mit langen Greifarmen, der die großen Paletten fassen konnte.

„Pack dieses Auto und bring es ans Ende des Ladedecks."

Ich hob den brandneuen Cadillac mit den Greifarmen hoch und beförderte ihn in die Ecke des Ladedecks. Als der Aussteller schließlich zurückkam, konnte er seinen Augen nicht trauen. „Lass mein Auto runter!" forderte er.

Onkel Lou schaute ruhig auf den Kerl und erklärte ihm: „Hat Ihnen der Kollege nicht erklärt, dass Sie hier nicht parken können?"

Das Gemüt eines Kämpfers

„Verdammt. Lass mein Auto 'runter!" schrie der Kerl.

„Wenn wir sagen, dass Sie hier nicht parken können, dann können Sie hier auch nicht parken." Onkel Lou drehte sich zu mir: „Lewis! Werf' Das Auto vom Ladedeck."

„Nein!" schrie der Kerl und rannte zum Gabelstapler.

„Schon gut. Geben Sie dem Jungen 50 Dollar und er lässt Ihr Auto herunter." Onkel Lou schlenderte zu dem Aussteller und türmte sich vor ihm auf: „Wenn Ihnen das nächste Mal jemand sagt, nicht hier zu parken, dann parken Sie hier nicht."

Ich wurde möglicherweise aus der Gabelstaplermannschaft verbannt, nachdem ich irrtümlicherweise ein Fenster habe herunter fallen lassen und ein anderes an die Wand gefahren habe. Aber ich hatte mehr Talente, als ich als Türsteher brauchte, um die Ladepapiere zu prüfen und zu schauen, was die Aussteller herein brachten und was sie aus dem Gebäude schleppten. Hier galt die Standardanweisung: Wenn ein Aussteller ans Tor mit einer Ladung voll Kisten kommt, dann müssen die von einem der Kraftwagenfahrer an den Stand gebracht werden. Ich musste die Positionen der Ladepapiere durchgehen und dann die Kisten betrachten. „Ich sehe das Gewicht der Kisten hier nicht" musste ich sagen. „Ich muss es für Sie wiegen."

Der Aussteller würde ein bisschen herumstottern, da ich ganz amtlich auf die Papier blickte. „Ich sag Ihnen was" musste ich sagen „ich schreibe Ihnen das Mindestgewicht auf, wenn Sie den Trägern ein kleines Trinkgeld extra geben."

Außer diesen Ausweichmanövern arbeitete ich in diesem Sommer wirklich hart – manchmal zu hart für die Oldtimer um mich herum, die das schon seit über 20 Jahren machten. „Mach' langsam, Junge" riefen sie mir zu. „Arbeite nicht so hart. Das ist ein Ganztagesjob."

Und manchmal verhalfen sich einige von ihnen zu Waren, die gerade zufälligerweise unbeobachtet herumstanden. Ich erinnere mich an den Aufbau einer Modemesse, als eine Modepuppe auf das Stockwerk kam, die Herrenkleider trug, eine Hose, ein Hemd und eine Jacke. Das nächste Mal, als ich wieder vorbei ging, war die Jacke verschwunden. Ein bisschen später war das Hemd weg. Ich ging wieder vorbei und die Hose fehlte. Und dann war die Puppe wieder angezogen – aber dieses Mal in alten Jeans und einem Arbeitshemd. Außerhalb des Ladedecks war Johnny mit den neuen Kleidern bekleidet, die er davor fand.

Dann gab es da Solly, einen der besten Gabelstaplerfahrer, die ich je gesehen habe. Er fuhr dieses Ding mit 70 km die Stunde, lud dabei Fracht auf, bugsierte dabei Paletten und Kisten und ließ nie etwas fallen. Ich sagte zu ihm eines Tages: „Solly, du hast ein sehr gutes räumliches Gefühl."

Solly schaute mich an. „Warum nennst du mich nicht einen Blödmann, wie der Rest von den Kerlen?"

„Solly" erklärte ich ihm, „das heißt, dass du ein gutes Augenmaß hast."

„Oh" sagte Solly und fuhr mit dem Gabelstapler weg, noch immer ganz verzückt. Ich habe diesen Menschen niemals vergessen, mit dem ich in jenem Sommer zusammengearbeitet habe und in jedem Sommer danach während der ganzen Gymnasial- und Highschoolzeit. Als ich das erste Jahr an der Highschool war, kam Papa auf Bewährung nach Hause. Maury Kravitz, der immer ein Freund unserer Familie war, wusste alles über Papas rechtliche Auseinandersetzungen. Er rief Mama eines Tages in sein Büro und gab ihr einen Scheck über 1.500,– $, um einen Anwalt namens Peter Lamb, einen aus Washington D.C., zu engagieren, der auf Bewährungsrecht spezialisiert war. „Nehmen Sie den Scheck" sagte Maury zu Mama, „und holen sie Ihren Mann nach Hause."

Papa bekam im Januar 1973 Hafturlaub und nach drei Monaten in einem offenen Haus, wo er nur die Wochenenden mit uns verbrachte, kam er im April dieses Jahres nach Hause. Ich war fast 16 Jahre alt, 1,76 m groß und schaute auf ihn herab mit seinen 1,70 m. Auf der anderen Seite war mein Bruder noch ein kleines Kind in Jungengröße. Aber jedes Mal, wenn Papa zu mir sah, konnte er sehen, wie viel ich gewachsen bin, während er weg war. Meine Gegenwart erinnerte ihn stets daran, wie lange er nicht da war. Es war eine ständige Quelle des Bedauerns in Papas Leben und er entschuldigte sich ständig, dass er so viel von meiner Kindheit versäumt hatte.

Ich wurde alles das, was Papa sich für mich erhofft hatte. Wie mein Bruder war ich ein guter Sportler, ganz gut in der Schule und bei einer ganzen Menge von Kindern beliebt. Er wollte immer, dass wir unter den Kindern mit den „weißen Turnschuhen" waren, und als er uns sah, wusste er, dass er Erfolg hatte. Aber er fühlte sich auch ein wenig entfremdet von dem, was aus uns wurde. Ich erinnere mich an den Tag, an dem ich Papa die Filme meiner Schulfootballspiele zeigte, die er versäumt hatte. Ich lud all meine Freunde dazu ein, Jungen, die von meinem Vater gehört haben, aber ihn nie getroffen haben. Papa blieb für zehn Minuten und dann sagte er: „Ich muss gehen."

Ich war durch dieses frühe Verlassen verletzt. Als ich es meiner Mutter erzählte, erklärte sie mir, dass er das Gefühl hatte, im Schaufenster zu sitzen. Zurückblickend erkenne ich, dass er es begriff, dass er Erfolg darin hatte, meinen Bruder und mich zu normalen, amerikanischen Kindern zu machen. Diese Erkenntnis stach schmerzend in sein Herz. Er wollte, dass wir mit der „weißen Turnschuh tragenden Menge" gingen, aber er wollte nicht, dass wir uns in dieses Mythos einkauften. Unsere Kraft kam daraus, dass wir uns in beiden Welten wohl fühlten. Er brauchte das Gefühl von Straßenkämpfern, aber auch den Glanz eines Gesellschaftsanwaltes. Er wollte, dass wir uns in beiden Kreisen bewegten, aber nie in einer ganz versinken. Es wurde die Zwiespaltigkeit meines Lebens, bequem in allen Lebenslagen, aber immer auch ein bisschen jenseits der Verhältnisse.

Das ist der Grund, warum ich glaube, dass er so viel von seinen Söhnen, besonders von seinem Ältesten, gefordert hat. Jedes Mal, wenn ich versäumte, mich in seinen Augen zu messen, jedes Mal, wenn er mich etwas machen sah, das er als unreif oder schädlich ansah, sprang er auf mich. Und zum Abschluss meines Collegejahres, als ich im Montini-Team Football spielte, kritisierte er mich täglich.

Ich erinnere mich an ein Spiel, als ich einen Angriff startete. Als ich zur Seitenlinie kam, war der Kerl schon unten. Ich eilte zurück zur Rückpasslinie. Papa holte mich zur Seite: „He, was machst du da? Renn' dort hin und schlag' den Kerl."

„Aber Papa, er lag schon am Boden."

„Das stört mich doch nicht. Du musst diese Burschen spüren lasen, dass du da bist und es dir ernst ist."

Seiner Meinung nach brach ich in diesem Moment in die Weißbrot essende amerikanische Lebensmentalität ein, in der wir alle Hände schütteln und uns wie Freunde benehmen, gleichzeitig aber versuchen, uns gegenseitig in den Hintern zu treten. Um zu überleben, musst du stark sein. Du musst auf der Hut sein. Und du darfst niemals jemanden spüren lassen, dass du schwach bist. Du bist immer ein Kämpfer.

Es war für Papa schwer, sich an das städtische Leben nach Leavenworth zu gewöhnen. Sein erster Job, den er nach seiner Freilassung bekam, war von einem Mann, den er am Genfer See kennen gelernt hatte. Er stellte Papa an, um bei den verschiedenen Lebensmittelgeschäften herumzugehen und Verkaufshilfen aufzustellen. Papa tat es für drei oder vier Monate, besuchte seinen Bewährungshelfer und versuchte, alles recht zu machen.

Aber so dankbar Papa auch für diese Stelle war, er hasste sie jede Minute. Er war verärgert, glaube ich, dass Mama, mit ihrer Stelle als Anwaltssekretärin mehr Geld verdiente, als er. Aber noch wichtiger war, dass Papa, der Respekt erwartete, die Art und Weise hasste, mit dem ihm die Ladeninhaber begegneten, als er versuchte, seine Verkaufshilfen aufzustellen. Sie sahen ihm ins Gesicht und schrien: „He, Sie, Sie können das doch hier nicht aufstellen." Die ganze Zeit über biss sich mein Vater auf die Zunge und hielt den Mund, nur um zu versuchen, dass er die Stelle so lange wie möglich halten konnte. Aber schließlich steckten zu viele Ladeninhaber ihre Finger in Papas Gesicht. Dieses Mal quälte einer von ihnen meinen Vater, für nichts und wieder nichts. Papa streckte ihn mit einem Schlag nieder und warf seinen Job hin.

Er bekam einen Laster und rief seine Freunde in der Branche an, Männer wie er, die einst Lasterfahrer gewesen sind und jetzt als Vertreter arbeiteten. Er bekam einen Vertrag mit einer Fernspedition, dass er ihre Fracht in Chicago auslieferte. Ich war zu dieser Zeit noch im Gymnasium und Papa war wieder am Lenkrad seines Lebens. Aber das Fahren brachte Papa auch wieder auf die Straße. Es dauerte nicht lange, bis ihn bestimmte Elemente anriefen, und er wieder in Berührung mit Menschen war, denen er hätte fernbleiben sollen.

Als Erwachsener kann ich verstehen, wie das Leben meines Vaters durch Verantwortung und Gelegenheiten hin und her gezerrt wurde. Bevor mein Vater nach Leavenworth ging, war er ein freiheitsliebender Mensch, der keine Gelegenheit ausließ. Obwohl er das OK-Etikett an seiner Gefängnisjacke trug, war er kein Teil der Hierarchie der organisierten Kriminalität. Aber während er im Gefängnis war, verdiente er sich die Sporen, die ihn für diese Elemente wertvoll machten: er war stark und gleichzeitig ehrenhaft. Er hat sein Verbrechen begangen und seine Strafe abgesessen, nachdem er gefasst wurde. Er hat niemals jemanden verpfiffen. Er bewies, dass er die innere Haltung hatte, Risiken einzugehen und sich auf niemand anderes als sich selbst zu verlassen. Aber diese Risikobereitschaft machte ihn wertvoll. Ich erinnere mich der Nacht, als zwei Kerle ins Haus kamen, um mit Papa zu reden. Ich wusste nicht, wer sie waren, als sie in der Küche saßen und etwa zwei Stunden scherzten und lachten. Als sie gingen, schüttelten sie sich die Hände und nannten Papa „Partner". Von diesem Tag an verbesserte sich unsere finanzielle Situation. Wir erlebten das gute Leben wieder. Mein Vater verbarg nie vor mir, was er tat, obwohl er Details wie Namen und Einzelheiten aussparte. Und er machte klar, dass er für sich keinen anderen Weg sah. Er war ein ehemaliger Sträfling, der gekennzeichnet war durch „organisierte Kriminalität". Er sah für sich selbst zwei Möglichkeiten: dahin zu vegetieren mit schlecht bezahlten Gelegenheitsarbeiten oder zurückzugehen zu dem, was er am besten konnte – mit seinen Fähigkeiten leben, Risiken abwägen und eine Auswahl treffen.

Das organisierte Verbrechen hat seinen Namen, weil es organisiert ist. Es gibt Ebenen der Autorität oder Führung und eine bestimmte Struktur der Aufgaben – fast wie in einem Unternehmen. Wie in jeder Gesellschaft oder Organisation gibt es Verhaltensregeln. Wenn jemand ein Geschäft macht, muss ein Teil des Gewinns zurück an die Organisation gegeben werden. In dem Fall von gestohlenen Waren müssen sie wieder an zuverlässige Hehler weitergeleitet werden. In der Chicagoer Unterwelt zählte Loyalität und nicht Blutbande, wie in der New Yorker Mafia. Aber Teil der Organisation zu sein, bedeutet, dass du dich an die Regeln halten musst und daran glaubst, dass du Schutz erhältst. Um hineinzukommen, musste mein Vater – der Kämpfer und Risikoabwäger – diesen Brauch akzeptieren. Er musste seine Überzeugung so stark bekräftigen, dass sie möglicherweise seinen Niedergang hätte bedeuten können.

Aber ich habe ein vollkommen anderes Leben gelebt. Im Gymnasium war ich ein vorbildlicher Turner, das Zeitungsbild vom Abitur zeigte mich auf dem Footballplatz. Ich habe auf allen Positionen gespielt, wurde für die gesamtamerikanischen Meisterschaften nominiert und habe ehrenwerte Siege davongetragen. Ich wurde zum besten Spieler der gesamten Region ernannt. Noch einmal: ich wurde für die amerikanischen Meisterschaften nominiert und Jack Lewis, der Trainer des Unbefleckten-Empfängnis-Gymnasiums nominierte mich, nachdem ich 17 Angriffe gegen sein Team in einem Spiel machte. Im katholischen Montini-Gymnasium, an dem ich der Erste war, der zwei Jahre hintereinander nominiert wurde, sagten mir meine Mitspieler, dass ich die beste Wahl war für den besten Spieler der Schule. Sogar ich glaube das selbst.

Am Abend des Football Banketts saß ich bei meinen Mitspielern, aber meine Augen waren bei Papa. Er versuchte nicht, seinen Stolz auf mich zu verbergen, als der Preis übergeben wurde. Als sie mich zum besten Spieler ernannten, wusste ich, dass es ein großer Moment für uns beide war.

Der Trainer ging zum Mikrofon. Er hielt eine kurze Rede über Sportsgeist und Teamverhalten. Der Bursche neben mir stieß mir in die Rippen.

Dann verkündete der Trainer den Gewinner des Preises für den besten Spieler – unser Quarterback, der nie für einen Preis zuvor nominiert wurde. Er schaute mich verwundert an: „Den Preis solltest du bekommen, Lewis" sagte er, als er aufstand, um den Preis entgegen zu nehmen.

All meine Freunde vom Footballteam standen auf und verließen aus Protest den Raum. Als ich mit ihnen hinausging, sah ich eine Träne über das Gesicht meines Vaters laufen. Er wusste, warum ich den Preis nicht gewonnen habe. Es hatte nichts mit den Fähigkeiten auf dem Footballfeld zu tun. Und es hatte nichts mit unserem Angriffsdirigenten zu tun, der ein netter Junge war und ein guter Sportler auf seine Art. Es war persönlich zu nehmen, und mein Vater wusste es. Ich sah meinen Vater nie so verletzt wie in dieser Nacht. Es war, wie wenn ihm alles, was er sich für uns, seine Söhne, geträumt hatte, ins Gesicht geschüttet worden wäre. Eine Auszeichnung, die für mich hätte sein sollen, wurde ihm abgenommen und er war mir gegenüber in der Schuld. Mein Vater folgte mir von dem Bankett. Ich war schockiert, die Tränen in seinen Augen zu sehen. Er war verletzt, weil einer seiner Söhne eine Schuld trug, die ihn betraf. „Es tut mir Leid, Lewis" sagte er. „Das war nicht gegen dich. Der Trainer tat dir das an, um mich zu verletzen. Und es schmerzt mich, weil es dich schmerzt."

Meine Teamkollegen versuchten es, mir freizustellen, ob ich über Nacht Handschellen von einem früheren Spiel mit der Aufschrift „bester Spieler" tragen wollte. Aber die Angelegenheit ist hier noch nicht zu Ende. Ein Freund der Familie, der ein großer Förderer von Montini war, forschte ein bisschen auf eigene Kappe. Die Geschichte kam vorzeitig ans Licht. Der Trainer hat einem seiner Assistenten erzählt, dass er mir niemals den Preis geben würde, egal, was ich für die Mannschaft getan habe. Der Trainer konnte sich selbst nicht überwinden, weil er meinem Vater nicht traute.

Es war das erste Mal, dass ich erkannte, was mein Vater damit meinte, wenn er von „uns" und „sie" sprach. Die „sie"-Gesellschaft der großen weiten Welt verurteilt den Rest von „uns". Egal, wie hart wir es auch versuchen, es wird sehr hart für „uns", dem zu genügen.

Es war ein kleiner Trost, aber ich wusste schließlich die Wahrheit. Und letztlich hatte ich ein bisschen Genugtuung. Man sagt, Rache sei süß. Es dauerte Jahre, aber ich hatte meine Gelegenheit. Wie man heute sehen kann, bin ich einer der größten Unterstützer von Montini. Ich habe ein erfolgreiches Footballturnier an der Schule arrangiert und ich bin mitten in einer 2 Millionen Dollar Spendensammelaktion. Die Beweggründe sind meine Liebe zur Schule und meine Hochschätzung für Männer wie Bruder Michael Fitzgerald, der mich am Montini ließ, obwohl wir für zwei Jahre kein Schulgeld zahlen konnten. Als Bruder Michael erfuhr, wo mein Vater war, sagte er mir, dass ich mir keine Sorgen machen müsse. „Dein Vater wird mich bezahlen," sagte er und erwähnte es nie wieder.

Das Gemüt eines Kämpfers

Aber es gab noch einen besonderen Grund, dass ich eine andere Stiftung für die Schule ins Leben rief, die Anzeigetafel in der Turnhalle. Weißt du, ich weiß, dass jedes Mal, wenn mein alter Footballtrainer in die Halle geht, er meinen Namen auf der Anzeigetafel sieht. Und ich stellte mir vor, dass er sich jedes Mal an das Footballbankett erinnert, als er beschloss, mich für einen Preis wegen meines Vaters zu übergehen. Der Trainer dachte sicher, dass ich niemals so bedeutend werden würde. Er dachte sicher, dass ich als Verlierer oder gar im Gefängnis enden würde.

Aber mein Leben nahm nicht den Lauf, den mein alter Footballtrainer sich dachte. Ich blieb ein aufrechter Kämpfer, spielte wohlschaffen in der Wirtschaft, zu dem die Stärke und Disziplin meines Vaters die Spuren meines Erfolges legten. Ich ging nicht den Weg meines Vaters, aber ich verinnerlichte die Lektionen, die er mir erteilte.

Die Kerbe entwickelte sich zu meinen Gunsten.

Kapitel 05

Die schlechten Zeiten

Niemand geht unbeschädigt durch das Leben, da bin ich auch keine Ausnahme. Ich habe meinen Teil an Rückschlägen, Schocks und Verlusten gesehen: den Tod eines Elternteiles, Scheidung und Selbstzweifel haben mich beinahe aufgezehrt. Als ich in der Tiefe meiner persönlichen Hölle war, hatte ich nur den Wunsch, wieder herauszukommen. Wenn es in meiner Macht stände, würde ich alles tun, diese Ereignisse aus meinem Gedächtnis zu streichen. Aber da ich das nicht kann, bleibt mir nur eine Möglichkeit: zu versuchen, einige Einsichten aus dem zu gewinnen, was ich erlitten habe. Als Händler habe ich unverzichtbare Erkenntnisse aus all dem gewonnen: Verluste kommen vor; sie sind unvermeidlich. Das Geheimnis ist, sie so zu halten, dass sie dich nicht zerstören.

Händler mögen es nicht, über Verluste nachzudenken. Aber Niemand macht es jedes Mal richtig. Niemand macht bei jedem Umsatz oder gar an jedem Tag Gewinn. Wir alle haben hin und wieder einen schlechten Tag oder vielleicht sogar eine Serie von schlechten Tagen. Wenn das passiert, darfst du dich nicht erschüttern lassen. Sei nicht zu ängstlich, dann kannst du es vielleicht abschütteln. Natürlich kannst du ins Gegenteil verfallen und glauben, dass du unverwundbar bist. Ich habe eine Menge Händler gesehen, die eine Bruchlandung gemacht haben und abgebrannt waren, weil sie glaubten, dass sich der Markt nach ihren Vorstellungen verhalten würde.

Um die schlechten Zeiten zu überstehen, musst du zu den Ursprüngen zurückgehen, sowohl im wahren Leben als auch geschäftlich, wer du bist, wo du herkommst und was deine Stärken sind. Du musst auf deine eigenen Vorzüge vertrauen. Wenn du glücklich bist, wirst du auch die Unterstützung einiger neuer Menschen in deiner Umgebung brauchen. Aber anders als in den guten Zeiten, in denen du einen Überfluss an Schönwetterfreunden hast, müssen die schlechten Zeiten allein bewältigt werden.

In der guten Zeit von 1987 habe ich 4,5 Millionen Dollar verdient, allein durch Handeln mit meinem eigenen Geld. Ich habe keine Gebühren oder Provisionen verdient. Jeder Dollar, den ich verdient habe, war der Gewinn, den ich mit dem Handel meines eigenen Geldes gemacht habe. Ich war einer der Glücklichen, die 1987 eine Menge Geld verdient haben. Viele Händler hatten sich in dem Jahr die Finger verbrannt und das Handeln aufgegeben. Andere wurden vernichtet und haben niemals wieder eine zweite Chance bekommen, es gut zu machen. Abgesehen von dem Gewinn, den ich in dem Jahr gemacht habe, glaube ich, dass der Crash einer der schlimmsten Ding war, der dem Markt hat passieren können. Zugegeben, der chaotisch freie Fall hat mir erlaubt, mehr als eine Million Dollar Gewinn in weniger als einer Minute zu machen. Aber ich hatte Angst, dass 1987 die sprichwörtlich goldene Gans, die goldene Eier legt, getötet würde.

Es wurde eine genaue Prüfung der Regeln eingeleitet, die lästige Handelsvorschriften einschränkten und möglicherweise den dualen Handel von der Börse verbannten. Nach dem Crash leuchtete der Scheinwerfer der Nachforschungen in den hellsten Farben am S&P-Parkett. Das amerikanische Bundesaufsichtsamt für das Wertpapierwesen (SEC) versuchte, oberste Aufsichtsbehörde des S&P-Parketts zu werden, und die Waren- und Futures Handelskommission (CFTC) auszuschalten. Da der S&P-Kontrakt auf einem Aktienindex basiert, leitete die SEC ab, dass die S&P-Futures unter ihre Kontrolle kommen sollten. Aber der S&P-Kontrakt ist ein Futures Kontrakt mit Erfüllung von Bargeld. Du kannst keinen S&P-Kontrakt bis zur Fälligkeit halten und Erfüllung in der Form verlangen, dass du die Lieferung der Aktien, die im S&P 500 Index vertreten sind, haben möchtest. Die Angelegenheit ging zur Notenbank als Aufsichtsbehörde, die sie zurück an die CFTC verwies. Am Ende behielt die CFTC die Kontrolle

Die schlechten Zeiten

über die S&P-Kontrakte, aber entschied, die Bareinschüsse dramatisch zu erhöhen.

Vor dem Crash waren die Bareinschüsse für S&P-Kontrakte bei etwa 1.500,– $. Die CFTC erhöhte sie auf 15.000,– $ bis 20.000,– $ und ging davon aus, dass höhere Einschüsse die Anzahl der Teilnehmer am S&P-Parkett begrenzen würde. Das wiederum würde die Volatilität des Marktes begrenzen. Aber die Reduzierung der Teilnehmer bedeutete, dass die Liquidität eingeschränkt wurde, was wiederum automatisch die Volatilität erhöhte. Umso mehr Teilnehmer der Markt hat, umso größer ist die Vielfalt der Meinungen und Preise, die diese Meinungen widerspiegeln. Das steht für einen liquiden und effizienten Markt.

Als Börsenmitglied waren meine Einschüsse nicht so hoch wie die von Nichtmitgliedern. Zusätzlich waren die Einschüsse für mich kein Thema, da ich Tageshändler bin und kaum Positionen über Nacht halte. Nur wenn du eine Position über Nacht hältst, musst du auch Einschuss bezahlen. Gehe ohne Bestand nach Hause und du musst nie Angst vor Einschussnachforderungen haben. Aber der Rückgang des S&P Volumens war eine Hauptauswirkung, wenn ich auch nicht schnell genug die Auswirkungen für mich erkannt habe.

Nach dem Crash von 1987 ging das S&P-Volumen dramatisch zurück. 1987 stieg das S&P Volumen noch von 62.000 auf 90.000 Kontrakten am Tag. In 1988 fiel es dann auf 30.000 bis 50.000 Kontrakte täglich. Die New Yorker Börse (NYSE) sah ebenfalls einen Volumenrückgang, aber nicht so dramatisch wie an der S&P. Das Volumen an der NYSE ging von 1987 150 bis 250 Millionen Aktien täglich auf 1988 110 bis 180 Millionen zurück. Es war, als ob die Märkte um all die Anleger, die aufgeben mussten trauerten und all die Mitarbeiter der Brokerfirmen, die um 30 Prozent reduziert wurden.

Obwohl sich der S&P-Markt geändert hat, habe ich immer noch das gleiche gehandelt. Diese Verschiebung sollte mich betreffen und mein Jahreseinkommen für 1988 auf nur noch einen Bruchteil des Vorjahres bringen. Ich musste mich selbst im Spiegel betrachten und im wahrsten Sinne des Wortes die Art des Händlers, die ich war, verändern. Ich war die schlechten Zeiten nicht gewohnt und musste meinen Weg durch die Übergangsjahre finden.

Im Jahre 1987 habe ich mich ganz klar als der größte und profitabelste Händler am S&P-Parkett etabliert. Ich habe alles zwischen 5.000 und 8.000 Kontrakten täglich gemacht, alles auf eigene Rechnung. Ich fuhr diese Art des großen Handelns – manchmal kaufte oder verkaufte ich Hunderte von Kontrakten an einem einzigen Tag – in 1988 fort. Ich habe mir so einen Namen gemacht, dass einige der Fondsmanager ihre Leute beauftragten, darauf zu achten, was ich handele. Sie wollten wissen, was ich mache, weil sie meine Fähigkeiten des Erspürens von Trends und der Analyse des Orderflusses zu schätzen wussten, was mir ein Gefühl für das Auf und Ab des Marktes gab. Zusätzlich zu der Beachtung, die ich fand, schrieb Dan Dorfman einen Artikel über mich: „Ehemaliger LKW-Fahrer findet sein Glück in Futures", der im *USA today* (2. September 1988, Seite 7B) erschien. Ich wollte nie der größte Spieler am S&P-Parkett werden. Entweder war es wegen meiner Risikobereitschaft oder meines Handelsstils, ich wurde auf jeden Fall der größte Händler am Börsenparkett.

Das Problem war, dass das Volumen am S&P-Parkett scharf zurückging. Da ich so viele Kontrakte gehandelt habe, war ich der führende örtliche Händler. Das hieß, wenn die Broker einen großen Kundenauftrag auszuführen hatten – ein paar Hundert Kontrakte zu kaufen oder zu verkaufen – schauten sie zu mir, um mit mir die andere Seite des Handels zu machen. Eines Tages machte ich einen großen Umsatz zum Tagestiefststand, wie sich später herausstellte, mit einem bestimmten Händler. Dann hatte ich einen anderen großen Auftrag mit dem gleichen Broker zum Tageshöchststand, wie sich später herausstellte. Diese zwei Umsätze machten zusammen beinahe 300 der 340 Kontrakte aus, die ich zum Höchststand verkauft habe, und 200 der 250, die ich zum Tiefststand verkauft habe.

Das rief das Misstrauen der Börsenüberwachungsabteilung hervor. Da ich sowohl zum Tageshöchst- als auch zum Tiefststand mit dem gleichen Broker gehandelt habe, wurde ich gerufen, um mich zu rechtfertigen. Die Überwachung wunderte sich, ob dieser Broker mir vielleicht beide Aufträge gegeben hat. „Ich habe das Geschäft mit dem gemacht, der mir die besten Preise gestellt hat," erklärte der Broker. „Ich wollte meinen Kunden die beste Ausführung geben."

Mein Problem war, dass ich ein großes Rad in einem Markt drehte, dessen Volumen schrumpfte. Das erhöhte mein Risiko. Mit beinahe jedem Umsatz den ich machte beeinflusste ich den Markt, manchmal sogar zu meinen Ungunsten. Als Ergebnis daraus hatte ich große Ausschläge. Ich kam an manchem Tag vorwärts und wurde am nächsten zurückgeworfen, und am Ende der Woche hatte ich nichts vorzuweisen, außer einem minimalen Gewinn für all meine Anstrengungen.

Am Ende des Jahres wusste ich, dass sich irgendetwas ändern musste.

Die schlechten Zeiten

Ich musste mich mit der Tatsache abfinden, dass sich der Markt geändert hat und ich, als einer der Händler in diesem System, mich mit ihm ändern musste. So weit es mich betrifft, war das Jahr 1988 ein Verlustjahr für mich. Verschlimmernd kam noch dazu, dass ich, obwohl ich nur 110.000,– $ in 1988 verdiente, noch so lebte, als ob ich einige Millionen machen würde. Glücklicherweise habe ich die Darlehen meiner Häuser mit einigen meiner Gewinne, die ich 1987 gemacht habe, zurückgezahlt. Und ich hielt es mit der Händlermentalität bar zu zahlen, anstatt immer mehr ins Soll zu geraten.

Aber die Tatsache war, dass ich etwas Grundlegendes an mir als Händler ändern musste. Ich musste damit aufhören, dass ich der größte Händler war, oder noch wichtiger, dass mich jeder als der größte Händler ansah. Um meiner eigenen Händlerregel treu zu bleiben – ‚verhalte dich immer synchron zum Markt' oder ‚der Trend ist dein Freund' – musste ich etwas ändern. In einem Markt, der 50 % an Volumen verloren hat, musste ich mich zurücknehmen.

Um einen Vergleich vom Sport zu bringen: Jeder weiß, dass Michael Jordan der beste Basketballspieler ist (obwohl ich mich selbst nicht mit einem Superstar wie Michael Jordan vergleichen möchte). Aber er kann nicht bei jedem Spiel 55 Punkte machen. Er muss das nehmen, was ihm andere bieten. Es gibt Tage, an denen macht er nur 20 Punkte. Nachdem sich der S&P-Markt nach dem Crash von 1987 gewandelt hat, musste ich für die meiste Zeit ein 20-Punkte-Spieler werden.

Die andere Lektion, die ich in dieser Zeit lernte, war die Tatsache, dass ich mich mit einem gefürchteten König-Midas-Gefühl konfrontiert sah. Ich sah mich bedroht, weil es ein Trugschluss ist, dass irgendjemand wirklich aus allem Gold machen kann. Das Leben funktioniert einfach nicht so. Aber meine Zuversicht wurde verstärkt durch meine ersten Grundstücksgeschäfte. Ich kaufte einen Bauplatz in Hinsdale, einem eleganten Geldadelvorort von Chicago für 279.000,– $ und verkaufte ihn sechs Monate später für 440.000,– $. Ich kaufte und verkaufte Häuser und Grundstücke, renovierte einige und riss andere ab und baute sie wieder auf. Wenn ich jemals von der Börse lassen würde, wären Immobilien meine zweite Berufung. Aber Grundstücke waren das einzige Gebiet, auf denen ich ein erfolgreicher Investor war. Ich machte nur kleine oder gar keine Gewinne bei einigen Anlagen und bei anderen sogar Verlust.

Ich eröffnete ein Restaurant, das Café der 10ten Straße, in meiner alten Nachbarschaft. Aber ich lernte, dass das Restaurantgeschäft, auch wenn es deine Berufung sein sollte, keine ideale Geldanlage für den üblichen Investor darstellt. Ich eröffnete Autowaschplätze zum Selbstwaschen und Parkplätze, aber ich fand zu meinem Entsetzen, dass beinahe jeder, der da arbeitete, mein „Partner" war und sich selbst mit Bargeld nachhalf. Ich verlor 10.000,- $ hier und 20.000,- $ da, aber es war eine verhältnismäßig billige Lektion, indem ich lernte, das zu machen, was ich am besten kann – Handeln.

Aber das änderte nichts daran, dass mir Leute Anlagemodelle aufdrängen wollten, mit denen man schneller reich wird, als sich das irgendjemand vorstellen kann. Einige waren ganz unsinnig und andere haben ganz vernünftig geklungen. Aber sie hatten alle eines gemeinsam: mein Geld und die Idee von jemand Anderes. Ein paar Mal habe ich mitgespielt. Einmal bin ich gerade noch im letzten Moment herausgekommen.

Ein Freund von mir forderte mich auf, in Ölquellen zu investieren, so wie er es tat. Ich war zuerst skeptisch. „Machen wir dabei auch Gewinn?" fragte ich ihn.

„Ich habe 1 Million Dollar investiert und ich bekomme Zinsen darauf. Ich werde ihm weitere 4 Millionen Dollar geben."

Widerwillig stimmte ich ihm zu, 200.000,- $ hineinzustecken, aber ich sagte meinem Freund, dass ich dieses Ölbohrgeschäft erforschen wolle.

„Ich garantiere deine Einlage," sagte mir mein Freund. „Du wirst keinen einzigen Cent verlieren."

Aber wie sich herausstellte, betrieb der Ölbohrer ein Schneeballsystem. Er lockte Leute wie meinen Freund mit Gewinnen, um sie zu größeren Anlagen zu veranlassen. Das vernichtende Urteil über den Ölbohrer kam von einem Freund in Las Vegas, der mit einigen Leuten von Texas beim Würfeln gesprochen hatte. Als der Name des Ölbohrers fiel, haben die Texaner nur gelacht. „Er ist der größte Verbrecher im ganzen Staat Texas," sagten sie.

Es stellte sich heraus, dass die Ölquellen, die er bohrte, nichst als Staublöcher waren. Dieser vermeintliche Ölkrösus machte sein Geld dadurch, dass er eine Ölbohrausrüstung einsetzte, die ihm gehörte und die 400.000,- $ pro Bohrung einsteckte. Glücklicherweise bekam ich mein Geld zurück, Gott sei Dank hat mein Freund meine Anfangsinvestition garantiert. Obwohl er auch eine Million verloren hatte, war er dankbar, dass ich ihn von weiteren Anlagen abgehalten habe.

Ich steckte meine Verluste weg und akzeptierte die Misstöne, wenn ich Geld angelegt habe, das mir sauer aufstieß oder einen schlechten Tag an der Börse hatte. Es ist ein Bestandteil des Risiko-und-Ertrag-Spiels, das man auch Spekulation nennt. Ich kann das wegstecken, weil ich es kenne und weiß, dass es letztlich nur Geld ist. Ich mache mir keine Sorgen darüber, finanzielle Risiken zu übernehmen, weil ich glaube, wenn ich zu dem zurückgehe, was ich am besten kann – den Markt handeln – kann ich immer noch mehr verdienen. Ich möchte nicht anmaßend klingen, aber das ist die Realität.

Ich habe diese Lektionen auf schmerzliche Art lernen müssen, indem ich andauernd traumatische Erlebnisse in meinem Leben durchgemacht habe, die tiefe Schatten auf meiner Seele hinterlassen haben. Ich möchte das, was mir passiert ist, weder bagatellisieren noch rationalisieren. Aber ich weiß auch, dass ein finanzieller Verlust nichts ist, im Vergleich zu einer menschlichen Tragödie. Wenn du höchst traumatische Rückschläge verkraften kannst, dann ist sogar ein Verlust von einer Million Dollar ohne Bedeutung für dich. Diese Erkenntnis sollte keine Entschuldigung für Geldvernichtung sein. Auf der anderen Seite lernte ich es vor langer Zeit, als ich nicht viel mehr als ein paar Dollar in der Tasche hatte.

Jeder hat Enttäuschungen im Leben. Wir alle haben etwas, was wir anders machen würden, wenn wir die Wahl hätten. Wir fragen uns immer wieder, was wir anders hätten tun können, wenn wir die Gelegenheit dazu gehabt hätten. Aber wir sind nun mal das Ergebnis all unserer Entscheidungen, die wir im Leben getroffen haben. Wir müssen mit den Fehlern leben, die wir gemacht haben und mit den gesellschaftlichen Werten unseres Handelns. Wir müssen erkennen, dass bestimmte Ereignisse, seien sie nun angeboren oder erworben und unsere Einstellungen zu uns selbst und der Welt unvermeidlich und unvermeidbar sind.

Wie die meisten Einundzwanzigjährigen dachte ich, ich sei unbesiegbar. Es lief alles für mich. Ich war im Footballteam in DePauw. Ich habe hart für gute Noten gearbeitet, um Jura studieren zu können. Ich hatte Spaß mit meinen Kollegen und habe mich mit Mädchen verabredet. Wenn es eine Utopie gibt, dann ist es das College für die meisten Jugendlichen: du kannst wie ein Erwachsener leben, aber die Eltern bezahlen dafür. Für mich hätte die Collegezeit nicht angenehmer verlaufen können. Ich sah die guten Seiten des sprichwörtlichen amerikanischen Traums, bei dem die Chancen – und das Recht – für jeden offen standen. Ich war Teil der „Weißbrot essenden Welt", die sich so sehr von der meines Vaters unterschieden hatte.

Dann hat sich an einem warmen Abend des 4. Juli 1978, als ich vom

Kapitel 05

College zwischen dem ersten und dem zweiten Jahr zu Hause war, alles geändert. Die Welt meines Vaters und die meine prallten aufeinander und wie Schuppen fiel es mir von den Augen. Ich sah die Welt in all ihrer Härte. Auf vielfältige Art bin ich seither nicht mehr der Gleiche.

Der Vorfall war nur ein Kampf, der sich unter den halbwüchsigen Nachbarsjungen anbahnte. Mit dem heutigen Standard von unergründlicher Gewalt gegen junge Menschen und dem sinnlosen Terror sollte dieser Kampf nie in die Geschichte ruhmreicher Schlachten eingehen. Aber die Nachbarschaftsrauferei eskalierte. Auf der einen Seite war der Schutz meines Vaters über seine Söhne, der fast paranoide Züge hatte. Auf der anderen Seite war das Rechtssystem, das meiner Meinung nach eindeutig für meinen Vater sprach. Letztlich bin ich getroffen von der Verurteilung eines Schwerverbrechers, das mich mein ganzes Berufsleben über verfolgt. Ich kann das Handeln von niemandem an diesem Abend des 4. Juli rechtfertigen – nicht das meine und nicht das meines Vaters. Ich kann nur versuchen zu erklären, warum ein Kampf, der sich niemals über die Straßenecke ausbreiten sollte, zu einer tobenden Schlacht ausgeartet ist.

Ich saß mit meinen Eltern und ihren Freunden im Hinterhof und wartete darauf, dass das Feuerwerk anfangen sollte. Plötzlich rannte Dominick, einer der Freunde meines Bruders, in den Garten. Sogar in der Dämmerung konnten wir erkennen, dass er am Mund blutete.

„Sie verprügeln Joey," sagte er und verstummte.

Ich packte Dominik und schüttelte ihn. „Wo ist Joey?" wollte ich wissen.

Er murmelte etwas, dass Joey an der Ecke sei. Ich rannte auf die Straße und zog Dominik mit mir. Die Ereignisse die dann folgten, waren wie eine abartige Kette von Dominosteinen. Was als Kampf unter einer Hand voll Nachbarsjungen anfing, endete mit einer Schlacht. Ein unbedeutender Streit über Schulzwistigkeiten wurde zu einer Schlacht, bei der ich zwischen allen Verwundeten stand.

Ich fand Joey in einer Ecke, eingerahmt von Jugendlichen, die ihn mit Schlägen attackierten. Der Anführer war ein Nachbarjunge, den ich Smith nennen möchte. Einige Schläge waren an diesem Straßeneck verstrichen, bis die Polizei kam und die heftige Auseinandersetzung abbrach. Aber der Kampf war noch lange nicht vorbei. Als der Ruf durch die Nachbarschaft hallte, dass Smith und seine Freunde auf der Straße auf uns warteten, beantworteten wir den Ruf. Joey und ich schlugen uns mit Smith und seinen Freunden, mit Papa an unserer Seite.

Die schlechten Zeiten

Zurückblickend erkenne ich, wie dieser Vorfall die Wut bei meinem Vater hat aufschäumen lassen. Für ihn war es eine Sache von Tod oder Leben. Er überlebte sechs Jahre in Leavenworth, indem er wusste, dass er niemals Schwäche zeigen durfte. Ein Feind, der nicht gründlich vernichtet wurde, könnte eines Tages wieder zurückkommen. Oder noch schlimmer, jedes Anzeichen von Verwundbarkeit könnte dich zum Angriffsziel von allen Seiten machen. Er konnte in seinem Kopf den Nachbarschaftskampf an einem lauen Sommerabend nicht von den tödlichen Bedrohungen, die er in seinem Leben erlebt hat, unterscheiden. Als er unsere Bedrohung erkannt hatte, war die einzige Lösung in seinen Augen, sicher zu stellen, dass der Kampf, der von jemand anderem angefangen wurde, von dir beendet wurde.

Am nächsten Tag klopfte ein Polizist an der Tür und bot uns seinen Schutz an. Mein Vater schaute den Polizist an, als ob er verrückt sei. „Polizeischutz? Wofür?"

„Da ist eine Horde Jugendlicher im Einkaufszentrum, die damit drohen, Ihre Türe aufzubrechen und Sie und Ihre Söhne fertigzumachen."

„Haben Sie Leichensäcke auf dem Polizeirevier?" fragte Papa. „Dann bringen Sie sie her. Denn wenn irgendjemand dieses Haus betritt, können Sie sie in Leichensäcken abholen."

Wir wurden am nächsten Tag mit Anrufen und mit Feuerwerkskörpern, die an unser Haus geworfen wurden, belästigt. Sogar unsere Putzfrau bekam Drohanrufe. Ich hatte genug davon. Ich ging, um Smith zu finden und dem ein Ende zu bereiten – vorzugsweise mit Worten. Aber als Smith mein Auto erspähte, wollte er Reißaus nehmen. Er rannte davon, als ich mich ihm näherte und mit dem Reden anfangen wollte. Er begann den Kampf; ich beendete ihn. Schließlich lag Smith bewusstlos am Boden. Irgendjemand hat die Polizei und den Krankenwagen gerufen.

Gegen neun Uhr abends kam die Polizei wieder. Dieses Mal hatten Sie einen Haftbefehl. Das Bewusstsein von Smith erholte sich langsam nach diesem Kampf so weit, dass er sagen konnte „die Borsellinos haben mich gepackt." Die Polizei verhaftete meinen Vater und meinen Bruder Joey, die an diesem Kampf überhaupt nicht beteiligt waren, und mich. Meine Mutter stand dabei, als sie uns verhafteten. „Nehmen Sie mir nicht meine Söhne," flehte sie die Polizei an.

„Mach dir keine Sorgen. Es wird wieder alles in Ordnung. Ich bin ja bei ihnen," rief Papa ihr zu, als die Polizei uns zur Türe herausführte.

Wir machten uns keine Sorgen, noch nicht einmal, als uns der Polizist ins DuPage Landesgefängnis brachte. Joey und Papa waren bei diesem letzten Kampf überhaupt nicht beteiligt und ich habe nur das vollendet, was dieser Kerl angezettelt hat. Es war Samstagnacht, und wir mussten bis zum Haftprüfungstermin am Montag früh im Gefängnis bleiben. Wir saßen zusammen auf einer Bank in der Zelle und warteten.

Das DuPage Landesgefängnis war sicherlich nicht Leavenworth, aber mein Vater fiel in seine Überlebensmentalität zurück. Er setzte sich auf den Fußboden vor der Bank. „Ihr zwei schlaft," sagte er uns. Joey streckte sich lang und fiel sofort in Schlaf. Ich versuchte, wach zu bleiben, bin dann aber doch eingenickt. Papa saß die ganze Nacht da, schloss niemals seine Augen und beobachtete uns.

Rückblickend hatten wir keinerlei Grund zur Sorge, abgesehen von dem Zusammenprall bei der Nachbarschaftsstreiterei. Was wir zu dieser Zeit nicht wussten, war, dass dieser Kampf gegen meinen Vater ausgelegt werden würde, um ihn zurück ins Gefängnis zu bringen. Dieser Plan würde fehlschlagen und stattdessen sollte ich eine Angriffsfläche bieten. Meine Verwundbarkeit würde meinen Vater mehr als jede Strafe treffen.

Am Montag früh wurden wir vor Gericht gestellt. Eine große Jury brachte ganz massive Anklagepunkte gegen uns vor: schwere Körperverletzung, dauerhafte Verunstaltung und Kämpfe in der Öffentlichkeit. Wir wurden freigelassen und gingen nach Hause, konfrontiert mit den Schlagzeilen, die mich noch lange verfolgen sollten: „Mafiaanführer mit seinen Söhnen im DuPage Landesgefängnis wegen Schlägerei." Viele meiner Klassenkameraden von DePauw, dachte ich ärgerlich, waren aus der Gegend um Chicago und würden diese Geschichten lesen. Ja, ich habe diesen Jungen geschlagen, der einen Kampf mit meinem Bruder und später mit mir anfing. Aber mein Vater und die Mafia hatten damit nichts zu tun.

Bevor das Verfahren eingestellt wurde, wurden wir vom Landesstaatsanwalt Thomas Knight vernommen, der meinem Vater ein Angebot machte, das er hätte ablehnen sollen. „Dies ist der Handel", sagte Knight zu Papa. „Sie haben noch zwei oder drei Jahre zur Bewährung. Wir werden Ihr Urteil vollziehen und Sie gehen zurück ins Gefängnis. Wenn Sie dem zustimmen, sind Ihre Kinder frei."

„In Ordnung," sagte Papa ohne zu zögern.

„Nein!" sagten Joey und ich im Gleichklang.

Papa warf uns einen Blick zu, der uns zum Schweigen brachte. Er war bereit, den Handel anzunehmen.

Nachdem der Staatsanwalt gegangen war, sagten Joey und ich zu Papa, dass er verrückt sei. „Du warst noch nicht einmal bei diesem Kampf beteiligt," wendete ich ein. „Was werde ich bekommen? Bewährung? Sie werden mich nicht ins Gefängnis schicken."

Papas Verstand meldete sich zu Wort. „Wenn du schuldig gesprochen wirst, hast du ein Verbrechen in deinem Strafregisterauszug. Das möchte ich nicht für dich." Papa stimmte zu, dass er sich für den Übergriff schuldig bekannte, aber im letzten Moment wurde dieses Angebot von Knight und den Rechtsanwälten der Anklage zurückgezogen.

Die Erinnerung daran, wie Knight und die DuPage-Landesbeamten versuchten, meinen Vater zu überfahren, lässt mir keine Ruhe. Jahre später las ich mit Genugtuung einen Bericht, dass Knight unter sieben Gesetzesvollstreckern in einer 79-seitigen Anklageschrift genannt wurde, wegen Manipulation und Verschleiern von Beweismitteln. Die Angelegenheit betraf die infame Gerichtsverhandlung gegen Rolando Cruz für die Entführung, Vergewaltigung und den Mord an der Zehnjährigen Jeanine Nicarico 1983.

Die falschen Beweise führten dazu, dass Cruz für schuldig gesprochen und zu Tode wegen Mordes verurteilt wurde, obwohl das Urteil in der Revisionsverhandlung wieder aufgehoben wurde. Während der dritten Verhandlung von Cruz änderte einem Artikel der *Chicago Tribune* nach der Kronzeuge seine Aussage, und die Anklage gegen Cruz fiel in sich zusammen. Aber zu dieser Zeit verbrachte Cruz schon zehn Jahre in der Todeszelle.

Der Versuch des Staatsanwaltes, meinen Vater zu dem Handel zu zwingen, öffnete meine Augen, wie die Welt wirklich funktioniert. Ich habe immer die Ansicht meines Vaters abgelehnt, dass die Sache automatisch gegen dich ist, wenn du einen italienischen Nachnamen führst. Ich war Collegestudent und Sportler und sollte zu den Gesamtamerikanischen Meisterschaften nominiert werden. Mein Bruder und ich waren Vorstadtkinder, die nie mit der Polizei zu tun hatten, niemals bei Banden mitgemacht und niemals Drogen konsumiert hatten. Aber nach diesem Kampf verstand ich, was mir mein Vater die ganze Zeit über erzählt hat. Das Gesetz war nicht für jeden gleich. Alles was die Staatsanwälte im Sinn hatten, war, meinen Vater zurück ins Gefängnis zu bringen, obwohl er in dem Kampf mit Smith noch nicht einmal beteiligt gewesen war. Alles was sie wollten, war der Triumpf, Tony Borsellino zurück im Gefängnis zu haben, ohne Rücksicht darauf, welche Unschuldigen darunter leiden müssten.

Das ist der Grund, warum ich nicht verwundert darüber war, dass Geschworene, beherrscht von Mittelklasse-Afroamerikanern, O. J. Simpson für den Mord an seiner erdrosselten Frau Nicole Brown Simpson verurteilt haben. Ungeachtet dessen, was der Einzelne von uns darüber denkt, bleibt die Tatsache, dass viele Afroamerikaner Polizeischikanen aus erster Hand kennen oder aus der Erfahrung von Verwandten wissen. So war es nicht schwer für jene Geschworenen zu glauben, dass die Aufklärungsbeamten die Angelegenheit gegen uns hingedreht haben. In meinem eigenen Leben habe ich zu viele Fälle von unterstellter Schuld gesehen, anstelle der Unschuldsvermutung, die in der Verfassung garantiert ist. Allzu oft ist die ethnische Abstammung der einzige Grund, dass sie die Schuld bei einem Verbrechen unterstellen.

Als mein Vater, mein Bruder und ich zum Gericht wegen der Körperverletzung gingen, änderte Smith seine Geschichte. Er beschuldigte einen anderen Jungen und nicht meinen Bruder Joey, ihn verprügelt zu haben. Joey war damit aus dem Schneider. Ermittlungen wurden anfangs gegen den Freund meines Bruders geführt, aber es kam ihm zu Gute, dass er an dem besagten Juliwochenende außerhalb der Stadt war. Einige Tage später wurden die Ermittlungen auch gegen meinen Vater fallen gelassen. Ich wurde alleine angeklagt. Ich wurde wegen schwerer Körperverletzung und dauerhafter Verunstaltung verurteilt. Nach dem Urteilsspruch schlug der Vorsitzende vor, dass ich fünf Wochenenden im Landesgefängnis verbringen sollte, da ich Collegestudent war. Gott sei Dank lehnte der Richter diesen Vorschlag ab und gab mir stattdessen ein Jahr Bewährung, ohne dass ich den Bewährungshelfer ständig aufsuchen musste.

Dieser Vorfall hinterließ ein Verbrechen in meinem Strafregisterauszug, das mir später beinahe den Zugang zu der Chicagoer Börse verhindert hätte. Ich wusste, es behinderte meine Chancen beim Jurastudium, obwohl mir gesagt wurde, es sei die Art eines Vorfalles, die man erklären könnte, da es keine kriminelle Schandtat war. Aber ich war erfahren im Abnehmen von Handschellen und von Hausdurchsuchungen, die mir die andere Seite des Rechtssystems zeigten, und ich bekam meinen ersten Geschmack davon, was Vorverurteilung heißt.

Wegen der Verhandlung kehrte ich zwei Tage zu spät zur Schule zurück, um an dem Start des Footballtrainings teilzunehmen. Ich sah die Stars und hörte sie flüstern: „Wir dachten, du bist im Gefängnis. Wir glaubten nicht, dass du zurückkommst," sagten mir einige der Mutigeren. In einer Schule mit 3.000 Jugendlichen verbreiten sich Nachrichten sehr schnell. Ich habe immer den Quatsch über die Mafia wegen meines italienischen Namens gehört und der Tatsache, dass ich von Chicago komme. Aber jetzt glaubten die Leute durch die Nachrichten über den Kampf, dass die Geschichten wahr seien. Aber was mich mehr ärgerte war die Tatsache, dass ich für den Rest meines Lebens vorbestraft war, während dieser Smith, der den Vorfall angezettelt hat, aus dem Schneider ist.

Dieser Vorfall und die Gerüchte haben mein zweites Collegejahr überschattet, aber ich habe durchgehalten. Mein Vater hegte eine irrationale Angst, dass ich vom College geworfen werden würde, aber ich versicherte ihm, dass mich nichts vom Abschluss abhalten würde. Obwohl mein Notendurchschnitt, beeinträchtigt durch schlechte Noten zuvor, den Chancen, Jura zu studieren, im Weg stand, hatte ich eine Prüfung weit über dem Durchschnitt hingelegt. Ich beschloss, mich in den Schnellkurs der John Marshal Jurafakultät in jenem Sommer einzuschreiben. Wenn ich unter den wenigen Studenten, die dieses harte Programm absolvierten, war, würde ich automatisch zum Jurastudium zugelassen. Ich hatte keinen Zweifel daran, dass ich genommen würde; ich bin genauestens in mich gegangen, ob ich das durchziehen könnte, wenn ich es mir vornehmen würde.

Es begann damit, dass ich eine Lebensregel meines Vaters beherzigen musste: Die Macht liegt in den Händen von denen, die das Geld haben. Das erhöhte den Einsatz für meinen Erfolg im Leben. Auf Grund meines Milieus dachten nur wenige außerhalb meiner Familie und des Freundeskreises, dass ich im Leben vorankommen würde. Ich war dazu verdammt, ihnen zu beweisen, dass sie Unrecht hatten. Ich wusste, dass ich auf niemanden vertrauen und niemand für mein Unglück verantwortlich machen konnte. Ich musste im Leben meine eigenen Gelegenheiten ergreifen.

Der Tag der Zeugnisverteilung am College war einer der stolzesten Momente im Leben meiner Eltern. Dreißig Verwandte mussten zu der Feier im DePauw erscheinen: mein Vater und Mutter, mein Bruder, Tanten, Onkeln, Cousins… Jeder machte Bilder und jeder lachte und schrie. Dann sah ich, wie meine Freundin zu uns schaute und sich ihre Tränen abwischte. Meine Eltern versetzten sich in ihre Lage und bis zum heutigen Tage sind wir die besten Freunde. Das war mehr als mein Vater ertragen konnte, als er sie an dem Abschlusstag sah, wie sie ihr Herz herausschrie: „Was ist los, Liebste?" fragte er sie.

Ihre Eltern waren mitten in einer hässlichen Scheidung und ihr Vater weigerte sich, neben ihrer Mutter zu sitzen. Das Problem war, dass die Abschlussfeier im Freien abgehalten werden sollte, aber es drohte Regen, was bedeutete, dass sich alles hinein bewegen musste. In der Turnhalle waren die Sitzplätze begrenzt und ihr Vater und ihre Mutter müssten nebeneinander sitzen. Ihr Vater weigerte sich. Wenn es dazu kam, sagte er, würde er in seinem Hotelzimmer bleiben.

Ich weiß nicht, was Papa zum Vater meiner Freundin sagte. Aber ich weiß, dass er sich darüber ärgerte, dass Herr M. nicht sah, dass seine eigenen Probleme den größten Tag im Leben seiner Tochter verdarben. Es genügt zu sagen, dass Papa mit Herrn M. sprach und ihn seinen Irrtum wissen ließ. Herr M. hat sich unnötigerweise aufgeregt. Die Sonne hat geschienen und die Abschlussfeier wurde im Freien abgehalten. Herr M. stand da, wo er wollte.

Was mich an diesem Vorfall so berührt, ist, wie sich mein Vater für jemand Anderes aus der Fassung bringen ließ. Aber so war mein Vater halt. Wenn du ein Teil seines Lebens warst, hat er sich um dich gekümmert. Es war seine Art, Menschen zu helfen, und darin bin ich ihm, glaube ich, sehr ähnlich. Aber das war auch sein Niedergang. Er hatte Herz und einen Verstand. Er konnte nicht einfach Befehle von anderen annehmen. Er lebte nach einem Verhaltenscodex, was richtig war, und davon wich er niemals ab.

Mein Papa hat sich weitgehend selbst verwirklicht. Er war kein Speichellecker. Er war ein ganz umgänglicher Mensch, der das machte, was von ihm verlangt wurde. Aber er hatte seine Grundsätze und es gab Befehle, die er nicht ausführen wollte. Ich erkannte diesen Zwiespalt an meinem Vater und eines Tages hatte er sogar mit mir darüber gesprochen. Mein Vater wurde zum Schlichten geschickt, nachdem ihn jemand nach einer heftigen Auseinandersetzung in einer Bar gerufen hatte, in die der Sohn von jemandem verwickelt war. Als er die Bar betrat, drehte er sich um zu dem Burschen, dem sie gehörte und den er seit langen Jahren kannte. Er setzte sich zu Vince und fragte ihn, was passiert sei.

„Tony, der Junge war betrunken. Es waren noch andere Leute in der Bar und er geriet außer Kontrolle. Ich bat ihn, sich zu benehmen und er rastete wieder aus. Er langte mir eine, so dass ich ihn umlegte," erklärte Vince.

„Ich verstehe," sagte ihm Vater und verließ die Bar.

Papa ging zurück zu seinem Auftraggeber und berichtete die Geschichte. Vince hatte das Recht, den Jungen zu schlagen, nachdem er ausgerastet ist und angefangen hatte, ihn zu schlagen.

„Sie verstehen wohl nicht," sagten sie zu Papa. „Dieser Junge ist der

Die schlechten Zeiten

Sohn von Dem-und-dem. Sein Vater denkt nie, dass sein Sohn jemals Unrecht hat."

Dinge wie diese konnte mein Vater wegstecken. Ich glaube, dass ihm das die feste Überzeugung gab, dass Joey und ich gegenüber anderen Erwachsenen immer anständig sein mussten. Er hätte niemals geduldet, jemanden anzumaulen oder rüde zu behandeln nur weil wir Tonys Söhne waren.

Wir kamen von der DePauw-Abschiedsfeier ganz siegesgewiss zurück. Als ich nach Hause kam, sagte Papa zu mir: „Lass uns zusammen ins Dampfbad gehen." Wir mussten drei Stunden im Dampfbad sitzen und uns unterhalten. Als wir dann aufhörten, schaute ich aus wie eine Dörrzwetschge. Papa hatte im Sinn, mir etwas mitzuteilen und, zurückblickend muss ich sagen, dass er erkannte, dass sich die Dinge gegen ihn wandten, und er in Sorge war, dass er wieder verhaftet werden würde. Aber ich wusste auch, dass Papa hoch und heilig versprochen hatte, dass er niemals wieder zurück ins Gefängnis ging. Ich frage mich, wenn es dazu gekommen wäre, ob Papa dann geflüchtet wäre, selbst wenn das bedeutet hätte, dass er uns für eine Weile verlassen musste? Ich habe ihm diese Frage niemals gestellt. Ich saß in der Sauna und habe ihm zugehört.

„Wenn mir jemals etwas passiert, dann musst du dich um deine Mutter und deinen Bruder kümmern," sagte Papa durch die Dampfwolken. „Fahre einfach LKW. Mach das, bis du herausgefunden hast, was du wirklich machen möchtest."

Der Montag verging und dann kam der Dienstagmorgen. Papa und ich frühstückten zusammen bevor er arbeiten ging. Er kam am Dienstag gegen zwei Uhr nach Hause, nahm ein Bad und bat mich, ihm seinen Rücken abzutrocknen und einzucremen. „Ich werde ein Nickerchen machen," sagte er mir. „Wecke mich um fünf Uhr."

Papa, der nachts nicht gut schlief, machte manchmal ein Nickerchen während des Tages. Ich ging hinaus und kam um halb fünf zurück. Um drei viertel fünf ging ich hoch in sein Zimmer, um ihn aufzuwecken. Sein Bett war leer. Ich fand ihn in Joeys Zimmer, eingewickelt in eine Decke. Ein Angstschauer überkam mich: mit seinen über der Brust gekreuzten Armen sah er aus wie tot.

„Was machst du hier?" fragte ich ihn und öffnete seine Augendeckel.

Papa setzte sich und rieb die Augen. „Ich kann hier besser schlafen. Es ist dunkler als in meinem Zimmer.

Er zog sich an, um auszugehen. Meine Mutter war zu Hause, und ich

Kapitel 05

ging mit einigen Freunden an diesem Abend aus. Am nächsten Morgen um acht Uhr weckte mich meine Mutter auf. „Lewis," sagte sie, „dein Vater ist die ganze Nacht nicht nach Hause gekommen."

Ich bin sofort aufgestanden. „Mach dir keine Sorgen, Mama. Ich werde sofort ein paar Leute anrufen."

Ich habe eine Menge Männer angerufen, von denen ich wusste, dass sie Papa kannten und fragte sie, ob sie Papa gesehen hätten, aber niemand bejahte. Ich hatte immer noch die Hoffnung, dass er sich vielleicht verspätet hätte. Sogar die Aussicht, dass er verhaftet worden wäre, hätte uns getröstet. Um ein Uhr nachmittags kam die Polizei an unsere Türe. Wir wurden von der Will-Bezirkspolizei gebeten, dass ein Mitglied Ihrer Familie sie anruft," sagten sie uns.

Ich wurde am Telefon mit der Will-Bezirkspolizei verbunden. „Können Sie auf die Wache kommen? Wir müssen mit Ihnen über Ihren Vater reden," sagten sie mir.

„Braucht er eine Kaution?"

„Nein, das braucht er nicht."

Meine schlimmsten Befürchtungen wurden bestätigt.

Meine Onkels und Tanten kamen zu uns ins Haus, um mit Mama zu trauern, die vor Schmerz gebeugt war. Joey, Onkel Mimi und ich fuhren in den Bezirk Will, um dort die Polizei zu treffen. Wir schwiegen die meiste Zeit, jeder war mit seinen eigenen Gedanken beschäftigt. Wir saßen im Warteraum, bevor einer der Beamten kam, um mit uns zu reden.

Er brachte Papas Christus-Medaillon, seine Uhr und seine Brieftasche. „Erkennen Sie diese Dinge?" fragte er uns.

„Die gehören Papa," sagte ich der Polizei.

„Können Sie uns sagen, wo er war und mit wem er dort war?" fragte der Beamte.

„Warten Sie eine Minute," unterbrach ich. „Ist mein Vater hier?"

„Ja, er ist hier," antwortete der Beamte.

„Wurde er verhaftet?"

„Nein, er ist nicht verhaftet."

„Können wir mit ihm reden?"

„Nein, Sie können nicht mit ihm reden."

„Ist er tot" fragte ich schließlich.

„Ja," antwortete der Beamte. „Er ist tot."

Onkel Mimi ging hinaus in die Kälte. Joe und ich umarmten uns und weinten.

Die schlechten Zeiten

Ich habe nie genau erfahren, was mit meinem Vater passiert ist, aber ich konnte mir einzelne Teile der Geschichte zusammenreimen. Vielleicht hat jemand in dieser Organisation bei dem Boss schlecht über meinen Vater geredet oder vielleicht gab es einen Machtkampf innerhalb der einzelnen Organisationseinheiten, in den mein Vater verwickelt wurde. Alles was ich weiß ist, dass mein Vater ein Mann mit hohen Grundsätzen und festem Glauben war, und er sich nicht einschüchtern ließ. Letztlich war mein Vater tot, seine Leiche lag auf einem Feldweg bei einem Kornacker in Indiana. Sein Mörder bleibt bis heute unbestraft. Meine Mutter war schockiert über den Tod des Mannes, den sie geliebt hatte, seit sie 14 Jahre alt war. Mit 43 war sie viel zu jung, um eine Witwe zu sein. Wie mein Bruder war ich so von Schmerz, Ärger und Trauer überwältigt, dass ich wie betäubt war. Ich tat das Nötigste für die Beerdigungsvorbereitungen und die notwendigen Anrufe und fühlte mich schwer berührt von all dem, was um mich herum geschah. Aber als es zu der Verantwortung kam, mit der ich konfrontiert wurde, gab es kein Davonlaufen. Um es nochmals zu wiederholen, ich war der Mann der Familie, der in die Fußstapfen meines Vaters stieg, so wie ich es tat, als er im Gefängnis saß. Jedoch kam er dieses Mal nie wieder zurück. Im Alter von 22 sollte mein Leben gerade erst anfangen. Stattdessen hatte sich meine Welt gerade total verändert.

Wiederum tat ich, um was mein Vater mich bat. Ich war der Mann der Familie, nur dass Papa diesmal nie wieder zurückkam. Ich setzte mich hinter das Lenkrad seines Lasters und fuhr während des unglücklichsten Jahres meines Lebens, bis ich herausfinden konnte, was ich selbst für mich, meine Mutter und meinen Bruder machen wollte.

Jeder der Erfahrung mit dem Tod eines Elternteiles in jungen Jahren hat, wird dir bestätigen, dass sich der Lauf deines Lebens abrupt ändert. Es ist, wie in einem schlechten Traum, wenn du davonrennen willst und plötzlich sind deine Beine gelähmt. Du schlägst um dich, tappst und bist unfähig, einem unsichtbaren Verfolger zu entfliehen. Aber anders als in diesem schlechten Traum, von dem du vielleicht wieder aufwachst, fühlte ich die Hilflosigkeit nach dem Mord an meinem Vater überall.

Die Trauer kehrte nach Jahren zurück, als ich die schmerzlichste Zeit meines Lebens durchmachen musste. Ich habe meine erste Frau 1986 geheiratet und wir hatten zwei Söhne, Lewis und Anthony. Drei Jahre später verließ ich das Haus und hatte eine sehr schmerzhafte Scheidungsauseinandersetzung. Tod und Scheidung sind ähnlich in dem Sinne, dass sie unwiderruflichen Verlust verursachen. Die Scheidung forderte emotional einen sehr großen Tribut von mir. Niemand handelt im Vakuum, abseits der Disziplin und dem Ziel, das Du dir setzt. Die Scheidung lenkte mich ab und erschütterte mich in meinen Grundfesten. Ich möchte die Einzelheiten dieser Zeit nicht wieder hervorkramen. Meine erste Frau Diana, die jeder Disa ruft, ist eine gute Mutter für Lewis und Anthony. Niemand liebt diese beiden Jungen so sehr wie sie und ich.

Obwohl Lewis und Anthony nicht die ganze Zeit mit mir leben, sind sie Teil meines Lebens. Ich liebe sie so, wie Briana und Joey, meine Tochter und mein Sohn, die ich mit meiner zweiten Frau habe, meiner früheren Schulfreundin Julie. Ich habe Gott sei Dank liebe Enkelkinder, Nicole, Jamie und Nick. Aber dass ich Lewis und Anthony nicht in mein tägliches Leben integrieren kann, ist ein Verlust, den ich niemals verwinden kann.

Kapitel 06

Die Untersuchung

Das Parkett an der Börse hat seine eigenen Umgangsformen. Was wie Chaos und Verwirrung ausschaut, stellt eine bestimmte Ordnung dar, wie die Kontakte mit ein paar Handzeichen und einem Schrei übers Parkett ge- und verkauft werden, und das alles in Sekundenschnelle. Es fängt schon damit an, dass man weiß, wer die Spieler sind und was sie für Aufgaben haben.

Mit einfachen Worten ausgedrückt, liegt dem Markt jedermanns Meinung zu Grunde. Zwischen all den Kauf- und Verkaufspositionen sucht sich der Markt ein Gleichgewicht. Das ist kein festgelegter Punkt, aber ein bewegliches Ziel, das das Niveau widerspiegelt, bei dem die Käufer kaufen und die Verkäufer verkaufen wollen, wobei es auf einer Menge Variablen basiert, angefangen vom Zinsniveau bis zur letzten Nachricht, die gerade über den Ticker kommt. Beim Futureshandel fließt eine weitere Variable in die Preisfindung – der wahre Marktwert. Dabei wird der Wert des S&P-Index und die Geldbeschaffungskosten zwischen jetzt und dem Verfallstag berücksichtigt. Diese Geldbeschaffungskosten sind der Grund, warum der Futuresmarkt beinahe immer mit einem Aufgeld zum Aktienmarkt gehandelt wird.

Beispielsweise ist im Oktober der S&P-Dezemberkontrakt der sofort lieferbare Monat. Der Preis dieses Kontraktes spiegelt den derzeitigen Wert des S&P-Index wieder, zuzüglich der Kosten, um das Geld bis zum Verfallstermin zu borgen. Wenn sich der Dezemberkontrakt dem Verfallstermin nähert, nimmt der wahre Marktwert ab, weil nur noch weniger Tage an Zinsen zu zahlen sind.

Gegen den Verfall der Variablen handeln die Orderausfüller und die örtlichen Spezialisten den Markt. Ein Handel fängt vielleicht mit einem Auftrag von einem privaten oder institutionellen Kunden an, der eine bestimmte Meinung hat, wohin der Markt geht. Mit dieser Meinung legt der Kunde einen bestimmten Auftrag, den Markt zu kaufen oder zu verkaufen. Diese Aufträge gehen an die Broker, oder auch Orderausfüller, an der Börse, die dann am Parkett diesen Auftrag ausführen müssen. Das ist die Stelle, wo die örtlichen Spezialisten, oder auch die selbstständigen Händler, ins Spiel kommen.

Die Rolle der Spezialisten ist, Liquidität für die institutionellen Anleger zu schaffen. Wir kaufen, was die Orderausfüller anbieten oder verkaufen, wenn sie bieten. Der Handel wird abgeschlossen, wenn der Preis stimmt. Wenn der Orderausfüller 100 Kontrakte zum Kauf für einen Kunden hat, kann es sein, dass er im Markt sagen wir 1.095,50 bietet, um den Handel abzuschließen. Wenn der Handel abgeschlossen wird, übernimmt der örtliche Spezialist ein vorübergehendes Risiko als Verkäufer seiner Position, indem er darauf wartet, dass der Markt auf seinen Stand von zuvor zurückkommt, wo der Orderausfüller zu bieten begonnen hat. In diesem Fall hofft der örtliche Spezialist, dass der Markt, auf sagen wir 1.095,00 zurückkommt, dass er die Kontrakte zu einem niedrigeren Preis zurückkaufen kann, um seine Position einzudecken.

Die selbstständigen Händler, oder die Day Trader wie ich, sind die absolut kurzfristig orientierten Händler. Ein selbstständiger Händler hat überhaupt keine langfristige Meinung zum Markt und hält eine Position vielleicht nur ein paar Minuten oder gar ein paar Sekunden. Ich habe oft gesagt, ich verdiene lieber 1,– $ bei einer Million Geschäfte, als dass ich versuche, 1 Million $ bei einem einzigen Geschäft zu verdienen. Die Gewinne sind die gleichen und die Risiken nehmen ab, wenn du die Bewegungen innerhalb des Tages abbaust.

Das Handeln mit Futures ist ein Nullsummenspiel. Für jeden Gewinner gibt es einen Verlierer und das bei jedem einzelnen Geschäft, und jeder muss auf seine eigenen Interessen achten. Für den Orderausfüller heißt das, dass er für seinen Kunden den bestmöglichen Preis beim Kauf oder Verkauf bekommt. Für den örtlichen Spezialisten heißt das, so viel Geld wie möglich bei jedem Auftrag zu verdienen oder die Verluste zu begrenzen. Obwohl es eine höchst wettkämpferische Atmosphäre ist, beherrscht eine Art Zusammenleben das Parkett. Die Orderausfüller sind auf die ansässigen Händler und die ansässigen Händler auf die Orderausfüller angewiesen. Das Ergebnis ist eine gespannte Beziehung zwischen beiden Seiten. Sie lieben und sie hassen sich gegenseitig, aber sie sind aufeinander angewiesen um Geld zu verdienen.

In Chicago und an anderen ähnlichen Futuresbörsen wird der Handel gemacht, indem die Aufträge öffentlich ausgerufen werden. Die Händler und Broker stehen am Parkett und schreien ihr Angebot und die Nachfrage in den Saal. Wir sind wie Hunderte von Auktionatoren, die ihre Angebote ausrufen. Aber die Gangart ist schneller und aufbrausender, als in jedem anderen geschäftlichen Bereich. Beim offenen Ausrufen der Aufträge werden die besten Kauf- und Verkaufsangebote zuerst ausgeführt. Dann bewegt sich der Markt, da die Verkäufer ihre Preise heruntenehmen und die Käufer ihre Angebote erhöhen, um ihre Geschäfte zu machen.

All dem liegt ein ungeschriebener Verhaltenscodex zu Grunde, wie die Börse funktioniert. Dieser Codex umfasst eine Übereinkunft zwischen den Orderausfüllern und den örtlichen Spezialisten. Beispielsweise biete ich 50 Kontrakte zu zwei ein halb an und ein Orderausfüller kauft von mir zu diesem Preis. Aber er muss weitere 100 Kontrakte kaufen und der Markt steigt, wenn er fortfährt zu bieten. Er kauft 50 von jemand anderes zu drei glatt, da der Markt weiter steigt. Mit weiteren 50 zum Kaufen und einem Markt bei jetzt drei ein halb schaut er zu mir und sagt: „Mach mir ein Angebot."

Seine Anfrage an mich gibt mir die Chance, den Verkauf von 50, den ich ihm zu zwei ein halb in einem steigenden Markt verkauft habe, wieder gutzumachen. „Ich verkaufe dir 50 zu drei ein halb" antworte ich.

Jetzt hoffe ich, dass der Markt auf mindestens zwei ein halb herunterkommt, dass ich die 50 ersten Kontrakte ohne Verluste oder zum Break-Even zurückkaufen kann und beim zweiten einen Gewinn machen kann. Aber es besteht auch die Möglichkeit, dass der Markt weiter steigt und mein Verlust größer wird. An der Börse wird nichts garantiert.

Die guten Orderausfüller am Parkett wissen, dass sie darauf achten, wenn die großen örtlichen Spezialisten leer verkauft haben oder Bestände halten, was sie machen. Nehmen wir an, ich habe die ganze Zeit in einem steigenden Markt gekauft. Jetzt hat ein Orderausfüller einen Kaufauftrag für 100 Kontrakte. Wenn er nett zu mir ist, spricht er mich an und sagt:

„LBJ, Mach mir ein Angebot". Wenn er 100 Kontrakte möchte, verkaufe ich sie ihm wahrscheinlich in einem Stück. Ich habe einen Gewinn gemacht, wenn ich berücksichtige, wie ich sie zuvor gekauft habe, und sein Kunde bekommt eine gute Ausführung. Selbst wenn der Markt höher steigen sollte und ich die Chance versäume, diese 100 Kontrakte zu einem noch besseren Preis zu verkaufen. Ich werde niemals einen Orderausfüller dadurch abweisen. Er bot mir die Chance zum Verkaufen, und ich habe sie ergriffen.

Ein Orderausfüller hat eine Gebühr von etwa 2,– $ pro Kontrakt, so dass er bei 50.000 ausgeführten Kontrakten im Monat 100.000,– $ Gesamtgewinn macht. Aber er hat auch Kosten wie etwa das Gehalt eines Angestellten und er muss Gewinn machen, um eventuelle Irrtümer auszugleichen, die seinen Gewinn schmälern. Ein örtlicher Spezialist auf der andern Seite gewinnt oder verliert Tausende von Dollar beim Handel. Der Gewinn eines örtlichen Spezialisten kann gut sechsstellig sein. Aber vergiss dabei nicht, dass die örtlichen Spezialisten enorme Risiken tragen. Sie handeln mit ihrem eigenen Geld und nicht mit dem von irgendjemand anderem. Dieses Ungleichgewicht an Gewinnen hat zu einer bitteren Rivalität zwischen den Orderausfüllern und den örtlichen Spezialisten geführt, seit das zweigleisige Handeln verboten wurde. Zur gleichen Zeit besteht zwischen beiden eine Übereinkunft. Wenn es wirtschaftlich zu vertreten ist, wird ein ansässiger Händler einem Orderausfüller hin und wieder aus der Patsche helfen.

Praktische jede Gesellschaft – sei es ein Supermarkt, der ein Sonderangebot für Coca Cola Light hat, oder ein Bauunternehmer, der ein Angebot für einen Auftrag beim Staat abgibt – ist von einem bestimmten Geschäftssinn getrieben, um einen kleinen oder auch keinen Gewinn zu machen. Das Grundprinzip dabei ist, dass du vielleicht kurzfristig weniger Gewinn machst, aber künftig mehr dabei verdienst. Der Supermarkt verdient vielleicht gar nichts bei der Coca Cola Light, zieht aber Kunden an, die ihren Einkaufswagen mit anderen Waren voll laden. Der Bauunternehmer pflastert die Straße vielleicht nur zum Selbstkostenpreis, macht das aber wieder gut, wenn plötzlich eine Brücke zu reparieren ist und er diesen Auftrag noch zusätzlich bekommt.

Das gleiche Grundprinzip herrscht an der Börse. Nehmen wir an, ein Orderausfüller hat 100 Kontrakte zu kaufen. Ich biete ihm 20 zum Verkauf an und wir werden uns einig. Innerhalb weniger Sekunden kauft er zehn Kontrakte einigen anderen Händlern ab, und der Markt steigt um

Die Untersuchung

100 Punkte. Wenn ich dem Händler signalisiere, dass ich den Handel bestätigen möchte – „Wir haben 20 zu einem Halben gemacht" – sehe ich einen angewiderten Blick in seinem Gesicht, wenn er seine Umsätze nachzählt.

„Was ist los?" frage ich ihn.

„Ich hätte noch zehn mehr zu kaufen. Ich bekam nur 90," sagt er mir.

„In Ordnung. Ich habe dir 30 – nicht 20 verkauft," sage ich ihm, indem ich unser Geschäft bestätige. Die ganze Angelegenheit dauert nur ein paar Sekunden.

Indem der Markt steigt, nehme ich einen Verlust von 2.500,- $ in Kauf. Aber als Day Trader habe ich die Möglichkeit, diese Position den Tag über zu spielen. Der Orderausfüller auf der anderen Seite hätte die 2.500,- $ wegstecken müssen. Und zusätzlich habe ich meine Geschäftsbeziehung zu ihm für das nächste Mal gestärkt, wenn der Markt vielleicht anders ist.

Der Markt steigt vielleicht plötzlich durch feste Angebote, wenn die Renten schwächer werden, der Präsident der amerikanischen Notenbank FED, Alan Greenspan, einen Kommentar abgibt oder Nachrichten über den Ticker kommen, dass die Gewinnschätzungen einer Gesellschaft nach unten revidiert werden. Der Markt dreht und geht stark zurück. Wenn das geschieht, sieht sich ein Orderausfüller mit dem Auftrag, 100 Kontrakte zu einem relativ hohen Preis zu kaufen, einem Meer von potenziellen Verkäufern gegenüber. Da ich ihm aus der Patsche geholfen habe, hege ich die Hoffnung, dass er dann in meine Richtung schaut, wenn jeder zu ihm springt, um zu verkaufen. Vielleicht lässt er mich ihm dann 50 seiner 100 Kontrakte verkaufen und verteilt den Rest in 10er und 5er Stückelungen an die anderen.

Ist das ein im Voraus abgesprochener Handel, eine illegale Praxis des Verstoßes der Börsenregeln? Absolut nein. Ein im Voraus abgesprochener Handel liegt dann vor, wenn ein Orderausfüller 50 Kontrakte zum Kaufen und 50 zum Verkaufen hat. Er macht mit einem örtlichen Spezialisten dann aus, dass er 50 zu glatt zwei verkauft und 50 zu zwei ein halb kauft. Der Handel wurde zwischen beiden ausgemacht und nicht am Parkett unter öffentlichem Ausrufen ausgeführt, bei dem jeder andere eine Chance gehabt hätte. Ich helfe einem Orderausfüller in der Hoffnung, dass er sich das nächste Mal an mich erinnert, wenn er einen großen Auftrag hat. Das ist nur Pflege von gutem geschäftlichem Kontakt. Es ist nichts anderes als die Pharmagroßhandlung, die eine Salzlösung einem Krankenhaus für 5o Cents, anstatt einem Dollar verkauft, in der Hoffnung, einen wesentlich größeren Auftrag zu bekommen.

Es gibt auch eine menschliche Seite des Börsenbenehmens und –Verhaltens, die sich über die Jahre herausgebildet hat. Als örtlicher Spezialist weiß ich, dass der Fehler eines Orderausfüllers seinen Gewinn für den ganzen Monat auffressen kann. Obwohl das Parkett ein ausgesprochen wettbewerbsstarker Ort ist, glaube ich nicht, dass jemand (mit Ausnahme von ein paar wenigen) absichtlich einen anderen verletzen möchte. Wir sind im Geschäft, um Geld zu verdienen und nicht, um uns gegenseitig zu verletzen. Da fällt mir als Vergleich das Boxen ein. Zwei Boxkämpfer sind vielleicht Rivalen, aber sie respektieren sich gegenseitig als Wettkämpfer.

Über all die Jahre hat niemand das Verhalten und das Benehmen an der Börse in Frage gestellt, solange die Umsätze am Parkett gemacht werden, an dem jeder eine faire Change hat, zum Zuge zu kommen. Dann kam die FBI-Nachforschung in den späten 80ern und was bis dorthin als ganz normaler Standard galt, wurde plötzlich als potenzielles Verbrechen angesehen. Die Händler schauten über ihre Schultern, um zu sehen, was vor sich ging und wer einem zusah. Sie haben jeden Umsatz, der gemacht wurde, in Frage gestellt, jedes Eck wurde durchstöbert, jede Regel gebeugt oder gebrochen.

Die FBI-Nachforschungen erschütterten die Grundfeste des Handelns der Chicagoer Börsen. Die Zeitungen waren voll von vorausgesagten Razzien bei Brokern. Wegen illegaler Handelspraktiken angeklagt, sahen sich Händler mit dem potenziellen Verlust ihrer Existenz, ihrer Häuser und ihres Besitzes konfrontiert.

Im Geschäftsleben gibt es immer einige wenige üble Exemplare, die durch Habgier getrieben werden. Sie haben erkannt, dass in den meisten Berufen 90 Prozent der Gewinne durch 10 Prozent der Mitarbeiter gemacht werden. Sie versuchen, zu diesen 10 Prozent zu gelangen, gewissenlose Spieler lassen es darauf ankommen, oder sie beugen das Recht gänzlich. Beim Handeln kann das ein im Voraus abgesprochener Umsatz oder das Offenlegen einer Stopp-Order sein, um einem freundlich gesonnenen Händler einen Tipp zu geben. Diese Typen werden stets durch ihre eigene Praxis ertappt, entlarvt durch das Computeraufspürungssystem der Börse und vom Parkett verdammt. Die FBI Nachforschungen haben diesen Prozess nur beschleunigt.

Im Mittelpunkt der Nachforschungen waren vier verdeckte Ermittler des FBI, die als Börsenhändler auftraten. Sie begannen, wie der Rest von uns, als Laufburschen oder Büroangestellte zu arbeiten, um das Geschäft zu lernen. Sie arbeiteten sich hoch und kauften sich eine Börsenlizenz zum

Die Untersuchung

Handeln. Mit der Behauptung unrechtmäßig zu handeln, einschließlich Video- und Tonbandaufnehmen, machte das FBI seine erste Runde von „Hausbesuchen" bei einigen Händlern im Januar 1989. Da gab es Geschichten, bei denen Händler aus dem Bett geklingelt und vor ihren Frauen und in Hörweite der Kinder befragt wurden.

Insgesamt wurden 45 Händler und ein Verkäufer der beiden Chicagoer Börsen angeklagt. Ironischerweise war ich, trotz aller Gerüchte, die jahrelang über mich umgingen, nicht darunter. Mir wurde niemals eine Vorladung zugestellt und ich wurde auch nie verhört. Ich wusste, dass ich dem FBI in meiner Vergangenheit eine Angriffsfläche für Nachforschungen bot, und dass ich vom Börsenrechtsausschuss verfolgt wurde. Ich meine aber auch nicht, dass ich eine Pharisäerhaltung einnehme, wenn es ums Handeln geht. Unter strenger Auslegung des Gesetzes würde ich jeden Berufsangehörigen, einschließlich mir, herausfordern, wenn ich sagen würde, dass er niemals in einer Grauzone gearbeitet hat. Als das FBI ans Parkett kam, wurden plötzlich einige Vorgänge, die viele Händler als übliche Geste des guten Glaubens ansahen, als Zuwiderhandlung der Börsenregeln ausgelegt. Sie wurden des Telefon- und Postbetrugs angeklagt. Wenn Händler öfter als ein paar Mal diese Praktiken angewandt haben, wurde es als fortwährende kriminelle Handlung angesehen und es wurden Strafen gegen sie nach dem Gesetz gegen organisierte Kriminalität (RICO) verhängt.

Die Geschichten wie die Nachforschungen ihren Anfang nahmen, machten anschließend die Runde. Die Journalisten David Greising und Laurie Morse erklären in ihrem Buch *Broker, Raffgeier und Maulwürfe: Betrug und Korruption an der Chicagoer Börse,* wie der Vorstandsvorsitzende von Archer Daniels Midland Dwayne Andreas dem FBI half, seine Nachforschungen zu machen. Der Krösus im Agrargeschäft ADM sollte später mit seinen eigenen Rechtsproblemen konfrontiert werden und eine noch nie da gewesene Strafe von 100 Millionen $ Bußgeld in einem landesweiten Antitrust Fall bezahlen, und der stellvertretende Vorstandsvorsitzende von ADM, Michael Andreas, sollte unter denen sein, die zu einer Gefängnisstrafe verurteilt wurden. Aber Mitte der 80er Jahre stimmten Andreas und ADM zu, FBI Agenten zu helfen, dass sie an der Börse ausgebildet und fit gemacht würden.

„Andreas ständige Verärgerung über die Börse, seine ständige Vorstellung, dass das Börsenparkett ein manipulierter Markt sei, an dem nicht einmal ehrenwerte Börsenmitglieder faire Preise bekamen, veranlasste ihn zu Beschwerden bei der Regierung über die Marktbedingungen" schrieben

Kapitel 06

Greising und Morse. Ende 1984 trat die ADM an die Chicagoer Börsenaufsicht heran, die wiederum die Firma an das FBI verwies.

Im Nachhinein muss man sagen, dass das exklusive Leben der Händler mitten in der Gier der 80er Jahre zu dem Interesse des FBI am Warenterminhandel beigetragen hat. Wie mir berichtet wurde, zogen die Warenterminhändler in Chicago eine Menge Aufmerksamkeit auf sich. Sie waren immerhin mit die grellsten Typen in der Stadt. Einige der jungen Händler gaben ihr Geld aus für Dinge, die unerwünschte Aufmerksamkeit auf sich zogen, Glücksspiel inbegriffen. Als das FBI Tonbänder von Wettbüros der Stadt abhörte, erkannten sie, dass einige der großen Spieler Händler waren. In einigen der aufgezeichneten Unterhaltungen rühmten sich einige Händler damit, dass ihnen eine verlorene Wette nichts ausmacht, weil sie es am nächsten Tag wieder gutmachen könnten.

Ich glaube, dass diese Haltung mehr dummes Gerede war, als die Realität. Diese Händler, die in der Minderheit waren, handelten mit Buchmachern und wollten sich in dieser Halbwelt anpassen, indem sie sich gaben wie John Dillinger. In der Weißbrot essenden Gesellschaft fantasieren eine Menge Leute vom Aushecken des perfekten Verbrechens und sogar davon, dass sie vom verbrecherischen Lebensstil angetan sind. Sie empfinden eine Art von Lust, wenn sie Grenzen überschreiten und das Gesetz austricksen. Aber dann werden sie von der Realität wieder eingefangen und es ist gar nicht mehr lustig oder unterhaltsam. So ging es einigen Händlern, als sie ihre Anklageschrift erhielten und die Möglichkeit, alles zu verlieren. Es war kein Scherz mehr. Die Konsequenzen ihres dummen Geschwätzes und ihres Handelns wurden bittere Realität.

Die FBI-Nachforschungen kamen ganz überraschend für die Händler, obwohl im Nachhinein einige sagen, dass es Gerüchte über FBI-Agenten am Parkett gegeben habe. Ich wurde vor den Nachforschungen von einer freundlich gesonnenen Quelle gewarnt, etwa sechs Monate, bevor die Geschichte in die Schlagzeilen kam. Die Quelle rief mich Mitte 88 an und schlug mir vor, dass wir zusammen Mittagessen sollten. Ich habe im Laufe der Jahre so vielen Menschen geholfen und niemals um eine Gegenleistung gebeten, dass mir plötzlich jemand versucht hat, eine Dankbarkeitsgeste zu erweisen. In diesem Fall kam der Dank als Warnung. Er erzählte mir, dass er gehört habe, dass das FBI mich wegen meines Vaters beobachte. Dann sagte er mir noch etwas anderes: Es gab eine Nachforschung am Parkett und ich war das Ziel dafür.

Ich hielt den Mund, was die Quelle mir erzählte, bis die Geschichte in den Zeitungen stand. Ich wusste seine Warnung zu schätzen, aber ich wusste nicht, ob sie wahr war oder nicht. Es gab all die Jahre immer Warnungen und Spekulationen, dass das FBI eines Tages am Parkett sein würde. Ich habe den Tipp als „bellenden Hund" all die Jahre nicht allzu ernst genommen.

Die Beobachtung des FBI löste bei mir als erste Reaktion Erstaunen und später Angst aus. Meine Kontoauszüge wurden vom Finanzamt 1984 eingezogen, nicht zum Nachprüfen der Steuern, sondern zum Überprüfen, welche Gelder über mein Konto liefen. 1985 machte das FBI den inoffiziellen Besuch bei Salomon Brothers. Jetzt schauten sie wieder nach mir und versuchten eine Verbindung zwischen mir und der organisierten Kriminalität zu finden. Ich kann dir sagen, wenn das passiert, wirst du nervös. Niemand hat gerne Nachforschungen vom Finanzamt, dem FBI oder sonst jemanden.

Zwei Jahre, nachdem die Nachforschungen ans Licht kamen, war das Parkett gespannt, wem die Anklagen zugestellt werden würden. Leute, die sich ein Leben lang kannten, würden nicht mehr miteinander reden. Jeder fürchtete, der andere hätte zugestimmt, zu Gunsten des Staates auszusagen. Die Händler liefen wie Geister herum, ihr Körper am Parkett, aber ihre Gedanken waren woanders. Das Parkett glich einem Bienenschwarm von Misstrauen. Du konntest zwei Leute die Straße runter laufen sehen, die Hände vor den Mund haltend, damit niemand ihre Unterhaltung hören konnte. Anrufe wurden nur von Münzfernsprechern abseits der Börse getätigt. Es sah aus wie eine Szene eines Martin-Scorcese-Films, nur dass die Schauspieler im wahren Leben ein tolles ethnischen Gemisch bildeten und nicht nur Vokale am Ende ihres Namens hatten.

Als die Anklagen zugestellt wurden und die Nachforschungen sich ausweiteten, hatten einige, von denen niemand dachte, dass sie in die Knie gehen würden, sofort die Aufmerksamkeit des Staates erweckt. Andere, denen ich zugetraut hätte, dass sie dem Druck standgehalten hätten, wurden angeklagt und verurteilt. Manchmal wundert man sich, wie sich die menschliche Natur unter Zwang verhält.

Eines Tages, als ein Händler mit einem neuen Händlerabzeichen ins Parkett marschierte, wollten wir ihm ein drittes Diplom verleihen. „Wie heißt du? Wo kommst du her? Wer bist du?" und dann haben wir ihn aus Spaß gefilzt. Ich nenne das „Spaß treiben im Quadrat" was so viel heißt, wie einem quadratisch aussehenden Burschen die Zeit mit gutartigen Scherzen schwer zu machen. Aber bei all unseren Witzen war auch ein

Quäntchen Ernst. Du konntest nicht zu sicher sein, wer der Andere war oder was er vorhatte.

Für viele Händler war die FBI-Untersuchung auch das Ende der guten Zeiten. Die Händler arbeiteten hart und spielten viel und sammelten dabei eine Menge Luxus und „Spielzeug" an. Wenn New York in den 80ern seine hochfliegenden Wall Streeter hatte, dann hatte Chicago eben seine grellen Händler. Diejenigen, die ihre Nasen in den Rest der Welt gesteckt hatten, vom Auto mit getöntem Glas oder der Windschutzscheibe eines Ferraris, fühlten plötzlich die Scheinwerfer der Kameras auf sich gerichtet. Sie spielten ihren Lebensstil herunter, ließen ihren Rolls Royce oder ihren Mercedes zu Hause und fuhren mit Blazer mit dem Omnibus zur Arbeit.

Ihre Nerven waren gereizt, nicht nur aus Angst, was passieren könnte, sondern auch wegen ihrer eigenen Unsicherheit, was sie tun sollten. Du konntest aus ihren Gesichtern die Qual herauslesen, dass sie nicht wussten, was sie sagen sollten, wenn sie vom FBI verhört werden würden. Würden sie als Kronzeugen auftreten, um ihre eigene Haut zu retten, aber einen guten Freund dabei zu opfern. Würde sie ein guter Freund ans Messer liefern? Hatten sie irgendetwas mit irgendjemandem gemacht, dem im Nachhinein wirklich nicht getraut werden konnte? Sie quasselten, was sie tun sollten und tun wollten. Das war in der „Ich-Phase" in den 80ern, als jeder zur Nummer eins aufschaute und die Treue nicht länger hielt, als das Schnippen mit den Fingern. In dieser Atmosphäre des Misstrauens und der Unsicherheit sah ich eine Menge Händler hinten runter fallen, ihr Leben ruiniert, und ich sah lang anhaltende Freundschaften in die Brüche gehen.

Ich meinerseits schlief nachts noch immer gut. Es war nicht so, dass ich so ein starker Kerl war, der das FBI einfach so auf sich nehmen konnte. Meine Ruhe kam davon, dass ich wusste, was ich bei einer Vorladung aussagen würde. Ich würde die Fragen unter Beratung eines Anwaltes beantworten, aber ich würde niemals einen Freund oder Kollegen verraten. Zu dem Weg, den ich wählte, gab es keine Alternative. Ich könnte niemals eine „Ratte" sein und jemand anderes verraten. Das war das Ehrverständnis, das mein Vater mir mit auf den Weg gab.

Obwohl ich niemals eine Vorladung erhalten habe, ergriff ich eine Vorsichtsmaßnahme, als die Untersuchungen in die Schlagzeilen gelangten. Ich weihte Tom Sullivan, einen früheren Justizminister, der jetzt im Ruhestand in der Kanzlei von Jenner und Block arbeitete, ein. Es war eine Art Versicherungspolice für mich, weil niemand wusste, wer als nächstes vom FBI verhört werden würde.

Händler, die vor Verhören standen, kamen manchmal wegen meines Hintergrundes und meiner Erfahrung zu mir und baten mich um Rat. Einige wollten über die Untersuchungen noch nicht einmal reden, weil sie Angst hatten, es würde ihnen als Absprache ausgelegt. Aber wenn die Menschen im Zweifel sind, suchen sie den Rat von jemandem, der stark ist. Mein Rat war immer, einen Anwalt zu nehmen und auf seinen Ratschlag zu hören. In zwei Fällen habe ich förmlich zwei Devisenhändler, die ich schon seit der Schulzeit kannte, zum Anwalt geschleppt. Sie waren zu nervös, um alleine dorthin zu gehen.

Eines Tages führte mich der Weg zu einem Strafverteidiger namens Thomas Durkin, der mindestens einen der Händler vertrat, der in die Nachforschungen verwickelt war. Als ich ihm vorgestellt wurde, sagte er: „Ich wollte Sie schon immer mal treffen."

„Warum?" fragte ich ein bisschen misstrauisch.

„Während dieser Nachforschung habe ich niemands Name so oft gehört wie Ihren," lachte Durkin. „und Sie wurden niemals vorgeladen."

Mir wurde erklärt, dass mein Name in den FBI-Nachforschungsberichten auftaucht, die als Formular 302s bekannt waren. Beim Verhör fragten die FBI-Agenten, wie lange sie schon an der Börse waren und was sie schon alles gehandelt haben. Wenn sie dabei erfuhren, dass ein Händler jemals am S&P-Parkett war, drehten sich die Fragen sofort um mich und einige andere große Spieler. Die Antwort, wurde mir erzählt, sei üblicherweise, dass ich der größte Spieler am S&P-Parkett sei. Was immer sie dem FBI berichteten, ich hörte nie wieder etwas davon. Ich wurde im Zusammenhang mit den Nachforschungen niemals vernommen.

Aber ich erfuhr, dass ich die Aufmerksamkeit des FBI auf mich zog, da ich so ein großer Spieler am S&P-Parkett war und weil ich zu der Zeit Anteile einer Brokergruppe besaß, die als Associated Brokerage Services Company, oder ABS Partner, bekannt war. ABS wurde Mitte der 80er von Maury Kravitz und einem anderen Händler namens Jimmy Kaulentis gegründet. Obwohl Maury und Jimmy seit Jahren Rivalen waren, vereinten sie ihre Kräfte zum Start dessen, was vielleicht eine der stärksten Brokergruppen an der Chicagoer Börse werden sollte.

Als ich zuerst mit dem Handeln begann, bildeten Broker oftmals Partnerschaften durch Handschlag, indem sie sich selbst Hilfe beim Ausfüllen von Kundenaufträgen und dem Aufteilen von Gebühren zusagten. Später wurden diese Partnerschaften formalisiert als Brokergruppen, die quer übers Parkett verteilt waren. Unabhängige versuchten, diese Entwicklung dadurch zu hemmen, indem sie für eine neue Regel eintraten, die plötzlich ein Vorwand zum Tarnen von Brokergruppen wurde. Die Regel besagte, wenn ein Mitglied einer Brokergruppe nicht die finanziellen Mittel zum Ausgleich von Irrtümern und Schieflagen hatte, musste ein anderes Mitglied der Gruppe dafür einspringen. Nach dem Crash von 1987, als so viele Broker wegen Irrtümern den Bach runtergingen, gaben Brokergruppen den großen Kunden Garantien ab. Es dauerte nicht lange und die Institutionellen wollten lieber mit Brokergruppen, als mit Unabhängigen handeln.

ABS war das WHO ist WHO der Futureshändler – einschließlich Jack Sandner, Maury Kravitz, Jimmy Kaulentis, einem Broker namens Michael Christ und Mike Gettes, der Teilhaber von RB&H Financial war, einem Clearinghaus. Das war eine mächtige Verbindung von politischer Einflussnahme, Finanzkraft und geschäftlichem Scharfsinn, die ABS zu einer starken Adresse am Parkett machte.

ABS war in der Lage, Kundenaufträge quer übers Parkett zu akquirieren. Als Gegenleistung für einen Kundenzuführungsvertrag zu den ABS-Brokerdiensten wurden die Gebühren ganz ordentlich unter die üblichen 2,– $ pro Kontrakt gesenkt. Da Brokergruppen ein gutes Geschäft waren, wurden sie von einigen als unfaire Vorteilnahme wegen ihrer Größe und ihres Ausmaßes angesehen.

Die Aufmerksamkeit des FBI wurde auf die ABS gezogen, nachdem einer der Inhaber und zwei der Broker angeschuldigt wurden, angeblich Bargeld im Gegenzug von Umsätzen mit FBI-Agenten, die als Händler agierten, akzeptiert zu haben. Vielleicht waren ABS-Broker dabei, so die Theorie, eine große Menge Bargeld zu beschaffen, die jeden Monat in einem Zählraum von Las Vegas ausbezahlt werden sollte. Für die zwei Jahre, in denen ich Teilhaber von ABS war, kann ich versichern, gab es keine Geldbündel.

Wegen meiner Verbindung mit ABS und der Tatsache, dass ich einer der Hauptspieler war, versuchte das FBI, mich am S&P-Parkett in die Enge zu treiben. Aber die anderen Althändler und ich standen am selben Platz schon seit Jahren. Der Platz war unser Gebiet, unser Flecken, den wir verteidigten. Wenn du deinen Platz am Parkett aufschlägst, kann keiner einfach so kommen und ihn dir abnehmen. Das ist das, was ich einem neuen Händler eines Tages erklärt habe.

Der Vorfall geschah in 1987 vor dem Crash, und lange bevor ich oder irgendjemand anderes einen Verdacht von den FBI-Nachforschungen am

Parkett hatte. Als ich eines Morgens zum Parkett kam, fand ich einen neuen Händler auf meinem Platz stehen.

„Du kannst da nicht stehen", sagte ich zu ihm.

„Warum?" fragte der Kerl.

„Weil die Leute, die hier stehen, an diesem Platz schon seit Jahren sind. Das ist unser Platz. Da kannst du nicht stehen".

Joni Weber, die über Jahre meine Verkäuferin und Assistentin am Parkett war, erzählte mir, dass ich mich an diesem Tag zu ihr drehte und sagte: „dieser Kerl sieht aus wie ein FBI Agent."

Um ehrlich zu sein, kann ich mich nicht daran erinnern, dass ich das gesagt habe. Aber ich erinnere mich, dass dieser neue örtliche Spezialist nicht wieder versucht hat, uns unseren Platz streitig zu machen. Nachdem die Nachforschungen die Schlagzeilen beherrschten, fand ich heraus, dass dieser Kerl einer der Agenten war. Später las ich mit Vergnügen, dass die FBI-Agenten versuchten am S&P-Parkett zu handeln, aber die Action war ihnen zu schnell und zu wild. In dem Buch *Broker, Raffgeier und Maulwürfe: Betrug und Korruption an der Chicagoer Börse* erklären die Autoren, dass die FBI-Agenten an der Börse fünf Monate vor dem Crash am S&P-Parkett angefangen haben. Am Schwarzen Montag waren sie genauso geschockt wie jeder andere auch und haben echte Verluste einstecken müssen. Nachdem sie sich vom Parkett für eine Weile zurückgezogen haben, kamen sie zurück, haben aber das S&P-Parkett gemieden. Sie steuerten zur Devisenbörse, wo es ein bisschen ruhiger zuging.

Es wurden noch andere Geschichten über mich verbreitet, was sich während der Nachforschungen herausstellte. Einer, von dem ich wusste, dass er angeklagt wurde, erzählte mir, dass einige Händler, die mit dem FBI zusammenarbeiteten, nicht gegen einen bestimmten Händler aussagen wollten, weil er vermutlich „Mafia-Verbindungen" hätte. Diese nachgesagte Mafia-Verbindung war wohl ich. Ich hörte mit Vergnügen, wie ich Misstrauen erregt habe, als ich häufig diesen Händler – den ich kannte, seit ich 14 Jahre alt war – mit einer Umarmung und einem Kuss gegrüßt habe. Dass sich zwei Männer so begrüßen, wie es Brauch in der Alten Welt ist, mit dem ich aufgewachsen bin, bewies, dass wir „in der Mafia" waren, erzählten manche Händler dem FBI.

Ich vermute, es ist ein Risiko, den Leuten zu erzählen, dass das FBI dich beobachtet. Einige denken, dass es vielleicht etwas gibt, das das FBI finden könnte. Aber die Wahrheit ist, dass ich so genau beäugt wurde, hatte zwei Gründe: mein Vater und mein rascher Aufstieg als erfolgreicher Händler.

Und wenn du es genau betrachtest, wenn du ein junger Italoamerikaner bist, zwei nette Häuser, ausgefallene Autos und ein eigenes Flugzeug hast, dann passt du gut in ein bestimmtes Raster – welches jedoch mehr ein Vorurteil als sonst etwas war. Aus ihrer Sicht musste ich einige sprichwörtliche „Paten" haben, die mir halfen.

Ich habe auch eine ganze Menge Eifersucht am Parkett auf mich gezogen, nicht nur wegen meines Erfolges, sondern auch wegen der Verbindung mit zwei der mächtigsten Akteure der Börse, Maury und Jack. Wir hatten mehr als genug Feinde am Parkett. In meinen jüngeren Tagen – als mir ein bestimmtes Taktgefühl abging – hätte man mich auch als abhängig von Maury und Jack sehen können. Aber Maury nahm mich in Schutz, nicht nur wegen meiner Fähigkeiten, sondern auch aus Loyalität meiner Mutter gegenüber, die seine Anwaltssekretärin war. Jack, der im benachteiligten Süden aufwuchs, bevor er sich durch ein Boxstipendium an der Universität Notre Dame auszeichnete, erkannte einen Gleichgesinnten in mir. Jack zeichnete sich ebenfalls durch Loyalität meiner Mutter gegenüber aus, die seine juristischen Schriftsätze umsonst schrieb, als er noch ein junger Anwalt war.

Neben der Aufmerksamkeit, die ich auf mich zog, befragte mich das FBI kein einziges Mal im Zusammenhang mit den Nachforschungen. Aber sie haben mich aus anderen Gründen kontaktiert. Ich wohnte in einer eingezäunten Siedlung in der Nähe von Hinsdale, einer alten Vorstadt von Chicago, als ich hörte, dass das FBI mir einen Besuch abstatten wollte. Als ich eines Morgens mit meinem Auto wegfahren wollte, bemerkte ich, dass die junge Dame an der Sicherheitsschranke nicht so höflich wie sonst war. Sie schaute ängstlich und gereizt. „Das FBI war hier, um nach Ihnen zu suchen", sagte sie mir.

„Sie waren wirklich da, wow?" fragte ich beiläufig und blickte in meinen Rückspiegel.

„Ja, aber ich ließ sie nicht herein."

„Sind Sie sicher, dass sie nach mir gesucht haben und nicht nach jemand anderes?" Ich wusste, dass ein früherer Chicagoer Parteivorsitzender, gegen den wegen Korruption ermittelt wurde, in unsere Siedlung gezogen ist.

„Nein, heute haben sie nach Ihnen gesucht. Sie sagten, ich solle sie herein lassen, dass sie sehen konnten, wo Sie wohnten. Aber ich habe meine Zwischenprüfung in Recht am College gemacht. Ich wusste, dass ich sie fragen musste, ob sie eine Vorladung hätten. Sie hatten keine und so habe ich sie nicht hereingelassen."

„Das ist gut für Sie," sagte ich zu der Sicherheitsschrankenwärterin. Ich dankte ihr wieder und fuhr weg.

Am nächsten Tag, als ich auf der Autobahn fuhr und mit meinem Autotelefon telefonierte, bemerkte ich einen alten Chevrolet in meinem Rückspiegel. Als ich wieder aufblickte, sah ich, dass der Fahrer etwas in der Hand hielt, was wie ein Haarfön mit einem kegelförmigen Ende aussah. Als er sah, dass ich ihn beobachtete, drehte er seine Hand. Ich fuhr langsam auf die rechte Spur. Der alte Chevrolet fuhr langsam an mir vorbei. Ich notierte die Autonummer. Ich hatte die Möglichkeit herauszufinden, wem der Wagen gehörte. Ich war nicht verwundert zu hören, dass es ein FBI-Auto war, was mein Misstrauen nur bestätigte. Das FBI beschattete mich und der Haarföhn war wahrscheinlich ein Langstreckenmikrofon, um mein Telefongespräch abzuhören.

Zwei oder drei Tage später fuhr ich zur Arbeit, als ich von einem Auto ohne Nummernschild überholt wurde. Es war eine typische Limousine mit einem kleinen „roten Licht" am Armaturenbrett. Die Typen, die aus dem Auto kamen, schauten wie typische FBI-Agenten aus.

„Wir sind vom Federal Bureau of Investigation", sagten sie mir ganz offiziell.

„Wirklich? Bin ich zu schnell gefahren?" fragte ich sie und stieg aus meinem Auto aus.

„Nein, Sie sind nicht zu schnell gefahren", antwortete einer der Beamten, ein wenig verärgert wegen meiner offensichtlich blöden Frage.

„Haben Sie einen Durchsuchungsbefehl?" fragte ich ruhig.

„Nein."

„Eine Vorladung?"

„Nein."

„Nun dann ..." Ich blätterte in meiner Brieftasche, um die Visitenkarte von Tom Sullivan von Jenner und Block zu finden. „Hier ist der Name meines Anwaltes und seine Telefonnummer. Rufen Sie ihn an und vereinbaren einen Termin. Es würde mich freuen, mit Ihnen zu plaudern."

„Sie brauchen Ihren Anwalt nicht."

„Ich möchte, dass mein Anwalt dabei ist," sagte ich mit Nachdruck. Ich wusste, wie das alles funktionierte, denn ein Anwalt hatte es mir erklärt. FBI-Agenten befragen die Leute immer paarweise, denn das ermöglicht einem Beamten, den anderen zu bekräftigen. Wenn eine Aussage einmal beim FBI gemacht ist, kannst du dir nur noch widersprechen, was ein grundlegender Fehler ist, wenn du dir künftig noch einmal widersprichst.

Kapitel 06

Während ein Verdächtiger seine Rechte beim Verhaften verlesen bekommt, bevorzugt es das FBI bei einfachen Befragungen, dass kein Anwalt dabei ist. So können sie Fragen stellen, die ein Anwalt eventuell als indiskutabel zurückweist. Die meisten Menschen neigen dazu, zu viel zu sagen, indem sie hoffen, einen Zweifel auszuräumen oder vom Misstrauen abzulenken.

„Wir möchten uns mit Ihnen unterhalten" sagten die FBI-Agenten. „Es geht um einige Ihrer Freunde."

„Rufen Sie meinen Anwalt an" wiederholte ich. „Machen Sie einen Termin aus. Ich rede über was immer Sie reden möchten." Ich wollte nicht zu hart sein, aber ich wollte in einer geordneten Umgebung mit einem Anwalt an meiner Seite mit dem FBI reden.

Einer der FBI-Agenten lehnte sich zu mir vor: „Das hat nichts mit dem Börsenhandel zu tun" sagte er mir.

Die FBI-Agenten zeigten auf die Namen von zwölf angeblichen Gangstern, die gerade angeklagt wurden. „Wir möchten uns über diese Freunde von Ihnen unterhalten."

„Meine Freunde!" erwiderte ich schlagfertig. „Hören Sie zu, Sie wissen, dass ich einige dieser Namen wegen meines Vaters kenne. Aber wenn Sie tatsächlich all die Jahre organisiere Kriminalität untersucht haben, dann wissen Sie, dass ich nichts mit denen zu tun habe."

Die Agenten unterbrachen für einen Moment das Gespräch, in dem sie nichts sagten. Dann sprach einer von ihnen aus, was sie wahrscheinlich dachten, dass es eine Versuchung für mich sei, mit ihnen zusammen zu arbeiten. „Möchten Sie wissen, warum Ihr Vater ermordet wurde?" fragte er.

„Bringt ihn das zurück?" fragte ich.

„Nein" antwortete der Agent.

„Dann möchte ich es nicht wissen". Ich stieg in mein Auto und fuhr davon. Das FBI rief niemals meinen Anwalt an oder nahm mit mir Kontakt auf.

Wenn gegen dich ermittelt wird, dann ist das eine sehr abschreckende Erfahrung. Aber ich hatte einige Erfahrungen im Leben gehabt, die mich meine verfassungsmäßigen Rechte lehrten und ich wusste, wie ich sie anwenden musste. Wenn die Polizei einen Verdächtigen verhört, dann haben sie in neun von zehn Fällen diese Person schon vorverurteilt. Sie wollen nur wissen, ob sie es beweisen können und vor Gericht bringen. Ich habe mich immer an die weisen Worte meines Vaters erinnert: Das FBI stellt dir niemals eine Frage, von der sie nicht glauben, sie selbst beantworten zu können. Seit ich neun Jahre alt war, habe ich gesehen, dass du, wenn du Ziel von Nachforschungen bist, nicht einfach versuchen kannst, etwas für ungeschehen zu erklären. In einigen Fällen, in denen du angeklagt bist, kannst du deine Unschuld durch Zeugen beweisen. Aber wenn du fälschlicherweise angeklagt bist und zu Unrecht verurteilt wirst, dann ist es am schwierigsten, dich selbst zu verteidigen.

Das sind schwierige Erfahrungen, die du im Leben machst, besonders in der Jugend. Aber ich musste mich damit kurz nach dem Tod meines Vaters im Mai 1979 herumschlagen. Ich wurde mit einer schwierigen Situation konfrontiert. Es gab Fragen, die beantwortet werden mussten, und Sachen, die warten konnten. Auf der einen Seite waren die Kerle, die für den Tod meines Vaters verantwortlich waren. Sie wussten, wie nahe wir uns waren und wie Papa seine Söhne erzogen hatte. Deshalb war es für mich keine Überraschung zu erfahren, dass einige dachten, Joey und ich würden versuchen, unseren Vater zu rächen.

Auf der anderen Seite war das FBI, das wissen wollte, ob und was wir über Papas Tod wussten. Zwei FBI-Agenten erschienen an unserer Türe noch vor Papas Beerdigung.

„Wir haben Ihnen nichts zu berichten", sagte ich ihnen und ließ sie nicht über die Matte an der Eingangstüre.

„Wir möchten Ihnen nur ein paar Fragen stellen", fragten sie mit Nachdruck.

„Ich sagte Ihnen, ich habe nichts zu sagen"; schloss ich die Türe und drehte den Schlüssel herum, wohl wissend, dass ich nicht das letzte Wort von ihnen gehört hatte.

Ich fühlte mich so zornig und verletzt nach dem Tod meines Vaters und ich brauchte dringend jemanden, mit dem ich mich unterhalten konnte, um das zu verarbeiten, was passiert war. Ich hatte diese Gelegenheit, als einer der Freunde meines Vaters kam, um uns zu sehen, ein Mann, von dem Papa sagte, ich könne ihm trauen, was immer da komme. Er liebte Papa wie einen Vater, und es gab nichts, was er nicht für uns getan hätte, und ich wusste in meinem Innersten, dass ich ihm trauen könnte. Er verbürge sich selbst für Joey und mich in dem Kreis der Männer, die er und Papa kannten. Er gab sein Wort, dass mein Bruder und ich keine Rache ausüben würden. Dieser Mann fühlte sich für uns verantwortlich. Bei dem Vorgang meines Verarbeitens half er mir, meine persönlichen Schwierigkeiten zu überwinden.

Du siehst, mein Vater wäre niemals um Rat gefragt worden, wenn ein

Mitglied seiner Familie verletzt worden wäre. Er war eine Ein-Mann-Armee und er hätte auf sich selbst aufgepasst. Aber was hätte ich, als 22-jähriger und gerade vom College Gekommener, tun sollen? Und was noch wichtiger ist, was war das Richtige für meine Mutter, meinen Bruder und mich selbst?

Der Freund meines Vaters saß mir gegenüber am Küchentisch, die eine Hand über der anderen gefaltet. Ich suchte bei ihm Strenge und Haltung, aber es war klar, dass er durch Papas Tod tief getroffen war. Er war für mich da und gab mir den Rat, der von Herzen kam und seiner Erfahrung entsprang. „Lewis" begann er, „das Leben deines Vaters war *sein* Leben. Ich weiß, dass es schwer für dich zu verstehen ist, dass das, was deinem Vater passiert ist, nichts besonderes war. Es ist auch für mich hart, das einzusehen. Aber wir können es nicht ändern. Was dein Vater für dich und deinen Bruder wollte, war etwas ganz anderes. Wir haben jetzt unser eigenes Leben. Wir müssen das hinter uns bringen."

In meinem Kopf hörte ich das Echo von dem, was mir mein Vater unzählige Male gesagt hatte: *Ich mache, was ich mache, aber du musst es nicht machen.*

Ich wusste, was mir der Freund meines Vaters erzählte. Abgesehen von der Wut, die in mir aufstieg, musste ich weiterleben. „Lewis, wenn wir wüssten, wer das deinem Vater angetan hat, würde ich dir helfen", sagte er. „Aber wegen der Beziehung zu deinem Vater werde ich das niemals erfahren. Und es ist etwas, was du niemals erfahren wirst. Was werden wir jemals dagegen tun können?"

„Nein" sagte ich, aber innerlich wollte ich „ja" aus meinem Schmerz und Ärger heraus sagen. „Ich kann es nur nicht glauben, dass sie ihm das angetan haben. Ich kann es nicht glauben, dass Papa so endete." Mein Vater schien mir immer unverwundbar zu sein. Plötzlich fühlte ich mich das erste Mal in meinem Leben, verletzlich zu sein.

„Lewis", wiederholte der Freund meines Vaters, „geh davon ab. Das ist eine Schlacht, die du niemals gewinnen kannst."

Er konnte aus meinem Gesicht ablesen, dass ich immer noch von Zweifeln getrieben war. „Lewis" fügte er hinzu, „was ist wichtiger, was wir daraus machen oder was bereits passiert ist?"

Ich wusste, dass er die Wahrheit sagte. Das Hauptanliegen meines Vaters war sein Leben lang die Zukunft seiner Söhne. An diesem Tag schloss ich die Tür zu dem früheren Leben meines Vaters zu und verschloss sie für immer. Dann war es Zeit, um meinen Vater zu beerdigen.

Die Untersuchung

Hunderte von Menschen kamen am Tag der Beisetzung, um ihm ihren Respekt zu zollen. Es waren Menschen, deren Gesicht mir äußerst vertraut war und andere, die ich niemals zuvor gesehen hatte. Sie kamen im Stillen und flüsterten „ich sollte nicht hier sein, aber ich gebe nichts drauf. Ich bin wegen Tony hier." Sie waren in Sorge, das war mir klar, dass das FBI ein Auge darauf werfen würde, wer alles bei der Trauerfeier war.

Während die Trauerreden gehalten wurden, sah ich meine Freunde, die Freunde meines Bruders und meine alten Kollegen vom Footballteam am Gymnasium, die in großer Zahl vertreten waren. Sogar Leute, mit denen mein Vater vor 30 Jahren Football gespielt hatte, kamen zur Beerdigung. Es kamen so viele Leute, dass der Bestattungsdirektor jeden verfügbaren Raum öffnen musste.

Eine junge Frau näherte sich dem Sarg ganz langsam. Sie ging an Krücken und hatte Stützen an ihren Beinen, die durch Kinderlähmung verdreht waren. „Mein Name ist Patty", sagte sie mir. „Ihr Vater war ein prächtiger Kerl. Er gab mir Arbeit als ich arbeitslos war."

„Wirklich?" fragte ich, als ich diese Frau das erste Mal traf.

„Ja. Er zahlte mir 500,–$ die Woche, um mit einem Sprechfunkgerät im Auto zu sitzen." Sie lächelte mich scheu an: „Ich stand Schmiere bei dem Scheißspiel, das er führte."

300 Menschen nahmen an dem Gottesdienst am Tag von Papas Beerdigung teil. Pfarrer Phil, unser Ortsgeistlicher, lobte ihn. Er kam oftmals zu einem Schwätzchen bei Papa vorbei. Papa schickte normalerweise die Kinder mit etwas Geld in der Tasche und dem Busgeld zu ihren Eltern zurück. Pfarrer Phil vergaß niemals, was Papa Gutes tat.

Ich hatte keine Träne für Papa an diesem Tag. So sehr ich in den Nebenraum wollte, um meine Augen auszuweinen, so sehr wollte ich mich meiner Familie stark zeigen. Der einzigen Person, der ich an diesem Tag Unnachgiebigkeit zeigte, war Joey.

Jedes Mal, wenn sich unsere Blicke kreuzten, versicherten wir uns selbst, dass wir immer füreinander da seien.

Alle um mich herum waren schwer ergriffen. Meine Mutter, mit den Beruhigungsmitteln, die ihr der Arzt verschrieb, war kaum bei Sinnen. Eine meiner Tanten wurde während des Gottesdienstes ohnmächtig. Ich wusste, dass wir Abstand gewinnen mussten. Nach der Beerdigung fuhren meine Mutter, mein Bruder und ich zehn Tage nach Florida, um bei der Familie eines Gymnasiumsfreundes zu wohnen. Aber als wir zurückkamen, musste ich dem FBI Rede und Antwort stehen.

Kapitel 06

Ich wurde vorgeladen, um vor der Großen Jury auszusagen. Das FBI wollte wissen, was mir mein Vater über sein Leben erzählt hatte und was ich über seinen Tod wissen könnte. Bis auf den heutigen Tag weiß ich nicht, wer meinen Vater umgebracht hat und ich kann nur über die möglichen Gründe für seinen Tod raten.

Obwohl der Freund meines Vaters für meinen Bruder und mich gebürgt hatte, musste ich das richtige Signal senden, als ich von der Großen Jury verhört wurde. Deswegen nahm ich einen Anwalt, der den Ruf hatte, Mitglieder der organisierten Kriminalität verteidigt zu haben. Ich wusste keinerlei Einzelheiten über den Tod meines Vaters, noch hatte mein Vater mir jemals etwas erzählt, das mich belasten könnte. Aber ich sagte Sandy an diesem Tag, dass ich plante, was immer das FBI mich fragte, von meinem verfassungsmäßigen Recht der Aussageverweigerung wegen möglicher Selbstbeschuldigung Gebrauch zu machen. Ich sagte es ihm, dass das „bestimmte Leute" wissen sollten. Ich musste schließlich das schützen, was von meiner Familie übrig blieb.

Sandy begleitete mich zum FBI-Gebäude in Chicago, wo die Große Jury angesiedelt war, aber er konnte nicht mit in den Verhörraum. Das war nicht wie in einigen Fernsehkrimis. Es war kein Verfahren wie in einigen Kinofilmen, wo du gegen die Strafverfolger vorgehen kannst. Ich war ein 22-jähriger Junge, der verschreckt war, vor der Großen Jury auszusagen. Als ich durch die Tür der Großen Jury ging, sah ich der Realität entgegen.

„Könnten Sie bitte Ihren Namen angeben?" fragte mich der Staatsanwalt.

„Lewis J. Borsellino," antwortete ich. Ich achtete auf den Gerichtsreporter, der meinen Namen buchstabierte.

„Könnten Sie uns bitte Ihre Adresse sagen?"

„Auf Anraten meines Anwaltes mache ich von meinem Aussageverweigerungsrecht Gebrauch."

Der Staatsanwalt warf mir einen Seitenblick zu. „Sicherlich brauchen Sie sich keine Sorgen zu machen, wegen Ihrer Adresse beschuldigt zu werden."

„Mit allem Respekt mache ich von meinem Aussageverweigerungsrecht Gebrauch."

Er fragte mich, wer Tony Borsellino war. Er fragte mich, wer Florence Borsellino war. Aber ich habe noch nicht einmal die Namen meiner Eltern zugegeben. Seine Fragen wurden schärfer und sein Stil aggressiver. Er zeigte mir Bilder meines Vaters mit einigen Männern. Einige der Gesichter erkannte ich und einige nicht. Der Staatsanwalt fragte wiederholt, aber jedes Mal antwortete ich gleich: „Auf Anraten meines Anwaltes mache ich von meinem Aussageverweigerungsrecht Gebrauch."

„Wo ging Ihr Vater hin, in der Nacht, in der er ermordet wurde? Was sagte er ihnen in dieser Nacht?" forderte der Staatsanwalt eine Antwort.

Der Ankläger konnte mir erzählen was er wollte, er machte mich unbehaglich. Er versuchte ruhig zu erscheinen, aber war dennoch verärgert über meinen Zeugenstand, als ich ihm von meiner Entscheidung berichtete, dass ich von meinem Aussageverweigerungsrecht bei jeder Frage Gebrauch machte. Das ist, wie ich mich erinnere, was Sandy mir empfohlen hatte. Als ich eine Pause brauchte, konnte ich das Gericht darum bitten, einen Moment mit meinem Anwalt Rücksprache zu nehmen. Ich entschuldigte mich und verließ den Verhandlungsraum, um mit Sandy zu reden, der in der Halle wartete.

„Wie läuft es?" fragte mich Sandy.

„Der Staatsanwalt ist wirklich ein Stück Scheiße. Ich kam heraus, um ihn ein wenig zu ärgern." Natürlich war ich nervös, aber ich redete, als ob ich mich nicht einschüchtern lassen könnte.

Ich ging zurück in den Verhandlungsraum und wiederholte auf jede Frage, dass ich von meinem Aussageverweigerungsrecht Gebrauch machte. Mein Verhör vor der Großen Jury war vorbei. Aber der Staatsanwalt und ein FBI-Agent folgten Sandy und mir in den Aufzug, um eine letzte Frage zu stellen.

„Wenn Sie sich Sorgen um Ihre Sicherheit machen, dann können wir Sie schützen", sagten sie zu mir.

Ich schaute die beiden Männer an. „Ich mache mir um meine Sicherheit keine Sorgen."

„Es ist sicherlich Ihr Recht, die Aussage zu verweigern."

Ich wusste, was dieser Handel bedeutete, und das war meine größte Sorge. Wenn mir Immunität gewährt würde, wäre ich gezwungen, auszusagen. Wenn ich mich weigerte auszusagen, während ich Schutz beanspruchte, käme ich ins Gefängnis.

„Schutz?" wiederholte ich. „Wofür wollen Sie mir Schutz gewähren?"

„Lewis", unterbrach mich Sandy, „Sie müssen nichts sagen."

„Es ist in Ordnung", sagte ich zu meinem Anwalt. „Ich habe etwas, was ich ihnen sagen möchte." Ich schaute zu dem Staatsanwalt und dem FBI-Agenten. „Sehen Sie, mein Vater war im Gefängnis, seit ich in der vierten Klasse war, bis fast zum Abitur. Zwei Jahre, nachdem er nach Hause kam, ging ich ins College. Er wurde zwei Tage, nachdem ich meine Collegegraduierung überreicht bekam, gekillt. Was meinen Sie, wie viel ich von seinem Leben weiß?" Es gibt da nichts, was ich Ihnen sagen könnte, was Ihnen helfen würde. Warum lassen Sie nicht einfach mich, meinen Bruder und meine Mutter in Ruhe und lassen uns unser Leben führen?"

Der Aufzug öffnete sich und Sandy und ich gingen heim. Als sich die Türen schlossen, war es das letzte Mal, dass ich vom FBI wegen des Mörders an meinem Vater behelligt wurde. Aber es sollte nicht mein letztes Scharmützel mit ihnen gewesen sein.

Zurückblickend vermute ich, dass ich mein Privatleben anders hätte gestalten können, um das Scheinwerferlicht, das mich über Jahre anstrahlte, zu vermeiden. Ich hätte keinen Porsche und keinen Mercedes fahren müssen, aber ich tat es trotzdem. Vielleicht war ich in meinen jungen Tagen zu gutgläubig, hing in Kabaretts herum und hatte mit den jungen Darstellern vielleicht zu engen Kontakt und trank vielleicht auch manchmal mit einem „Weisen Kerl", der auf der falschen Seite des Gesetzes stand. Vielleicht hätte ich auch die Einladung zu einer Italoamerikanischen Hochzeit ablehnen sollen, wenn ich den Eindruck hatte, dass einige Gäste vielleicht Verbindung zu meinem Vater hatten. Der Handschlag am Eingang – während du von misstrauischen Augen beobachtet wirst – hat vielleicht Zweifel an mir aufkommen lassen.

Aber mein Vater und seine Kumpane waren sehr stark verbrüdert in ihrer eigenen Art von Loyalität. Manchmal in einem gesellschaftlichen Rahmen, wie etwa bei einer Hochzeit, werde ich von jemandem angesprochen. Er schüttelt mir die Hand und sagte mir: „Ich kannte Ihren Vater seit Jahren. Er war ein großartiger Mensch:" Oder anders sagte er auch, dass sie zusammen „im College" gewesen sind. Dann höre ich Geschichten über Papa aus alten Zeiten. Er schaut mich dann an und sagt: „Und du bist Tonys Sohn ...:" Wenn ich dann das Grinsen im Gesicht des Mannes sehe, kann ich mir vorstellen, dass mein Vater ganz schön stolz auf Joey und mich wäre. Es bedeutet so viel, von diesen Männern zu hören, die Papa über Jahre gekannt haben, und so gut von dem zu reden, was Joey und ich erreicht haben. Einige von ihnen waren Freunde meiner Eltern seit der Kindheit. Und ich liebe es, Geschichten über meinen Vater zu hören. In diesen Momenten ist es, als ob er lebendig sei und unter uns ist.

Obwohl ich niemals jemandem die kalte Schulter gezeigt habe, der ein Freund meines Vaters war, haben die Leute später doch verstanden, dass ich manchmal Einladungen abgelehnt habe. Ich hätte jemandem begegnen können, der meinen Vater vor Jahren kannte und dessen Sohn oder Tochter heiratete. „Wir laden Sie, Ihre Mutter und Ihren Bruder zu der Hochzeit ein. Wir würden Sie niemals übergehen", würde er sagen, „aber wir haben Verständnis dafür, wenn Sie nicht kommen." Und da mein Bruder und ich strengstens in dem gesetzestreuen Bereich arbeiteten, hatte man dafür Verständnis, dass man nicht alle Einladungen annehmen konnte. Wir erkannten schließlich, dass wir uns aus dieser Welt zurückziehen mussten. Sonst hätte sogar etwas so harmloses, wie die Teilnahme an einer Hochzeit Misstrauen erregen können. Es ist eine traurige Randerscheinung, dass dieser Geruch des Misstrauens das ganze Leben über anhält, nur weil wir Italo-Amerikaner sind.

Manchmal ist es schwer für mich, Menschen zu treffen, die meinen Vater kannten. Es erinnert mich jedes Mal daran, was passiert ist. Manche meinen, es fiele leichter, wenn sie seinen Tod als „einen Fehler" hinstellen. Sie deuten auf jemanden, der eine Lüge aufbrachte, in die Papa irgendwie verwickelt war. Es war alles „ein Fehler", sagen sie dann, und versuchen mir Hoffnung zu machen, dass es jemand wieder gut macht.

Aber da gibt es kein Wiedergutmachen für meinen Vater. Ich habe immer daran geglaubt, dass Papa für uns da sei und uns hilft, unseren Weg zu finden. Dann war er plötzlich weg. Ich hatte Angst um diese Schaumschläger, so betrachtete ich sie, die meinen Vater umbrachten. Die einzige Möglichkeit, wie ich seinen Tod rächen konnte, war, durch meinen Erfolg, welcher auch der Erfolg meines Vaters war. Unsere beste Waffe war, dass wir in der rechtschaffenen Welt erfolgreich wurden.

Ich erinnere mich noch, als ich ein 25-Jahre alter Händler war und auf dem Weg zu meiner ersten Million, unverheiratet und in Chicago lebend. Ich fühlte mich wie Frank Sinatra in dem alten Film *Come Blow Your Horn*, in dem er wie ein Abiturient swingt. In den Nachtclubs und Kabaretts, in denen ich mit den starken Brokertypen in der Altstadt von Chicago herumtingelte, Burschen, die zehn, 15 oder 20 Jahre älter als ich waren. Ich fühlte mich sauwohl in diesem Kreis, der aus Geschäftsleuten, schwerreichen Brokern und Händlern, Ärzten, Anwälten und einigen „Weisen Jungs" bestand. Das 70er Nachtleben brachte sie alle zusammen.

Ich erinnere mich noch, wie wir das Faces, der heißeste Nachtclub in Chicago in diesen Tagen, eines Abends mit meinen Freunden verlassen haben. Ich habe gerade eine 1.000,– $-Rechnung für unsere Gruppe bezahlt und wartete auf den Hausdiener, der den Porsche an die Eingangstür bringen sollte. Neben mir stand „Gino", einer der „Weisen Jungs", der meinen

Kapitel 06

Vater kannte. „Du solltest besser aufpassen, Lewis", sagte er mir, „oder das Finanzamt wird dir nachspionieren."

Ich wusste, dass Ginos Warnung gut gemeint war. Das Finanzamt war der ständige Feind der „Weisen Jungs", seit die Steuerfahnder Al Capone festgenommen hatten. Aber seine Worte waren zwecklos in meinem Fall. „Was kümmert mich das Finanzamt?" sagte ich zu ihm. „Ich lebe rechtmäßig und ich bezahle meine Steuern."

Ich hatte nichts gegen Gino persönlich, aber ich nutzte jede Gelegenheit, den Weisen Jungs meinen finanziellen Erfolg ins Gesicht zu schleudern.

Während ich mich bei einer Party vergnügte, war ich frei von Drogen, die in dieser Zeit so verbreitet waren. Kokain gab es überall, aber es war nie meine Vorstellung, damit eine gute Zeit zu haben. Ich habe niemals Drogen probiert, die eine Menge Verwirrung in dieser Zeit schafften. Ich kann mich noch daran erinnern, als ich mit einem Freund an der Bar vom Faces stand, als eine hübsche junge Frau uns ansprach: „Habt Ihr etwas zum ‚Schnupfen'?"

Ich schaute meinen Freund an. Sie zuckte mit den Achseln. Keiner von uns hatte die leiseste Ahnung, was sie gemeint haben könnte. „Tut uns leid, aber wir können Ihnen nicht helfen", sagte ich ihr.

Sie kam nach einer Weile wieder zurück. „He", sagte sie zu uns, „habt Ihr etwas ‚Schnee'?" Und wiederum schaute ich zu meinem Freund. Wir wussten absolut nicht, was sie meinte.

Sie kam ein drittes Mal zurück. „Habt ihr keine ‚Cola'?" Ihr wisst schon, „Coke?" Dann stieß sie mich: sie suchte Kokain. Ich dachte plötzlich, dass diese Frau eine FBI-Agentin sei und unsere Unterhaltung gestellt war. „Sprechen Sie von Kokain?" sagte ich so laut zu ihr, weil ich vermutete, dass sie ein Mikrofon bei sich tragen würde. „Ich habe nichts mit Kokain zu tun. Lassen Sie uns bitte in Ruhe."

Es ist eine traurige Erkenntnis, dass mein Misstrauen so groß war, dass ich dachte, dieses Mädchen sei vom FBI, anstatt einfach nur ein Partymädchen, das eine gute Zeit haben möchte. Aber ich wusste, ich konnte nicht vorsichtig genug sein.

Es gab Zeiten, in denen ich mir wünschte, dass ich diese Risiken und Lebenserkenntnisse niemals kennengelernt hätte. Manchmal habe ich geträumt und mich gefragt, wie mein Leben verlaufen wäre, wenn ich kein Italo-Amerikaner wäre. Ich nehme an, es täte mir leid um all diese Zeit der Krisen, wie die der FBI-Untersuchungen an der Börse.

Die Untersuchung

Es tut mir Leid, was einigen der sehr guten Händler geschehen ist, die mitten im Leben mit so hohen Strafen belegt wurden, dass ihr Leben zerstört wurde. Ich fühle mich ungut wegen der Guten, die wegen ihrer eigenen Dummheit und Gier in einige dumme Geschäfte verwickelt wurden, die ihnen ein paar Dollar einbrachten, aber ihr Leben ruiniert haben. Die wirklich faulen Äpfel, die die Kunden über den Tisch zogen, sind von Untersuchungen ganz schnell ausgemerzt worden. Wie ich zuvor schon gesagt hatte, glaube ich, dass die Börse und die Handelsaufsicht diejenigen sowieso gefunden und als Händler ausgesondert hätte.

Ich für mich habe während dieser Zeit auf meine ureigenste Fähigkeit als Händler vertraut. Wenn der Rest der Welt in Panik verfällt, habe ich die Fähigkeit, ruhig und gelassen zu bleiben und mich auf mein Ziel zu konzentrieren. Ich war von den Untersuchungen nicht betroffen und hatte auch keine Sorge, dass irgendeine Unregelmäßigkeit aufgedeckt werden könnte. Ich blieb beim Handeln, weil ich mich selbst kannte und wusste, was ich zu jeder Gelegenheit machen würde. Die Nachforschungen waren eine der Gelegenheiten, bei denen ich dankbar war, für all die Widersprüche in meinem Leben. Ich habe auf die Stärke vertraut, die ich gelernt habe, als ich durch das Feuer gehen musste.

Die FBI-Untersuchungen verschwanden schnell wieder aus den Schlagzeilen. Die Presse hat jedoch von den Ergebnissen und der Kritik an den Untersuchungen nicht mit dem gleichen Nachdruck berichtet wie von den Untersuchungen selbst. Das Leben am Parkett normalisierte sich wieder. Der Crash von 1987 und die darauf folgenden Untersuchungen warfen ein unvorteilhaftes Licht auf den Futureshandel am Parkett. Regeln wurden aufgestellt, die wiederum Verwirrung am Parkett stifteten. Ich würde eine andere Schlacht anzetteln, diesmal eine politische, wenn ich die Lager an der Börse gegeneinander aufbringen würde. Um es nochmals zu wiederholen, ich stand in der Mitte von all dem Geschehen.

Kapitel 07

Die Verwandlung

Wenn der Markt etwas lebendiges wäre, dann wäre der Wandel sein Herzschlag. In jedem Moment bringen unzählige Einflussfaktoren den Markt zum Steigen und zum Fallen, aufgezeichnet auf einer zerklüfteten Linie wie bei einem Kardiograph. Was den Markt für Käufer so attraktiv macht, ist die Gewinnchance und die Chance, günstige Gelegenheiten zu finden, und für Verkäufer Prämien zu schneiden. Ohne Gewinnchancen wären die Märkte festzementiert. In einem ruhenden Markt hätten die Händler keine Möglichkeit, ihren Lebensunterhalt zu verdienen, die Anleger keine Gelegenheit, Gewinne zu machen, und CNBC würde übrig bleiben mit nicht viel mehr als der Wiederholung der Vernehmung Clintons vor der Großen Jury.

Auf uns selbst bezogen, hoffen wir alle mehr oder weniger auf die große Chance. Ich glaube, der Schlüssel ist, die Gelegenheit zu ergreifen und vor der Kurve stehen zu bleiben und nicht vom Strom weggespült zu werden. Wie jeder andere auch, bin ich durch eine Zeit der Veränderungen gegangen. Obwohl ich glaube, dass ich nie von meinem Kern abgewichen bin, habe ich sowohl meine Fähigkeiten als auch mein Wahrnehmungsvermögen verbessert.

Als Börsenhändler habe ich einst die Erfahrung gemacht, dass man Wertpapiere mit einem kleinen Gewinn wieder verkauft. Ich wollte wissen, wie der Markt funktioniert, warum bestimmte Dinge sich so entwickeln, wie sie es tun. Je mehr Theorien ich über die Dynamik des Marktes und über Technische Analysen las, umso mehr veränderte ich mich als Händler. Ich bin in meinem Innersten immer noch ein Day Trader, der Bewegungen innerhalb des Tages ausnutzt. Sogar als Vermögensverwalter arbeite ich mit der Einstellung eines Geldhändlers. Wenn wir mit Kundengeld umgehen, dann gehen wir mit all unseren Geschäften gedanklich innerhalb des gleichen Tages rein und raus. Wir glauben, dass dieser Ansatz Risiken reduziert und ordentliche Erträge abwirft.

Das Auf und Ab des Marktes ist, was uns das Tageshandeln erlaubt. Es gibt eine Vielzahl von Bewegungen innerhalb eines Tages, die eine Gewinnmöglichkeit beinhalten. Wenn man alle Macht der Welt hätte, würde man feststellen, dass Day Trading der einfachste Weg ist. Wenn du am Ende des Tages alle Geschäfte glattstellst – oder „nackt" heimgehst – verminderst du das mögliche Risiko eines Rückschlages durch neue Wirtschaftsnachrichten über Nacht aus Russland oder Asien. Und als Day Trader weiß ich – und meine Kunden – wie viel am Ende eines jeden beliebigen Tages auf dem Konto ist.

Obwohl ich ein praktizierender Day Trader bin, mache ich trotzdem eine volkswirtschaftliche Marktanalyse. Ich betrachte nicht nur die fundamentalen Faktoren, sondern auch die technischen, um mir eine Meinung zu bilden, ob der Markt rauf oder runter geht. Meine Betrachtung geht vom langfristigen (dieses Jahr, dieses Quartal, dieser Monat) zum kurzfristigen (diese Woche, dieser Tag, diese Stunde und sogar diese Minute). Das Gefühl für den Markt beeinflusst nicht nur den langfristigen Trend, sondern ist auch bei jedem einzelnen Umsatz beteiligt. Wenn der Markt schwach wird, aber die Grundstimmung nach wie vor fest ist, weiß ich, dass eine Erholung einsetzen wird. Der Markt wird einige Tiefststände testen, bevor er eine Unterstützungslinie findet. Wenn sich dann Momentum bildet, gehen wir wieder höher und treffen den Widerstand auf dem Weg nach oben, bis wir diese zeitweise Obergrenze durchbrechen und neue Höchststände erreichen.

Meine Entwicklung von einem 23-jährigen Orderausfüller bis zu einem 41-jährigen Vermögensverwalter ist ein langer Weg. Ich habe nicht gleich damit angefangen, 100 Kontrakte am Stück zu handeln, und Futures-Kontrakte zu kontrollieren, die heute einen Wert von 25 Millionen $ an Aktien repräsentieren. Ich habe als Händler eine Verwandlung durchgemacht. Fortschritte werden per Definition dadurch gemacht, dass du Schritt für

Schritt vorgehst. Man sagt, du kannst krabbeln, bevor du läufst und du läufst, bevor du rennst. Das ist vielleicht noch wichtiger an der Börse, einem der wenigen Orte der Gesellschaft, an dem du Millionär werden kannst, nur auf dich allein gestellt. Und es ist einer der wenigen Plätze, an dem Erziehung keine Garantie für den Erfolg ist. Es ist ausschließlich Training On the Job. Du kannst nicht alles aus einem Buch oder noch nicht einmal von einem Lehrer lernen.

Der Schlüssel ist, dass du weißt, wie du mit Gewinnen und Verlusten umgehst. Der Erfolg kann ebenso unbarmherzig sein wie der Misserfolg. Das schlimmste, was einem Anfängerhändler passieren kann, ist zwei Wochen hintereinander Gewinne zu machen. Der Versuchung, dass du glaubst, du bist unverletzlich, ist zu groß. Dann riskierst du zu viel Kapital in einem sorglosen Handel, und der Markt bewegt sich gegen dich. Ich habe schon Händler gesehen, die durch solche Bewegungen vom Markt verdrängt wurden.

Zurück ins Jahr 1996, als ich das NASDAQ-Kleinorderausführungssystem (SOES) gestartet habe, das die Händler absichert, fragte ich mich, ob es einen bestimmten Personentyp gab, der sich beim Handel besonders auszeichnete. Die Idee kam von meinem Schwiegervater, der ein erfolgreiches Geschäft führte und herausfand, dass 10 % der Verkäufer ähnliche Persönlichkeitsprofile hatten. Ich nahm den Meyers-Briggs Test, der die Menschen in 16 Persönlichkeitstypen einordnet. Ich machte den Test selbst und gab ihn meinem Bruder. Er und ich hatten den gleichen Persönlichkeitstyp, wie es auch die besten SOES-Händler hatten. Ich möchte niemanden entmutigen, der die Absicht hat, Händler zu werden, indem ich ihm erzähle, welchen Persönlichkeitstyp ich habe. Aber vielleicht sollte ich anmerken, um erfolgreich zu handeln, wirst du wohl ein wenig verrückt sein müssen…

Ich glaube, um ein erfolgreicher Händler zu sein, musst du unabhängig und spontan denken und darfst Misserfolgen nicht nachhängen. Du musst die Verlustgeschäfte ebenso mögen wie die Gewinne. Ganz bestimmt möchte jeder Händler eher Geld verdienen, als es zu verlieren. Aber die Verluste sind unabänderlich; das Positive daran ist, dass du sie als Gelegenheit siehst, zu untersuchen, was du falsch gemacht hast und deinen Handelsverlauf untersuchen kannst. Ein Verlustgeschäft wird niemals dein Bestes sein. Es ist besser, wenn du die Verluste als ein Darlehen ansiehst, das Du jemandem im Markt gegeben hast. Du kommst zurück, ein bisschen klüger und erfahrener als zuvor und holst dir dein Geld zurück. Rufe dir wieder ins Gedächtnis, dass der Futureshandel ein Nullsummenspiel ist – jedem Gewinner steht ein Verlierer gegenüber.

In mancher Hinsicht hatte ich einen Vorteil, als ich zur Börse kam, den junge Börsenhändler heute nicht haben. Unter dem dualen System war es mir erlaubt, Kundenaufträge auszuführen und für eigene Rechnung zu handeln. Diese Ausbildung, bei der ich die Kundenaufträge sah und für mein eigenes Händlerverhalten lernen konnte, war unschätzbar für mich. Beim Ausfüllen der Kundenaufträge wurde ich selbstsicher. Ich hatte keine Angst, für meine eigenen Umsätze auf einmal Schieflagen zu haben, denn ich habe die Käufe und Verkäufe für die Kunden ausgerufen. Ich habe nur zehn, 20, oder 30 Kontrakte am Stück gehandelt, dann 50 und 100, und schließlich sogar 1.000 am Stück. Als ich auf eigene Rechnung zu handeln begann, hatte ich mich an die Größenordnungen gewöhnt. Ich war schon mit dem Markt vertraut.

Beim Sport reden die Spieler davon, in „der Zone" zu sein. Sie sind buchstäblich Teil des Spiels. Sie sind am Gipfel ihrer Darstellung und ihre Bewegungen erscheinen automatisch, mühelos. Das gleiche passiert beim Handeln. Du bist Teil der Marktbewegung, die sich am S&P-Parkett um die größten Händler dreht, einschließlich mir.

Wie die meisten Händler habe ich damit angefangen, jeweils 2 Kontrakte für mich selbst zu kaufen. Mein Ziel war, 500,– $ am Tag zu verdienen. Nachdem ich mich verbessert habe und Vertrauen gewonnen habe, handelte ich vier und fünf Kontrakte am Stück und hoffte, 1.000,– $ am Tag zu verdienen. Dann steigerte ich mich auf zehn und mein Ziel war, zwischen 2.000,– und 3.000,– $ am Tag und dann 5.000,– $ täglich. Aber so, wie meine Ziele wuchsen, so nahmen auch meine möglichen Verluste zu. Du kannst nicht das eine ohne das andere erhöhen.

Als Orderausfüller führte ich die Kundenauftragsannahme: Die obere Hälfte der Annahme umfasste all die Verkaufslimite und die Take-Profit-Aufträge in absteigender Reihenfolge. Auf der unteren Hälfte waren die Kauflimite und die Stopp-Loss-Verkaufsaufträge. Ich führte die Aufträge aus, wie der Markt stieg oder fiel. Dieses Geschäft verschaffte mir nicht nur ein regelmäßiges Einkommen jeden Monat, er wurde auch mein Marktindikator.

Am Parkett sah ich, dass die Aufträge von verschiedenen Brokerhäusern dazu neigten, sich ähnlich zu bewegen. Aus heiterem Himmel kam ein 20-Kontrakt-Auftrag, dann einer über 30 und einer über fünf von Merrill Lynch, alle von verschiedenen Kunden. Dann passierte das gleiche mit

Die Verwandlung

Smith Barney. All diese Aufträge hatten ein Limit um die 50 Cents Unterschied, und du konntest daraus schließen, dass die Broker und ihre Kunden sich nicht absprachen. Ich wusste, dass diese Aufträge nicht nur den gleichen Preis verkörperten. Eine bestimmte Marktanalyse initiierte sie.

Ein anderes Mal kamen die Kaufaufträge und die Stopp Limite von einem Kunden, wo die Limite jenseits des Marktniveaus waren, bei dem wir gerade standen. Aber, öfter als genug, bewegte sich der Markt in Richtung dieses Preises und die Kauflimite und Stopp Losse wurden in Billigstaufträge abgeändert und ausgeführt. (Interessanterweise lagen einige Kunden beinahe immer richtig und einige lagen immer falsch!)

Indem ich diese Grundregeln des Handelns beachtet habe, lernte ich, die Kauf- und Verkauf-Stopp-Limite als Stimmungsbarometer einzusetzen. Ich möchte jedoch klarstellen, dass das nichts mit Vorkaufen zu tun hat. Vorkaufen ist nicht nur illegal, es ist auch eine dumme Idee: wenn sich der Markt nicht einer bestimmten Marke zu neigt, nützt alles Schieben und Stoßen nichts. Ich habe gierige, skrupellose Händler gesehen, die sich die Finger verbrannt haben, als sie den Markt in die Richtung schieben wollten, um ihre Kundenaufträge auszuführen. Sie endeten mit einer Position, die sie wirklich nicht haben wollten, als sich der Markt plötzlich gegen sie drehte. Möglicherweise wurden sie von den Kunden oder der Börse noch belangt und bekamen einen Verweis oder wurden vom Handel suspendiert.

Als ich auf diese Kauf- und Verkaufsaufträge achtete, nutzte ich sie als Maßstab, ob die Stimmung des Marktes nach oben oder nach unten gehen würde. Aber davon abgesehen, fragte ich mich, welche Marktanalysen diese Kunden nutzten, die mir als Börsenhändler nicht zur Verfügung standen. Welches Marktgefühl hatten sie, das mir abging. Indem ich die Charts des Marktes betrachtete, bekam ich einen ersten Anhaltspunkt. Ich schätzte die Punkte, die der Markt streift, als Hauptunterstützunglinie ein und fand, dass er von diesem Boden aus wieder steigt. Ich sah die Niveaus, an denen der Markt versuchte, die Höchststände der Vorwoche zu durchbrechen, und da er das nicht schaffte, fing er an zu schwächeln. Das war mein erster Geschmack von technischer Marktanalyse.

Im Gegensatz zu dem, was viele glauben, hat der Markt eine Fließrichtung und einen Rhythmus. Gelegentlich wird der Markt wild und spielt verrückt, aber es gibt trotzdem üblicherweise eine Ordnung in dieser Bewegung, sogar in einem so volatilen Futuresmarkt wie dem S&P. Bei all diesen Drehungen, Anstiegen und Rückgängen, Unterstützungen und Widerständen, Ausbrüchen und Durchrutschern, gibt es ein Preisniveau, das die Käufer und Verkäufer anstreben. Diese Preise sind technische Marken, die, wenn sie Widerstand zeigen, den Markt nach unten drücken, und wenn sie gebrochen sind, ihn höher treiben. Wenn ein Händler diese Preisniveaus durch den Einsatz technischer Charts bestimmen und analysieren kann, wirken sie wie ein Fußabdrucksdiagramm beim Tango. Du befolgst die Schritte und tanzt mit dem Markt.

Ich begann Bücher über die Märkte zu lesen, schaute auf die Felder zwischen den vorherigen Preisen, um zu sehen, wo die Höchst- und Tiefststände waren, wo der Markt Momentum aufbaut, um höher zu kommen und wo er eine Wand aufbaut und abfällt. Ich studierte Tagescharts, Wochencharts, Fünf-Minuten-Charts und Minutencharts. Ich sah, dass der Markt Dutzende Male auf- und abgehen konnte und den kurz- und langfristigen Trend, der den Markt beherrscht, wieder aufnahm.

Indem ich die technischen Preiszonen studierte, lernte ich auch, Stopps effizienter einzusetzen. Für Händler, die anfangen, ist der Gebrauch von Stopps eine ganz wichtige Angelegenheit. Stopps sind nicht nur ein Sicherheitsnetz, die dich aus dem Markt herausholen, wenn er sich gegen dich dreht, sondern sind tatsächlich die Grundlage jeder Vermögensverwaltungsregel. Mit einfachen Worten gesagt, sind Stopps ein Schutz eines Händlers davor, dass Verluste sein Kapital auffressen. Theoretisch gibt es keinen Unterschied zwischen den Stopps, die ein Kunde setzt und denen, die ein Börsenhändler verwendet. In beiden Fällen werden die Stopps dazu genutzt, die Verluste auf ein im Voraus bestimmtes Niveau zu begrenzen. Du glaubst, dass der Markt höher geht, wenn du kaufst, aber du legst ein niedrigeres Stopp Loss, nur für den Fall, dass du schief liegst. Die Kunden geben diese Stoppaufträge an ihren Broker. Für einen Börsenhändler sind die Stopps eine Grenze, die du selbst im Kopf hast.

Wegen der niedrigen Kommissionen, die ich als Börsenmitglied und Parketthändler auf die Umsätze bezahle, ist es für mich höchst lukrativ, viele Umsätze zu machen. Ich bin schnell in Positionen drin und auch wieder heraus, veranlasse Umsätze, senke die Kosten und nehme Gewinne mit. Da der Markt steigt und fällt, gehst du in den Markt hinein und auch wieder heraus, immer deine Positionen im Hinterkopf. Die Regel wird zu deiner zweiten Haut: Erweitere die Geschäfte, in denen du Gewinn hast, aber beende die Verluste ganz schnell!

Hier ist ein Beispiel, wie Stopps effizient genutzt werden können: Lass uns annehmen, du hast zehn Kontrakte bei 1.087 gekauft und der Markt steigt, steigt um 10 Ticks – oder 10 Punkte – auf 1.097. Dein Marktverständnis, die starke Nachfrage von den Käufern und der technische Chart sagen dir, dass der Markt höher gehen wird. Aber du möchtest dich gegen einen schnellen Rückschlag absichern. Deshalb legst du ein Stopp Loss bei 1.092. Wenn der Markt plötzlich auf den Preis runterkommt, werden deine zehn Kontrakte verkauft und du hast einen 500 Punktegewinn. Eine wichtige Annahme in diesem Fall ist, dass dein Stopp auch wirklich zu diesem Preis ausgeführt wird. In einem verrückten Mark, bei dem die Käufer oder Verkäufer plötzlich verschwinden, kann ein Auftrag nicht ausgeführt werden, wenn es niemanden gibt, der die andere Seite des Handels aufnimmt. Gute Broker werden ihr Bestes daransetzen, den Auftrag auszuführen, aber sie können keine Wunder vollbringen. Das Stopp Loss bei 1.092 würde nicht ausgeführt, wie du gehofft hast, wenn der Markt von 1.097 immer weiter auf 1.100 oder so steigt. Du realisierst deine Gewinne und streichst das Stopp Loss.

Aber lass uns annehmen, du hast zehn Kontrakte mit 1.087 gekauft, glaubst aber, dass der Markt weiter steigt und dann beeinflussen schlechte Nachrichten plötzlich die Aufwärtsbewegung und alle wollen gleichzeitig verkaufen. Du gehst mit einem kleinen – im Voraus bestimmten Verlust – 400 Punkte – heraus, weil du ein Stopp Loss bei 1.083 gelegt hast. Auf der Grundlage deines Risikoprofils bist du bereit, 400 Punkte zu riskieren, sicherst dich aber gegen einen freien Fall ab.

Der Schlüssel zum erfolgreichen Handeln – ob du jetzt ein Händler mit jeweils zwei Kontrakten oder ein Fondsmanager bist – ist der richtige Zeitpunkt und der Geldeinsatz. Du kannst vielleicht glauben, dass die S&P-Futures auf 1.065 hochgehen, nachdem sie bei 1.050 waren, aber die Frage ist, wann du das Geschäft machst. Wenn du nur auf den Preis allein setzt, kaufst du vielleicht bei 1.060 in der Hoffnung, dass der Markt auf 1.065 springt. Aber du kennst die externen Faktoren nicht, oder möglicherweise überraschende Nachrichten, die die Kurse abstürzen lassen, dass der Markt plötzlich auf 960 runtergeprügelt wird, bevor er sich erholt und eventuell 1.065 knackt. Mit all der technischen Analyse auf der Welt gibt es keine Möglichkeit zu bestimmen, wie der Markt bei unvorhergesehenen Einflüssen reagiert. Die beste Möglichkeit, wenn der Handel einmal gemacht ist, ist die, dass du ein Stopp Loss setzt – bei einem Broker, wenn du nicht selbst am Parkett handelst oder in deinem Kopf, wenn du am Parkett stehst – als Schutz, wenn sich der Markt plötzlich gegen dich bewegt.

Das alles schaut auf dem Papier recht einfach aus. Aber da gibt es eine ganze Menge komplizierter Faktoren. Da ist die Unvorhersehbarkeit des Marktes selbst, die den ruhigsten Händler zum Zittern bringen kann. Und dann gibt es die menschlichen Faktoren. Auf der einen Seite ist da die Gier, mit der alle irgendwie umgehen müssen. Die Möglichkeit, Geld zu verdienen, ist so groß, dass die Gier das Urteilsvermögen übersteigen kann. Gleichzeitig weißt du, dass du als Händler auch Verluste hast – und manchmal sogar ganz ordentliche. Die Einsicht dieser unvermeintlichen Verluste läuft entgegen der menschlichen Natur und der Veranlagung nach Gier. Es wäre so, wie wenn du den Leuten sagen würdest, weil ihre Leistung diese Woche nur mäßig war, müssten sie ihrem Chef einen Teil des Gehaltsschecks zurückgeben. Für Händler ist der Markt der Chef und der bittet nicht um Geld – er nimmt es sich einfach.

Ich weiß von einem Händler, der zu einem Psychiater ging, damit er für den Börsenhandel Hilfe bekam. Jede Woche gingen sie die Grundregeln wie Disziplin, Risiken beim Handeln, und so weiter durch. Der Psychiater konnte nicht glauben, dass das Handeln so schwierig war, auf Grund dessen, was er gehört hatte. Mein Händlerfreund empfahl dem Psychiater, ein Handelskonto zu eröffnen und eines Tages ans Parkett zu kommen. Das tat der Psychiater und innerhalb von drei Monaten verschwand das Guthaben auf dem Händlerkonto. Er praktizierte Psychiatrie mit seinem neu gefundenen Respekt für Händler.

Neulinge als Händler machen die gleichen Fehler immer wieder. Sie kaufen zwei Kontrakte zu 1.097. Der Markt fällt um 400 Punkte und steigt dann wieder auf 1.098. Letztlich haben sie 500,– $ Gewinn bei diesem Geschäft, aber einen potenziellen Verlust von 2.000,– $. Sie sind so glücklich darüber, dass ein Verlust sich zu einem Gewinn gewandelt hat, dass sie einen ganz wichtigen Punkt übersehen. Wenn du kleine Gewinne machen möchtest, sind die Chancen und die Risiken in etwa gleich. Hätten die Händler ein geistiges Stopp gesetzt, hätten sie ein Verlustgeschäft mit einem kleinen Verlust von ein paar hundert Dollar begrenzt – bevor es in die Tausende drehte.

Stattdessen halten sie an der Verlustposition fest, mit dem Wunsch und der Hoffnung, dass der Markt sich in ihre Richtung drehen würde. Im Handel gibt es kein Wünschen und Hoffen – nur die manchmal bittere Realität des Marktes. In diesem Fall haben sie eine Regel gebrochen, aber sind nur mit der Verstärkung einer unguten Haltung herausgekommen. Aber erinnere dich an das alte Sprichwort: Du kannst die Regel brechen und herausgehen, aber vielleicht bricht die Regel dich.

Die Verwandlung

Ich habe einen Freund, der, nachdem er sein Geschäft verkauft hat, beschlossen hat, Parketthändler zu werden. Er dachte, er sei an der Börse in meiner Nähe und lernt, mit kleinen Gewinnen zu kaufen und zu verkaufen. Stattdessen kaufte er eines Tages einen Kontrakt außerhalb der Börse, als ich nicht dabei war. Der Markt tauchte plötzlich ab. Was tat er? Er kaufte einen weiteren Kontrakt in der Meinung, dass der Markt in der Nähe des Bodens sei und er einen Gewinn macht, wenn er wieder steigt. Aber der Markt fiel weiter, bis er bei 15.000,– $ Verlust für seine zwei Kontrakte war. Schließlich bildete der Markt doch noch einen Boden. Mein Freund kaufte jetzt noch einen weiteren Kontrakt und, nachdem der Markt noch ein wenig angestiegen ist, kam er aus der ganzen Scheiße mit einem Verlust von 2.000,– $ heraus, was noch viel schlimmer hätte sein können. Er brach eine weitere Händlerregel und vergrößerte eine Verlustposition, in der Praxis „Durchschnittspreisbildung" oder auch „Verbilligen" genannt. Aber es ist eine gefährliche Praxis, die dich ganz schnell erwischen kann.

Mein Freund gestand mir später: „Lewis, ich sag' dir was. Als der Markt runter ging, war alles, was ich wollte, den Computerraum der Börse zu finden und den Stecker rauszuziehen."

Stopp-Limite können auch dazu genutzt werden, um billigst Aufträge einzugehen. Wenn der technische Preischart anzeigt, dass 1.087 ein neutraler Bereich ohne Richtung ist, dann möchtest du da nichts handeln. Das ist das, wenn die Fernsehreporter von einer Seitwärtsbewegung sprechen. Aber wenn der Markt auf, lass uns sagen, 1.091 geht, dann möchtest du im Markt sein, denn das ist dann eine Aufwärtsbewegung. Du legst dann ein Kauf-Stopp-Limit bei 1.091. Wenn der Preis diesen Punkt erreicht, wird es eine billigst Order. Nochmals, wenn 1.087 neutral ist, aber bei 1.083 sich der Markt nach unten neigt, dann legst du ein Verkauf-Stopp-Limit an dieser Marke, um zu verkaufen.

Und wenn ich von verkaufen rede, dann ist das eine Strategie, die die meisten Händler erst einmal lernen müssen. Unter vielen Händlern besteht der Glaube, dass der Markt schneller runter als rauf geht. Eine Handelskarte ist in zwei Teile aufgeteilt, mit einer Spalte für die Käufe – in blau markiert – und einer für die Verkäufe – in rot markiert. Ich kenne Händler, die niemals auf die blaue Seite schreiben, es sei denn, dass sie einen Leerverkauf glattstellen. Ich habe darin eine andere Meinung. Ich bin gerne Käufer, und, wenn du dir die Charts betrachtest, dann ist das ein 200 Jahre alter Markt, der fast immer anzieht (mit einigen wenigen Korrekturen). Ich glaube, dass die Preise ebenso schnell steigen wie fallen. Wenn du anderer Ansicht sein solltest, dann erinnere dich an diesen ruhigen Dienstag Nachmittag am 15. Oktober 1998. Es schaute so aus, als ob der Markt nichts besonderes machen würde und so bis zum Schluss dahinplätschern würde. Dann gab die Notenbank plötzlich eine Diskontsatzsenkung um einen Viertel Punkt bekannt. Der Markt schoss nach oben wie eine Rakete. Die Händler, die leer verkauft hatten, balgten sich, um ihre Positionen einzudecken, in einem Markt, in dem es keine Verkäufer gab. Der S&P schoss um 52 Ticks – oder 5.200 Punkte – innerhalb von fünf Minuten, ohne einen einzigen schwächeren Umsatz, eine Bewegung, die, wie wir glaubten, beispiellos in der Geschichte dieses Kontraktes war.

Das war eine der wenigen Gelegenheiten, in denen ein Kauf-Stopp-Limit einem Händler nicht geholfen hätte, eine Leerposition einzudecken. Wenn der Markt explodiert, gibt es keine Möglichkeit, in der ein Händler seinen Auftrag ausführen kann, bis die Verkäufer wieder anfangen, ihre Positionen anzubieten. Die einzige Hoffnung, die du da haben kannst, ist eine vernünftige Verwaltung deines Geldes, dass du niemals zu viel Kapital bei einem einzigen Geschäft riskierst und möglicherweise ausgelöscht wirst.

Ein volatiler Markt wie der S&P erlaubt dir, kleinere Mengen zu handeln und Gewinne einzufahren, die unter dem Strich gleich groß sind, wie andere Positionen in weniger volatilen Märkten. Du kaufst zum Beispiel zehn S&P-Kontrakte zu 1.087 und verkaufst sie 100 Punkte höher mit einem Gewinn von 2.500,– $ (Anmerkung: 1 Punkt entspricht 2,50,– $, 100 Punkte sind folglich 250,– $ mal 10 Kontrakte.) Ich erinnere mich noch, als ich Eurodollarzinsen für eine Weile gehandelt habe, war die Durchschnittsbewegung 10 oder 12 Punkte. Es war für große Institutionelle nicht unüblich, im Verkauf 12.000 Kontrakte zu 93.00 anzubieten und im Kauf 7.000 zu 94.00. Um den gleichen Gewinn von 2.500,– $ zu haben, musst du 100 Eurodollar Kontrakte handeln – jeder stellt einen Wert von 1 Million $ in U.S. Dollareinlagen in Europa dar. Ich war an große Umsätze gewöhnt, so dass diese Art von Positionen mich nicht gestört hat. Dann merkte ich eines Tages, dass ich 3.000 Eurodollar Kontrakte zu viel im Bestand hatte – eine Position mit einem Wert von 3 Milliarden $! In diesem Markt mit geringer Volatilität, der von großen institutionellen Teilnehmern beherrscht wurde, machte es keine Mühe, 3.000 Kontrakte zu kaufen oder zu verkaufen. Aber ich hatte mich einem riesigen Risiko ausgesetzt, wenn zum Beispiel die Notenbank plötzlich die Zinsen erhöht hätte. Ich kam aus der Position mit einem kleinen oder gar keinem Gewinn heraus und ging zurück zum S&P und habe niemals mehr Eurodollarzinsen versucht.

Meine Disziplin und technischen Kenntnisse, die ich über Jahre entwickelt habe, machten mich nicht nur zum besseren Händler, sondern ebenso zum Experten im Orderausfüllen. Mitte der 80er war ich der führende Broker am S&P-Parkett, und die Kunden baten mich oft, auf mein Urteilsvermögen zu vertrauen, um ihre Aufträge auszuführen. Ich begann, Blankoaufträge von Kunden auszuführen. Das bedeutet, sie wollten, dass ich Kontrakte kaufte oder verkaufte, ganz nach meinem Ermessen, je nach dem, was der Markt gerade machte.

Eines Tages verkaufte Jimmy, ein Börsenhändler, der Schweinebäuche handelte, leer S&P-Kontrakte. Aber zum eigenen Schutz platzierte er ein Kauflimit für 50 Kontrakte im Markt, um aus der Position herauszukommen, wenn der Markt eine Rallye hinlegen sollte. „Möchtest du, dass ich auf diesen Kaufauftrag für dich aufpasse?" fragte ich ihn.

„Sicherlich" antwortete er mir und eilte zurück zu den Schweinebäuchen.

Der S&P streifte sein Limit und genau an diesem Punkt kamen eine Menge Verkäufer wieder in den Markt zurück und ich beschloss, seinen Kaufauftrag nicht auszuführen. Der Markt drehte und ging tiefer und Jimmy machte wahrscheinlich einen Gewinn von 75.000,– $.

Jimmy fragte mich im Laufe des Tages später nach seinem Kauflimit von 50 Kontrakten. „Ich habe sie nicht ausgeführt" sagte ich ihm, „ich hatte das Gefühl, dass der Markt fällt."

Jimmy dankte mir überschwänglich. Er konnte nicht glauben, dass ich auf diesen Auftrag aufgepasst habe, obwohl er nur darum gebeten hatte, ein Auge darauf zu werfen. Ich habe eine gute Tat für einen Kollegen getan und einen Freund fürs Leben gewonnen. Es gab aber auch einige Kunden, die, in meinen Augen, meine Fähigkeiten nicht zu schätzen wussten. Das war der Fall bei „Vince", einem pensionierten Parketthändler, der ausschließlich außerhalb des Parketts handelte. Wir hatten einige gemeinsame Bekannte, haben uns aber nie getroffen. Ich wusste, er war ein äußerst disziplinierter Händler, der mehr auf die Kursbewegungen als auf sein Gefühl vertraute.

Ich führte einige Blankoaufträge für Vince aus, was er sehr zu schätzen wusste, denn ich war dadurch in der Lage, ihm bessere Ausführungen zu machen, als er erwartete. Eines Tages, als der Markt recht wild und stürmisch war, hatte ich einen Kaufauftrag von Vince zu, sagen wir mal 87.00, aber der Markt stieg so schnell, dass ich keinen Verkäufer finden konnte, bis ich den Auftrag bei 89.00 ausführen konnte. Das war die beste Ausführung, die ich ihm machen konnte. Vince war jedoch nicht zufrieden und er verlangte das Protokoll der nach der Zeit gestaffelten Verkäufe. Dieses Protokoll ist die Rekonstruktion der Börse von jedem Umsatz während des Tages. Aber das Protokoll ist zweidimensional und zeigt die Preise zu verschiedenen Zeiten. In der Realität kann das, was wir Händler in einem wilden und chaotischen Markt erfahren, abweichend von dem Protokoll sein. An diesem Tag zeigte das Zeit-Umsatz-Protokoll seinen stetigen Anstieg von 87 glatt auf 87,30, 87,50, eine kleine Abwärtsbewegung auf 87,30, dann einen Anstieg auf 87,60, 87,80, 89 und weiter aufwärts. Als er dieses Protokoll sah, dachte Vince, er hätte bei dem Rückgang von 87,30 ausgeführt werden müssen.

Der Leiter der Börsenaufsicht war nervös, als er mir die schlechte Nachricht überbrachte: Vince forderte einen Schadensersatz von 10.000,– $ aus meiner eigenen Tasche für dieses Geschäft. Ich rief Vince an und versuchte, ihm die Situation zu erklären, die er als pensionierter Börsenhändler gut genug kannte. Es gab keine Möglichkeit, bei dieser Abwärtsbewegung eine Ausführung zu bekommen und ich war sogar glücklich, bei 89 glatt eindecken zu können. Vince wollte kein einziges Wort von dem hören, was ich ihm sagte und schließlich zahlte ich die 10.000,– $.

Danach akzeptierte ich nie wieder einen Blankoauftrag von Vince. Ich machte genau das, was er in Auftrag gab, und wenn er billigst kaufen oder bestens verkaufen wollte, habe ich mich nicht aufgedrängt. Vince sah den Unterschied sofort. „Was ist mit meinen Ausführungen?", beschwerte er sich bei mir.

„Was war mit dieser 10.000,– $ Ausgleichszahlung?" antwortete ich ihm cool. „Pass auf, wenn du mich nicht brauchst, ist das in Ordnung. Aber wenn du das tust, musst du wissen, dass ich die Aufträge so gut ausführe, wie ich kann. Du hast dich auch nicht beschwert, wenn du bessere Ausführungen bekommen hast, als du in Auftrag gegeben hast."

Ende 1986 habe ich das Kundengeschäft aufgegeben und wurde nur noch örtlicher Spezialist, der für sich selbst handelt. Ich hatte zu dieser Zeit durchschnittlich eine Million Dollar im Jahr verdient, aber nur 10 Prozent meines Einkommens kamen aus dem Kundengeschäft. Ich wusste, das war mehr ein Hindernis, als eine Hilfe und ich konnte die Schmierereien an der Wand sehen – die Börse bewegte sich schnell auf das Trennsystem zu. Einige Monate bevor ich das Kundengeschäft aufgegeben hatte, reichte ich die Aufträge zu anderen Brokern weiter, mit denen ich zusammengearbeitet habe. Ich habe das Geschäft mit Salomon eigentlich nur behalten, weil ich so ein gutes Verhältnis zu dem Leiter des Börsenbüros hatte, meinem Freund Matt Wolf. Der andere Grund war, dass ich als Orderausfüller auf der obersten Treppe des Parketts stehen konnte, das mit einem Meter und sechsundsiebzig ein hervorragender Ort war, zum Sehen und Gesehen werden.

Dann führte die Börse eine Regel für die oberste Treppe ein. Die örtlichen Spezialisten und die Händler, die sowohl Kundenaufträge als auch auf eigene Rechnung ausführten, mussten eine Stufe weiter unten stehen. Ich begab mich – im wahrsten Sinne des Wortes – eine Stufe nach unten auf die zweite Ebene und gab das Kundengeschäft auf. Dann kam 1987, mein erstes ganzes Jahr als lokaler Händler, als ich ein Teil der Geschichte wurde – obwohl ich den Schwarzen Montag versäumt habe – und habe 4,5 Millionen Dollar verdient, allein durch das Handeln meines eigenen Geldes. Ich habe glücklicherweise den Gewinn der noch nie dagewesenen Marktbewegungen, die bis Ende 1998 wieder gesehen wurden, einfahren können. Prozentual zum Marktwert hat sich jetzt jedoch nichts Gleichwertiges bewegt wie der Crash 1987.

Als örtlicher Spezialist wuchs mein Interesse an Charts und technischer Analyse. Ich nahm jede Gelegenheit mit, ein besserer Händler zu werden. Diese Gelegenheit war Wissen. Je mehr ich davon lernen konnte, was die Marktbewegungen auslöst, umso besser war ich darauf vorbereitet. In 1988 hatte ich die Gelegenheit, in die Originalrechte des legendären Marktchartisten und Technikers William D. Gann zu investieren. Gann war, und ist nach wie vor, der Hexenmeister des Marktes, ein Guru, der mystisch alles auf einmal in sich vereint. Ich war von Gann fasziniert und ergriff die Gelegenheit, seine Charts und Auflagenrechte zu besitzen.

Gann war ein Aktien- und Warenterminhändler, dessen Theorien der technischen Marktanalyse immer noch angewendet – und diskutiert – werden. Er war auch Dozent und Autor und teilte einige, wenn auch sicherlich nicht alle seine Einsichten über die Märkte mit. Einige seiner Regeln schienen sehr einfach zu sein. In seinem Buch, der 1951er Auflage von *How to Make Profits in Commodities*, listet W.D. Gann die „Anforderungen für den Erfolg" auf: Wissen, Geduld, Nervenkraft, gute Gesundheit und Kapital. Als Kernaussage kommt er zu dem Schluss, dass sie wirklich die Voraussetzung für jeden erfolgreichen Händler sind.

Kapitel 07

Ich bin wie Gann davon überzeugt, dass du nie zu viel über die Märkte wissen kannst. Wie man sagt, ist Wissen Macht. Geduld ist das Rückgrat von dem, was ich als Einsatzkraft bezeichne. Es erfordert Erfahrung und Disziplin zu wissen, wann du handelst und wann du warten musst. Oder wie Gann schrieb: „Du solltest lernen, mit Wissen zu handeln und das Fürchten und Hoffen ausmerzen. Wenn du von Hoffen und Fürchten nicht länger beeinflusst bist, lässt du dich durch Wissen leiten und hast die Nerven zum Handeln und Gewinne zu machen."

Ohne Nerven und Fingerspitzengefühl hast du keinerlei Chance am Parkett zu überleben. Du brauchst, was ich zuvor als Gefühl des Wettkämpfers beschrieben habe, die Möglichkeit, Abstand zu halten und den Drang, das Hindernis zu überwinden. Gute Gesundheit ist eine Notwendigkeit, wegen der körperlichen Anforderungen, die die Börse an dich stellt. Es erfordert Ausdauer, stundenlang auf der Stelle zu stehen und dir die Lungen aus dem Leib zu schreien. Ich kam eines Tages vom Parkett zurück und habe mich gefühlt, als ob ich einen Triathlon gemacht hätte. Und wegen des Kapitals: Niemand hält es lange durch, wenn er unterkapitalisiert ist. Wenn ich nicht den vorteilhaften Fehler am Goldparkett gemacht hätte, der mir immerhin einen Gewinn von 57.000,– $ einbrachte, weiß ich nicht, was mit mir als Händler passiert wäre.

Was ich beim Lesen von Gann für mich herauszog, war meine Philosophie, dass jedes Teil, Teil des Ganzen war. Und jedes Ganze war umgekehrt wieder Teil eines größeren Ganzen und so weiter. Dieses Zen ähnliche Konzept, dass alles Teil eines größeren Ganzen ist, war Grundlage seiner mathematischen Regeln. Da aus Ganns Sicht alles miteinander verbunden war, glaubte er, dass es möglich war, mathematische Verhältnisse und Konstanten auf beinahe alles zu übertragen. Er zeichnete und studierte hunderte von Charts von Märkten wie Seide bis zum schwarzen Pfeffer, Weizen bis zum Baumwollsamenöl.

Ich investierte in die Gann-Charts zusammen mit zwei Größen des Handels, Jack Sandner und Les Rosenthal, einem früheren Börsenpräsidenten. Les, der die Firma Rosenthal & Company führte, die später zur Rosenthal Collins wurde, war ein großer Händler in diesen Tagen. Unsere Idee 1988 war, die Gann-Charts zu nutzen, um einen Anlagebroker oder „Einführungsbroker" zu etablieren, der den Warenterminmärkten Geschäft zuführt. Obwohl ich mich mit dem Geschäftsgründungsplan beschäftigte, war mein wirkliches Interesse an dem Geschäft, Zugang zu den Gann-Charts zu bekommen. Zusätzlich wollte ich mit so erfolgreichen Männern

Die Verwandlung

wie Jack und Les verbunden sein, von denen ich noch mehr lernen konnte. Bei Treffen saß ich oft still dabei und hörte einfach nur zu und versuchte, Ideen aufzuschnappen.

Sie lehrten mich, dass eine der wichtigsten Sachen das Investieren in andere Geschäfte sei. Alle Händler schauen rechtzeitig nach einem Geschäft oder einer Anlage, um eine stabile Einkommensquelle zu legen, in Ergänzung zu den Gewinnen, die sie an der Börse einfahren und zum Ausgleich von Verlusten. Diese Unternehmen helfen, für den Tag vorzusorgen, wenn die Händler ganz die Börse verlassen. Mit dem Geld, das du als Händler machst, ist es leicht, in andere Unternehmen zu investieren. Es gibt immer eine Menge Menschen mit Ideen, die nach Investoren mit Kapital suchen. Das Problem ist, dass noch nicht einmal die Erfolg versprechendsten Geschäfte bei weitem nicht die drei- und vierstelligen Gewinne im Handel einbringen, und sie nehmen Zeit und Energie weg von dem, was die Händler am besten können.

Nach ein paar Monaten war klar, dass das Kleingeschäft im Warenterminhandel nach dem Crash von 1987 ausgetrocknet war, und wir einigten uns darauf, es freundschaftlich aufzulösen. Aber immer noch von den Gann-Charts gefesselt, kaufte ich die Rechte von den anderen Investoren und stellte einen technischen Analysten an, für mich zu arbeiten.

Viele Parketthändler abonnierten die technische Chartanalyse, die jeden Morgen herauskommt. Durch den technischen Analysten, der ganztags für mich arbeitet, hatte ich Zugang zu den Marktanalysen, die ständig aktualisiert wurden. Ich habe einen Gehilfen genommen, um mir Mitteilungen des Analysten bringen zu lassen, wann immer der Markt sich einem der Schlüsselpunkte näherte. Später, als die Piepser eingeführt wurden, nutzten wir sie zur Kommunikation. Er schickte mir eine Zahlenbotschaft direkt auf Parkett und signalisierte mir das Niveau eines technisch bedeutenden Punktes.

Obwohl ich den höchsten Respekt für die technischen Analysten habe, mit denen ich über Jahre gearbeitet habe, weiß ich, dass du dich nicht auf Charts und Computersysteme allein verlassen kannst. Markttechniker sind Experten im Lesen des Marktes, aber in den meisten Fällen sind sie keine guten Händler. All die Marktkenntnis und Analyse ist erkenntnisreich, aber du kannst von einer guten Sache nicht all zu viel vertragen. Es kommt der Moment, in dem du aufhörst, Charts zu lesen und die Umsätze zu analysieren. Vielleicht sind sie zu intelligent und ihre Vorhersagen bewahrheiten sich. Sie versuchen, mehr als einen Preis vorherzusagen,

147

oder untersuchen mehr als eine Trendlinie, indem sie auch noch die letzte Variable bestimmen, bevor sie sich festlegen. Dann bewegt sich der Markt doch in eine andere Richtung.

Heute nutzen meine Angestellten und ich drahtlose Telefone, um zwischen der Börse und den oberen Büros zu kommunizieren und die Verbindung zwischen den Charts und dem Parkett aufrecht zu halten. Ich habe mich ebenfalls weg von den reinen Charts hin zu computerisierten Handelsmodellen bewegt. Es begann in den frühen 90ern, als ich einen technischen Analysten anstellte, der mit künstlicher Intelligenz bewandert war, die Computern ermöglicht, den Markt zu lesen und bestimmte Schlüsselpreispunkte auf Grundlage von bestimmten Variablen zu erkennen. Über die Jahre wurden die Händlersysteme entwickelt, indem man auf Preisfelder schaute wie gleitende Durchschnitte, Elliot-Wellentheorie, Candlesticks (eine schwierige Abart des Barcharts), Ausbrüche, Stopp Loss bei Rückschlägen und dem Monomentum. Die künstliche Intelligenz erlaubt es dir, all diese – und eine Menge andere – Variablen zu einem Handelssystem zu kombinieren. Meine Gesellschaft verfügt über ein computerisiertes Handelssystem, das 18 Programme zu einem zusammenfügt. Der Computer packt sich buchstäblich die Variablen, und identifiziert sie als Schlüsselpunkte für Umsätze, die vielleicht nur ein paar Mal im Jahr oder wenige Male im Monat vorkommen. Andere wiederum zeigen häufig vorkommende Handelsgelegenheiten an, die täglich vorkommen.

Die technische Analyse, wie ich sie verwende, wurde unheimlich wissenschaftlich, ich bin aber auch nie von meinen Fundamentaldaten – Marktempfinden und Parkettorderfluss – abgerückt. Diese Kombination von Börsenparkett und technischer Analyse war mein Kennzeichen als Händler. Das gilt auch heute noch, wenn ich sehr stark mit computerisiertem Handel arbeite. Ich glaube, dass du die Einsichten, die du von der Stimmung am Parkett gewinnst, nicht unterschätzen darfst. Die technischen Charts dienen als eine Art Navigationshilfe, aber sie sind nicht das gesamte Bild, das Du dir verschaffen musst. Wenn du am Parkett stehst, kannst du die Stimmung der anderen Händler fühlen. Du siehst den Orderfluss der anderen Händler, der dir einen Anhaltspunkt für die zu Grunde liegenden Fundamentaldaten gibt. Und dann ist da einfach noch das Fingerspitzengefühl, das ich im Laufe der Jahre entwickelt habe.

Die technischen Analysten, mit denen ich zusammengearbeitet habe, weisen mich manchmal darauf hin, dass ich als der „Zigeuner" bezeichnet werde. Es gibt Zeiten, in denen ich Geschäfte auf Grund meines Instinktes und meiner Erfahrung ausführe – und nicht nur auf Grund der technischen Analyse (obwohl ich sie nicht ganz außer Acht lasse). Nach 18 Jahren Handeln habe ich einfach eine Fähigkeit entwickelt, dass ich den Markt lese und interpretiere, wie er von keinem Chart gezeichnet wird, ob ein Linienchart oder ein Computerprogramm.

Ich war immer mehr der Typ, der kleine Gewinne mitnimmt. Ich habe mit Überzeugung gehandelt, dem Glauben, wohin der Markt geht. Es gibt Händler am Parkett, die niemals nach Meinung handeln, denen es sehr, sehr gut geht. Sie haben sechsstellige Einkommen, indem sie Tick für Tick handeln. Sie warten auf die großen Kundenaufträge, die zeitweise den Markt aus dem Gleichgewicht bringen. Sie springen darauf, kaufen die Tiefststände, die in dem Moment herrschen oder verkaufen, wenn der Markt ein klein wenig höher geht. Die Gewinne pro Umsatz sind vielleicht klein, aber ständig und summieren sich schnell, und das Risiko ist relativ gering. Ich beschreibe diese Art des Handelns wie folgt: Es ist so, wie wenn du ein feiger Baseballspieler bist, in der Lage, deinen Fuß an der ersten Grundlinie zu halten und dein rechtes Bein die ganze Zeit um die Linien schwingst, um zum Heimbase zu kommen, während ein fliegender Ball in der Luft ist. Wenn der Ball über die angeschlagene Position fliegt, nimmst du einen Fuß zuerst weg und schnappst zurück. Du hast zwar Punkte gesammelt, warst aber die ganze Zeit in Sicherheit.

Das war nie mein Stil. Ich habe angefangen, Markteinschätzungen und Beobachtungen zu entwickeln. Während ich noch Gewinne mitgenommen habe, würde ich mit einer Schieflage handeln. Meine Überzeugung und meine Erfolg in der Marktinterpretation zog die Aufmerksamkeit der anderen großen Börsenhändler auf mich, Händler von großen Börsenhäusern und solchen, die für Vermögensverwalter wie Paul Tudor arbeiten. An richtungslosen Tagen war ich da und habe aggressiv geboten. Die Broker mussten die Marktaktivitäten dem Chefhändler melden, der eine Sache wissen wollte: Wer kauft und wer verkauft? Sehr oft war die Antwort: „LBJ".

Ein Großteil der Verständigung am Parkett läuft über Handzeichen, Gesichtsausdrücken und Lippenlesen. Der Ort ist zu laut, um weiter als ein paar Zentimeter gehört zu werden, und du kannst deinen Platz am Parkett bestimmt nicht verlassen, um jemandem etwas ins Ohr zu flüstern. Wenn der Chefhändler fragt: „Wer bietet?", dann zeigt er die Frage. Die Antwort eines Brokers am Parkett ist oftmals ein Signal. Für Merrill Lynch ist das eine geballte Faust mit dem gestreckten Zeige- und kleinen Finger als Hörner des Stieres, dem Symbol von Merrill. Für E.F. Hutton war das Signal ein Ziehen am Ohr. („Wenn E.F. Hutton spricht, hören die Leute zu....") für mich war das Signal die Luft anhalten und mit den Fäusten an die Backen stoßen. Ich weiß nicht, was das bedeuten sollte. Kann sein, dass an einen Windsack gedacht war. Ich habe niemals jemanden gefragt, wie der Gesichtsausdruck mit mir in Zusammenhang gebracht wurde. Dann wiederum möchte ich es vielleicht gar nicht wissen.

Andere Händler begannen, mich zu kopieren, zu kaufen, wenn ich kaufte und zu verkaufen, wenn ich verkaufte. Deswegen musste ich einige Tricks zum Täuschen entwickeln, um mein Handeln zu verdecken. Ich wollte leer verkaufen oder eine Position verkaufen. Ich wusste, wenn ich beginnen würde zu verkaufen, würde eine Menge Leute auf meine Seite springen und den Markt runter drücken und es würde schwierig für mich, zu einem hohen Preis zu verkaufen. Als Beispiel lege ich einen Verkaufsauftrag, zehn Kontrakte zu 70 zu verkaufen, weitere zehn zu 80 und 20 Kontrakte zu 90. Dann beginne ich zu bieten, wie wenn ich kaufen wollte. Wenn der Markt bei 50 ist, biete ich 55. Andere Händler würden sich anschließen und 60 bieten. Dann biete ich 70 und mein erster Verkaufsauftrag würde ausgeführt. Wenn der Auftrag durch ist, biete ich 70 und jemand anderes bietet 75 und dann 80 und mein anderer Auftrag wäre ausgeführt. Dann biete ich 80 und jemand anderes würde 90 bieten und mein letzter Kontrakt wäre auch verkauft.

Obwohl ich eine erfolgreiche Karriere als Händler, einschließlich mehr als einem Jahrzehnt als lokaler Händler genossen habe, habe ich nicht alles alleine erreicht. Ich habe mit einigen sehr guten Leuten über Jahre hinweg zusammengearbeitet, einige von ihnen wurden wiederum selbst erfolgreiche Händler. Es wäre unvollständig, wenn ich nicht eine Person hervorheben würde, Joni Weber. Joni, die als Verkäuferin, Brokerin und Händlerin an der Börse seit 1969 tätig war, arbeitete für mich über 15 Jahre. Sie stand jahrelang am Parkett neben mir und verfolgte meine Umsätze. Sie erzählte die Geschichte, dass, als ich an dem S&P-Parkett begann, sie darauf angesprochen wurde, für mich zu arbeiten. Ich war so arrogant und forsch, dass sie mit keinen Mitteln dazu zu bewegen war, für mich zu arbeiten. Schließlich hat sie doch zugestimmt, um ihrem Mentor Maury Kravitz einen Gefallen zu tun, halbtags für mich zu arbeiten und später meine Ganztagesassistentin zu werden.

Wenn es darum geht, Missverständnisse aufzuklären, Irrtümer gerade zu biegen und Umsätze zu rekonstruieren, gibt es niemanden besseres als

Joni. In all den Jahren habe ich vollständiges Vertrauen in ihre Fähigkeiten und ihre Urteilskraft entwickelt. Und was noch wichtiger ist, wenn ich meine schwierige Zeit sehe, einschließlich der als ich während der traumatischen Scheidung manchmal keinen Sinn für den Markt hatte, dann war Joni die Person außerhalb meiner Familie, der ich vollständig vertrauen konnte. Das höchste Lob, das ich ihr aussprechen kann, ist, dass ich immer wusste, dass wir ein Team sind, und dass ihre und meine Interessen die gleichen waren.

Jahrelang unterstützte mich Joni an der Börse. Als die Börse sagte, dass nur Mitglieder am Parkett stehen dürften, kaufte ich eine zusätzlich Mitgliedschaft, dass sie neben mir stehen konnte. Während ich handelte, schnell und heftig, hielt Joni meine Tickets in Ordnung. Als ich anfing, war es den Händlern und Brokern erlaubt, ihre Tickets am Ende des Tages zu führen. Dann wurden die Regeln schärfer und wir mussten sie innerhalb einer bestimmten Zeit eintragen. Dann mussten die Tickets fortlaufend nummeriert werden und der Name des Händlers oben darauf eingetragen werden. Weil ich manchmal mehrere Umsätze in Folge machen kann, Käufe und Verkaufe von zehn, 20, 30 oder sogar 100 Kontrakten, bremste mich das Führen der Tickets. Das war, als Joni zu Einsatz kam.

Sieben bestimmte Dinge sind für jeden Umsatz nötig, um auf der Karte festgehalten zu werden: Wertpapierart, Verfallsdatum, Menge, Preis, Abschlusszeit, Erkennungszeichen des anderen Brokers oder Händlers von dem Umsatz und sein Clearinghaus. Ich war berüchtigt, nur die absolut notwendigsten Dinge auf der Karte zu notieren und sie dann Joni weiterzureichen, die während sie auf meine Umsätze achtete, den Rest ausfüllen konnte und meine Hieroglyphen entzifferte. Aber manchmal gab es auch ein Gekritzel, das Joni nicht entziffern konnte.

„Hey" schrie sie dann und gebrauchte einen der Kosenamen, die nur für mich galten, „was soll das heißen?" Ich warf einen Blick auf die Karte und gab ihr die Details. Oder dann, nachdem ich 20, dann 33 und zehn gekauft hatte und sieben und weitere sechs und dann 15, 30 und fünf verkaufte, drehte ich mich zu ihr und fragte sie: „wo stehen wir denn?"

Sie machte auf der Stelle Kassensturz von all meinen Umsätzen und sagte mir dann, ob wir was im Bestand hatten, leer verkauften oder ausgeglichen waren.

Zusammen mit Joni führte ich eine Menge Erneuerungen im Parketthandel ein. Wir stellten einen Verkäufer an, nur um unsere Umsätze zu überprüfen. Nehmen wir an, ich habe 30 Kontrakte an einen Broker verkauft. Mein Verkäufer ging dann zu ihm hin und bestätigte ihm, dass er die 30 Kontrakte gekauft hat, die ich ihm verkauft habe. Zuerst waren einige der anderen Händler und Broker über diese Praxis verärgert, aber dann wurde es akzeptiert. Wir finden alle, dass es die Kosten von schief gelaufenen Umsätzen reduziert und uns in die Lage versetzt, Fehler und Irrtümer sofort zu beheben.

Obwohl niemand den Markt beherrschen kann, habe ich doch gelernt, mit ihm eher im Einklang zu sein als nicht. Das Geheimnis reduziert sich auf ein Wort: Disziplin. Händler müssen ihren Körper und ihren Verstand ebenso disziplinieren, wie es Sportler tun, bis ein bestimmtes Verhalten automatisch wird. Das ist wie bei den Footballspielern, die trainieren und trainieren, und wenn sie auf den Platz marschieren, ist ihnen das Spielen in Fleisch und Blut übergegangen. Golfer trainieren ständig, bis sie zur Abschlagsstelle kommen und einfach abschlagen (eine Fähigkeit, die ich mir noch erwerben muss). Es ist alles nur eine Frage von Muskelaufbau.

Die Händler müssen ihren Verstand dahingehend trainieren, dass er ihnen bei jedem Geschäft uneingeschränkt zur Verfügung steht. Mit jedem Gewinn und jedem Verlust müssen die Händler ihr Verhalten und die Grundlagen der Gewinnstrategie überprüfen. Der Handel muss zur zweiten Natur werden, die ohne Nachzudenken arbeitet. Wie bei den Sportlern kommt diese Fähigkeit zum Handeln nur durch Disziplin. Ich habe als Kind schon gelernt, meinen Körper zu trainieren. Aber meinen Verstand zu trainieren, war eine Sache, die mir am College beigebracht wurde.

Für die meisten 18-jährigen ist das College, fern von zu Hause, der Wendepunkt in ihrem Leben. Für mich war das etwas anderes.

DePauw University, eine Schule mit sehr hohem akademischem Anspruch, war für mich ein raues Erwachen und der größte Wendepunkt in meinem Leben. Als ich Footballspieler am Gymnasium war, war ich überzeugt, dass ich Profi werden würde (ungeachtet der Tatsache, dass ich nur 1,78 m groß war). Aber als Erstsemestler in DePauw, eine Schule der III. Liga, war ich unter wirklich großen Athleten. In dieser Masse war ich ein durchschnittlicher Sportler und nur meine Entschlossenheit unterschied mich von den anderen. Diese Erfahrung bekräftigte mich darin, wenn ich in dieser Welt Erfolg haben wollte, brauchte ich eine gute Erziehung.

Akademisch gab es für mich kein „Vorbeikommen" mehr. Ich habe erkannt, dass ich vereinte, ernsthafte Anstrengungen unternehmen musste, um eine Ausbildung zu bekommen. Ich war dazu verdammt, das College mit Erfolg zu absolvieren, und wenn es mich zu Grunde richtete, ich war es mir und meinen Eltern schuldig. Für mich war es wie der Jüngste Tag. Mit den Worten meines Vaters gesprochen war es Zeit, „es anzupacken oder die Klappe zu halten." Ich wollte meine Eltern nicht enttäuschen, besonders nicht meinen Vater, der das College nach einem Jahr verlassen musste. Ich war fest entschlossen, das Ziel zu erreichen.

Mein Leben bestand aus Seminaren, Footballtraining und dann nachts drei oder vier Stunden Bücherei, um zu versuchen, das in mir aufzusaugen, was ich nicht wusste. Wenn ich davon überzeugt sein wollte, etwas aus mir zu machen, musste ich meinen Verstand ebenso stärken, wie meinen Körper.

Ich begann, in der Zeitung nicht nur den Sportteil zu lesen. Als der Nahostkonflikt die Schlagzeilen beherrschte, wollte ich wissen, warum. Vielleicht die wichtigste Lektion, die ich gelernt habe, war, dass es mehr als nur eine Sicht der Dinge gibt. Die Welt bestand nicht aus schwarz und weiß, wie ich das immer wahrgenommen habe, es gab eine ganze Menge grau.

Ich war in politischen Wissenschaften eingeschrieben, denn ich wollte Recht studieren. Aber von Natur aus fühlte ich mich der Volkswirtschaft hingezogen, die Professor Ralph Gray unterstand, der Berater für Präsident Eisenhower war. Die volkswirtschaftliche Abteilung war die strengste, so dass ich ihr bis zum zweiten Jahr fernblieb. Dann belegte ich Professor Grays Einführungskurs. Seine Eröffnung am ersten Tag war: „Schauen Sie sich Ihren Nachbarn an. Er besteht entweder den Kurs, oder er fällt durch" Das volkswirtschaftliche System von Keynes – Angebot und Nachfrage – habe ich verstanden. Das einzige, wo ich mir vor Lachen den Bauch halten musste, war der Ausdruck, der plötzlich auftauchte: Widgets. Die Gesellschaft X produziert Widgets....Gesellschaft Y kauft Widgets....Was ist, wollte ich wissen, ein Widget?! Heute weiß ich es, ein „Widget" ist nur ein Ausdruck für ein hypothetisches Produkt. Aber ich wollte mich nicht in einer theoretischen Vorstellungswelt bewegen, sondern in echten Beispielen.

Als ich Jahre später an der Börse war, tippte mir jemand am Parkett auf die Schulter. Da war ein Händlerkollege, der auch seinen Abschluss am DePauw gemacht hatte und niemand anderes war als Professor Gray. „Hallo Lewis. Ich höre, Ihnen geht es ganz gut," sagte mein alter Professor. „Es ist schön, Sie zu sehen."

Als ich ihn sah, musste ich sofort an meine Collegezeit denken, als ich

Volkswirtschaftliche Theorie pauken musste. Ich konnte später erkennen, dass sich viel von dem, was ich gelernt hatte, täglich im Markt abspielt. Ich zeigte auf das Chaos um mich herum: „Sehen Sie all diese Händler? Die verstehen Angebot und Nachfrage," sagte ich Professor Gray. „Aber ich kann Ihnen versichern, keiner von diesen Burschen hat je ein Widget gesehen!"

Es gab mehr in meiner Erziehung am DePauw, als nur das akademische. Meine Welt, die ich bis dahin nur mit den Augen eines Italo-Amerikaners von Chicago betrachtet hatte, erweiterte sich schlagartig. Rückblickend ist diese Verwandlung doch recht komisch. Als grobschlächtiger Junge von Chicago war ich wie ein Außerirdischer von einem weit entfernten Planeten, als ich auf das Collegegelände kam und die Söhne und die Töchter von den wohlhabendsten Familien im Mittelwesten ebenso wie die Bauernkinder aus Indiana traf.

Als ich in DePauw ankam, wusste ich nicht, was ein Diener sei, und ich bin mir verdammt sicher, dass ich niemals „Schummeln" spielte. Die ganze Welt wirkte sehr fremd auf mich, wie ich sicherlich auch auf sie wirkte. Glücklicherweise hängte ich mich an einen Jungen namens Jay von Morgan Park, dessen Vater ein Chicagoer Polizist war, und einen anderen Chicagoer mit dem Namen Nick, dessen Vater Zahnarzt war. Dann kam der Druck, uns einer Studentenverbindung anzuschließen. Wir drei beschlossen, zusammen zu bleiben und uns einem Haus anzuschließen, das uns alle akzeptieren würde. Es stellte sich heraus, dass das die Phi Gamma Delta, oder kurz FiJi, war. Jedes der Häuser hatte seine Eigenart – ein Heim für die Preppies oder die Jochs – FiJi wurde von Football beherrscht. Es gab 60 Jungen in FiJi, mehr als 35 davon waren im Footballteam, und die Hälfte von diesen 35 waren aus der Region von Chicago. Aber viele waren auch von Winnethka, Lake Forest oder anderen Orten der Preppies, die weit weg von den Arbeitervororten waren, wo ich aufwuchs.

Nachdem ich im FiJi-Haus eingezogen bin, war es Zeit für eine erste Zusammenkunft – eine Bierparty – und die Gelegenheit, die Mitstudenten kennen zu lernen. Ich war 18 und hatte meine sozialen Fähigkeiten in den Clubs von Rush Street unten in Chicago erworben. Ich zog meine starken Sicily Jeans an, meinen Nicky und drei Goldketten. Ich stieg in meine Plateau Schuhe und föhnte mein Haar etwa 40 Minuten. Als ich zu der Party im Untergeschoss des Verbindungshauses ging, war ich davon überzeugt, dass ich gut aussah. Jeder starrte auf mich, als ob ich einem Raumschiff entstiegen wäre. Alle um mich herum waren Jugendliche mit weitbeinigen

Hosen, Izod-Hemden, Clogs und Jacken. Nicht nur, dass ich wie ein Marsmensch aussah, meine Art zu Reden – sehr rau, sehr starker Chicago-Slang – war etwas, was sie noch nie zuvor gehört haben. Ich sah ein paar Blicke in meine Richtung und hörte ein paar Kicherer von den Mädchen. Sie wussten nicht recht, was sie mit mir anstellen sollten.

Ich starrte auf meine Mitstudenten mit der gleichen Verwunderung. Wenn ich sprach, klang ich wie ein starker Bursche aus einem Kinofilm. Wenn sie sprachen, klang das für mich wie das Schwingen eines Banjo. Wir sprachen alle Englisch, aber es war sicherlich ein anderer Dialekt. „Bist du Italo-Amerikaner?" fragten sie mich.

„Ja, ich bin Italo-Amerikaner" antwortete ich.

Als die Nacht fortschritt, zeigten sich die Unterschiede zwischen mir und meinen Mitstudenten immer deutlicher, im direkten Verhältnis zum Alkoholverbrauch. Ein Blick oder eine Bemerkung wurde eine Provokation für die eine oder andere Seite. „Junge, ich werf dich raus und gib dir eine Tracht Prügel," näselte jemand in meine Richtung.

„Nach draußen bringen?" dachte ich. Wo ich herkomme, ging niemand nach draußen, um etwas zu regeln. „Du musst nicht nach draußen gehen" antwortete ich. Dann kämpften wir miteinander, auf Chicagoer Art.

Als mein Vater mich zum ersten Vater-und-Sohn Verbindungshaus-Essen besuchte, nahm ich ihn zur Seite: „Wir müssen Einkaufen gehen," sagte ich zu ihm.

„Warum? Was ist falsch, wie du aussiehst?"

„Papa, Schau dich hier um. Ich passe hier nicht rein. Mein Stil hat hier keinen Platz."

Papa verstand, wie wichtig es mir war und wir gingen eng anliegende Jeans und Izod-Hemden kaufen.

Mein Vater wurde die gefeierte Person der FiJis. Ich erinnere mich, als ich um den Tisch mit meinen Verbindungsbrüdern und ihren Vätern saß, die sich brüsteten: „Dein Großvater war ein FiJi. Ich war ein FiJi. Jetzt bist du ein FiJi, und ich hoffe, eines Tages wird dein Sohn ein FiJi." Als sie meinen Vater wegen seines Hintergrundes fragten, scherzte er: „Ich? Ich war im PhiGammaGhetto." Sie lachten über Papa wegen seines Humors und seiner Geselligkeit. Immer wenn er zu Besuch kam, fragte er einige meiner Freunde, deren Väter nicht übers Wochenende da waren, ob sie mit uns zum Essen kommen wollten. Es war für Papa nicht unüblich, ein halbes Dutzend Burschen mitzunehmen.

Mein Verbindungsvater im FiJi war George, der Kapitän der Footballmannschaft, der nach DePauw während seiner Militärzeit kam. Während es Georges Aufgabe war, nach mir zu sehen und darauf zu achten, dass ich ein guter „FiJi" wurde, haben wir uns angefreundet. Er schüttelte sein Herz aus, nachdem seine Freundin Melanie ihn verlassen hatte, kurz nachdem sie ihm nach DePauw gefolgt war. Ich nahm an Georges gebrochenem Herzen teil und bedauerte ihn jedes Mal, wenn er davon erzählt hat, dass er Melanie mit einem anderen Jungen reden gesehen hat. Und ich ließ es ihn wissen, wenn ich Melanie mit einem anderen Jungen reden oder gehen sah. Ich gebe zu, dass ich besonders eifrig war, George Bericht zu erstatten, wenn der Kerl jemand war, den ich nicht mochte. Meine wirkliche Motivation war jedoch, Georges Bewusstsein auf sich und weg von mir zu lenken.

„Sie ging mit *ihm*?" würde George fragen.

„Ja, sie ging."

„Denkst du, sie gehen miteinander?"

„Das kann ich nicht sicher sagen. Aber wundern würde es mich nicht."

Wenn der Kerl ein Verteidiger beim Footballspielen gewesen wäre, der mir unter die Haut ging, hätte ich keinerlei Einzelheiten ausgespart, sie George zu erzählen, einem Angriffsspieler. Diese Kerle konnten nicht verstehen, warum sie George beim nächsten Footballtraining so hart anpackte. Beim Ball stoppen und abwehren bekamen sie den Eindruck, dass George sie umbringen wollte.

Das College hat auch einige meiner rauen Ecken abgeschliffen, obwohl ich meine Herkunft nicht verheimlicht habe. Ich habe gelernt, mich einzufügen und zu ändern und den Umständen anzupassen. Das ist der Grund, warum ich mich heute noch sowohl auf einer internationalen Investmentkonferenz, als auch auf dem Golfplatz mit Kumpeln oder beim Lachen mit jemandem aus der Nachbarschaft wohlfühle.

Ich habe erkannt, wenn ich mich anpasse, dann ist es ein Überleben im Sinne von Darwin, aber auch im Sinne von Machiavelli. Wenn ich mich selbst dazu bestimmt fühlte, ein Führer und kein Mitläufer zu sein, dann musste ich mich verändern und überleben lernen, um mich rechtzeitig zu entwickeln. Als Händler hat mir diese Disziplin sehr gut gedient. Obwohl ich mir Vertrauen als Händler verdient habe, weiß ich, dass ich niemals den Respekt vor dem Markt verlieren kann.

Gerade wenn du meinst, du hast es herausgefunden und bist schlau genug, einfach zu wissen, wo der Markt hingeht und wann, packt dich die Realität und schlägt dir ins Gesicht. Es ist mir vorgekommen, und ich schwöre dir, ich klage und wünsche mir bessere Zeiten und bin dann froh, wenn der Wecker schellt, um aufzustehen. Du gehst dann zurück an die Anfänge und vergisst niemals den Respekt für den dem Markt eigenen Sinn für Timing.

Nach beinahe zwei Jahrzehnten am S&P-Parkett habe ich einige sehr gute Händler um mich herum aufwachsen gesehen. Heute gibt es eine sehr scharfe Konkurrenz von Händlern, die ihre Materie wirklich kennen. Es gibt eine Art sportlichen Respekt unter den Händlern, sogar unter scharfen Konkurrenten. Die Risiken, die ein Händler Tag für Tag eingeht, können nur von einem anderen Händler verstanden werden. Das ist der Grund, warum ich, wenn ich mir Zeit nehme, jemandem zu begegnen, es ein Mithändler ist. Entweder sind wir Freunde oder bittere Rivalen, gute Händler respektieren sich und ihre Fähigkeiten.

Das S&P-Parkett ist unvergleichlich. Jeder, der ständig handeln möchte, will Teil des S&P sein, ein Markt, der zu groß ist, um gezähmt oder unterschätzt zu werden. Er ist einfach tierisch. Ich erinnere mich noch, als ich Kundenaufträge ausgeführt habe und meinen ersten Kundenauftrag über 2.000 Kontrakte bekam. Ich erwartete, dass ein Kaufauftrag in dieser Größenordnung den Markt in die Höhe treiben würde, aber es hielt sich tatsächlich in Grenzen. Dann stürzte eines anderen Tages der Markt bei einem 20 Kontraktauftrag um 400 Punkte in die Tiefe. Es schien keine Logik zu haben und keinen Sinn und Grund dafür zu geben.

Diese riesigen 2.000 Kontraktaufträge gaben mir jedoch einen interessanten Einblick, wie die Institutionellen den S&P-Kontrakt als Portfolioversicherung nutzen. Sie kauften den Future und verkauften die Aktien – oder umgekehrt – um den Wert ihres Aktienportfolios abzusichern.

Das Leben als Händler, die Aussicht auf das große Geld und was wie ein kurzer Arbeitstag aussieht, reizt viele Menschen. Aber was sie oft nicht sehen, ist den Stress, den wir jedes Mal, wenn wir zur Börse gehen, bewältigen müssen, sei es, dass wir auf eigene Rechnung handeln oder Aufträge für Kunden ausführen.

Ich benutze eine Menge Vergleiche aus der Sportwelt, aber für diejenigen, die mit dem Beruf nichts zu tun haben, ist es vielleicht der beste Vergleich. Am Parkett stehst du für dich allein. Wenn du Verluste hast, hast du niemanden, auf den du die Schuld schieben kannst – ganz bestimmt nicht auf den Markt. An den guten Tagen kommst du dir vor wie ein Superstar. Aber an den schlechten möchtest du dich am liebsten unbemerkt vom Parkett schleichen. Kannst du dich an den alten Slogan der *großen weiten Welt* erinnern? „Der Ruhm des Sieges und die Höllenqualen der Niederlage."

Glaube mir, es gibt Tage, an denen jeder Händler – ich eingeschlossen – sich mit diesen Burschen identifizieren möchte, der einfach mit den Skiern davonbraust.

Ich kann damit fortfahren, und tue es auch, mit dem Börsenhandel einen guten Lebensunterhalt zu verdienen. Aber mir gibt der Paketthandel keine geistige und intellektuelle Herausforderung mehr. Alles, was du machen kannst, ist deine Disziplin so zu perfektionieren, dass du ein Roboter wirst. Wenn du einmal den Punkt erreicht hast, an dem Reflexe anstatt von echten Gedanken einsetzen, dann kannst du ein großer Börsenhändler werden. Aber für mich kam ein Punkt, an dem der Paketthandel nicht mehr genug war. Und um ehrlich zu sein, im Alter von 41 Jahren möchte ich nicht mehr am Parkett stehen und schubsen und stoßen und Burschen um mich herum haben, die nett zu mir sind. Die Zeit ist gekommen, um das Leben außerhalb des Paketts anzupassen, wenn auch nicht ohne Handeln. Aber ich nehme die Techniken des Day Trading mit mir nach oben in einen Raum, der mit Computern angefüllt ist.

Da die Aufmerksamkeit der Welt des Handelns auf den stark zunehmenden Handel abseits vom Börsenparkett gerichtet ist, ist es für mich beruflich und persönlich ein idealer Zeitpunkt. Gerade als ich begann, die Märkte charttechnisch zu erfassen, oder als ich einen Technischen Analysten einstellte, um mich zu unterstützen, musste ich Seite an Seite der Veränderung ausharren. Ich wusste immer, ich wollte so viel Marktinformationen wie ich mit meinen Händen packen konnte. Jetzt sammle ich so viel Markterneuerungen, wie ich kann.

Ich bin der Menschenschlag, der sich keine Sorgen über seinen Lebensunterhalt macht. Ich möchte nicht überheblich oder anmaßend klingen. Glaube mir, es gibt viele Dinge in meinem Leben, um die ich mich sorge. Aber wenn es darum geht, Geld zu verdienen, sich um meine Familie und mich selbst zu sorgen, dann war ich immer dazu bestimmt, es richtig zu machen. Unglücklicherweise stumpfen zu viele Menschen in ihrem Beruf ab, weil sie immer das gleiche Jahr für Jahr tun. Es ist nicht, weil sie unfähig sind oder weil es keine anderen Gelegenheiten gibt. Was die meisten Menschen abhält, ist die Angst zu Versagen. Ich hatte nie Angst zu versagen, aber nicht, weil ich denke, *immer* Erfolg zu haben. Ich war in vielen geschäftlichen Unternehmen engagiert, in denen ich Geld verloren habe, Zeit vergeudete, oder beides. Der Unterschied für mich liegt darin, dass ich mich nicht von Rückschlägen vernichten lasse. Vielleicht ist es dieser Charakterzug, der viele der erfolgreichen Händler vom Rest der Welt unterscheidet. Ich habe einen Rückschlag nie als Katastrophe angesehen. Auf die gleiche Art darfst du ein Verlustgeschäft auch nicht als Weltuntergang ansehen. Du steckst den Verlust ein, überlegst dir, was passiert ist und kommst zurück auf die Grundlagen, die du beherrschst. Andernfalls kannst du deine Händlerjacke an den Nagel hängen.

Ich ziehe meine Händlerjacke immer noch an, sicherlich nicht so oft wie in der guten alten Zeit. Meine Handelsgesellschaft und ich werden am Parkett präsent sein, solange es existiert. Aber die Verhältnisse ändern sich. Als ich Vollzeit-Parketthändler war, habe ich die Computer und Charts zur Unterstützung des Geschehens, das ich am Parkett gesehen habe, genutzt; heute handele ich verstärkt mit dem Computer und nutze das Geschehen am Parkett als Bestätigung. Ich handele nicht nur für mich selbst, sondern ich verwalte Kundengelder. Es ist eine natürliche Ergänzung dessen, was ich die letzten 18 Jahre getan habe und eine Gelegenheit für Kunden an meiner Erfahrung teilzuhaben. Es ist nicht mehr, aber auch nicht weniger, als die nächste Verwandlung in meinem Leben.

Kapitel 08

Der Handel wird elektronisch

Es gab kaum ein Geräusch im italienischen Handelsraum, außer dem Klicken der Computertastatur und gedämpften Stimmen von Händlern, die miteinander tuschelten. Es hätte jedes Büro sein können, wenn nicht die unverwechselbare Stimmung in der Luft gelegen wäre, als die Händler intensiv ihre Computerbildschirme betrachteten und die Märkte beobachteten. Als ich zugesehen habe, kauften und verkauften die Händler Lira und italienische Aktienfutures, indem sie ihre Aufträge in die Bildschirme durch Bedienen der Maus und Schreiben auf der Tastatur eingaben. Wenn ich es nicht besser gewusst hätte, hätte ich vermutet, dass die Händler in diesem Handelsraum der Mailänder Bank nichts anderes machen, als E-Mails senden oder Internet surfen. Aber so wie ich die Damen und Herren an den Computerbildschirmen in dem Handelsraum der italienischen Bank beobachten konnte, wusste ich, dass ich einen flüchtigen Blick erhaschen konnte, wie der neue Händler der Zukunft aussieht.

Als ich vor 18 Jahren an die Chicagoer Börse kam, habe ich am Parkett das Handeln gelernt. Diese reale Welt des Parketthandels, in der Händler und Broker ihr Angebot und Nachfrage sich gegenseitig zuschreien, ist bekanntermaßen das Reich der Jungen und körperlich Fitten. Und die meisten Mitspieler am Parkett sind Männer. Aber in diesem italienischen Händlerraum und in Büros in der Schweiz und woanders in Europa sah ich die nächste Generation von Händlern. Für sie gab es nie ein Börsenparkett und wird es auch nie eines geben, als Ort, wo sie zum Handeln hingehen. Alles was sie brauchten war ein Computer, die richtige Software und eine funktionierende Verbindung zur Börse. Es macht überhaupt keinen Unterschied, ob sie in Mailand, Paris, London, Zürich, Brüssel oder irgendwo anders waren. Zum ersten Mal erkannte ich ganz klar, dass der Futureshandel zu den Händlern gebracht werden könnte.

Wie ich auf der Europareise vor kurzem sah, brauchen die elektronischen Börsen keine bestimmte Örtlichkeit – nur die Technologie, um zu Handeln. Wenn der elektronische Handel sich in den Vereinigten Staaten ausbreitet, wird das gleiche für die amerikanischen Händler wahr – Ungeachtet des Alters, Geschlechts oder der körperlichen Verfassung. Ob sie amerikanische Futures elektronisch handeln oder, wenn die amerikanischen Aufsichtsbehörden es eines Tages erlauben, dass sie Zugriff zu den europäischen automatischen Börsen haben, so macht es überhaupt nichts aus, ob sie in Chicago oder New York, Seattle oder Atlanta oder an irgendeinem Platz dazwischen sitzen.

Jenen außerhalb des Futuresgeschäftes zuliebe ist es nötig, einen Unterschied zwischen einer elektronischen Börse und einem computerisierten Handel zu machen. Eine elektronische Börse ist ein automatisches System, das Käufe und Verkäufe erlaubt, ohne dass eine menschliche Schnittfläche diesen Handel abschließt. Diese „Black-Box", wie der elektronische Handel auch genannt wird, ersetzt das Börsenparkett vollständig. Der computerisierte Handel auf der anderen Seite meint nur, dass der Händler hinter einem Bildschirm sitzt, anstatt am Parkett zu stehen. Wenn ich den S&P nicht am Parkett handele, dann beobachte ich jeden Tick am Bildschirm, der mir den Preis, zu welchem die Kontrakte ge- und verkauft wurden, anzeigt. Diese Ticks auf dem Bildschirm sind keine Umsätze, die elektronisch zu Stande kamen; sie spiegeln eher das Vorgehen am Parkett, bei dem Käufer und Verkäufer als Ausdruck des reinen Kapitalismus zusammen kommen.

Der größte Unterschied zwischen der elektronischen Börse und dem offenen Ausrufen ist vielleicht, dass das elektronische Handeln ein Spielfeld vorgibt, bei dem alle Teilnehmer die gleiche Ausgangsstellung haben und die gleichen Gebühren bezahlen. In dem elektronischen Markt gibt es keine Gefühle außer deinen eigenen. Am Börsenparkett haben die Händler und die Broker einen allgemeinen Überblick über den Orderfluss. Der Vorteil hängt mit den Börsenmitgliedschaftspreisen zusammen. An einem elektronischen Schauplatz werden jedoch die Kauf- und Verkaufsaufträge anonym eingegeben und ausgeführt, ohne dass irgendjemand – außer den zwei betroffenen Parteien – wissen, wer Kauf- und Verkaufsgebote abgegeben hat. Obwohl die Befürworter des elektronischen Handels derartige Anonymität bevorzugen, glaube ich, dass es gegen den Grundgedanken des Futureshandels läuft. Das Börsenparkett ist eine frei zugängliche Veranstaltung, bei dem alle Kauf- und Verkaufsangebote öffentlich für alle sicht- und hörbar gemacht werden.

Als Parketthändler war diese Transparenz besonders wichtig, wenn wichtige Wirtschaftszahlen veröffentlicht werden sollten, wie die amerikanische Arbeitsmarktstatistik. Die Parketthändler gaben große Aufträge an die Broker und wussten, dass Institutionelle diese Positionen in Erwartung der „Zahlen", wie wir diese Berichte nennen, aufbauten. Sicherlich analysierten einige Institutionelle den Trend wie die Arbeitslosenzahlen und kamen zu ihrem eigenen Entschluss. Aber die Frage, die uns immer im Kopf herumging, war: Hat irgendjemand Zugang zu den Zahlen schon ein oder zwei Tage voraus? Wenn das der Fall wäre, wäre es eine Leichtigkeit, die Spur vom Broker zum Brokerhaus zum Kunden zurück zu verfolgen. Aber was würde unter dem Siegel der Anonymität bei einem elektronischen System geschehen? Würde ein derartiges Hindernis jemandem mit Zugang zu den Daten erlauben, oder gar ermuntern, einen Auftrag zu platzieren, in dem Wissen, dass es schwer würde, ihn in solch einem System zurück zu verfolgen?

Wenn es um Futureshandeln geht, dann bringe ich Erfahrungen von 18 Jahren Parkethandel mit. Ich bin ein starker Verfechter des Ausrufens und der Notwendigkeit, dem Markt Liquidität als auch freien Zugang zu geben. Aber meine Perspektive ändert sich. Ich sehe das Parkett nicht länger als den einzigen Platz zum Handeln an, obwohl ich nicht glaube, dass das Ausrufen bald verstimmen wird. Eher denke ich, werden wir einen vielfältigen Marktplatz sehen, an dem mehr Futureskontrakte beidseitig gehandelt werden, also sowohl elektronisch als auch durch Ausrufen. Wir haben einen beidseitigen Handel in Rentenkontrakten und mit einer reduzierten Version im S&P-Kontrakt – dem E-Mini – der vor und nach der Eröffnung des Parketts gehandelt wird. Die Chicagoer Börse wird bald auch das beidseitige Handeln in Eurodollarzinskontrakten ermöglichen, und ich vermute, die Währungen werden bald folgen.

Kapitel 08

Ich glaube, dass in Kürze jeder Futureskontrakt beidseitig gehandelt werden wird. Das gibt den Kunden die Möglichkeit, sich für den ihrer Meinung nach effizientesten Markt zu entscheiden. Einige Kontrakte werden vielleicht vollständig elektronisiert, besonders die sehr liquiden und nicht allzu volatilen Märkte wie Eurodollar, Renten und Währungen (obwohl ich ernsthafte Vorbehalte wegen der Fähigkeit eines elektronischen Marktplatzes habe, einen plötzlichen Anstieg von Volatilität zu verkraften). Landwirtschaftliche Kontrakte wie Sojabohnen, Korn, Kälber und Schweinebäuche, die mitunter illiquide sind, könnten vielleicht elektronisch angeboten werden. Aber ich glaube, diese Kontrakte werden weiterhin das Parkett bevorzugen, an dem örtliche Spezialisten leichter die notwendige Liquidität sicherstellen können, wenn Institutionelle ihre Positionen absichern wollen.

Das beidseitige Handeln erlaubt beiden, sowohl den Futuresbörsen als auch den Kunden den elektronischen Handel testweise auszuprobieren. Die Kunden können sehen, ob der elektronische Handel ihren Anforderungen völlig entspricht, ohne sich selbst vollständig vom Parkett zu verabschieden – besonders wenn die Volatilität plötzlich ansteigt. Die Börsen ihrerseits sind in der Lage, kritische Produkte auf den Prüfstand zu nehmen, von der Liquidität bis zur Aktualität, während sie die Unabhängigkeit unserer Märkte sicherstellen. Obwohl ich glaube, dass das Parkett auf bestimmte Art seine Rolle in der Zukunft spielen wird, können die amerikanischen Futuresbörsen nicht untätig zusehen, während der Rest der Welt in den elektronischen Handel drängt. Sogar diejenigen unter uns, die ihre gesamte Karriere am Parkett verbracht haben, müssen sich dieser neuen Welt anpassen.

Die Diskussion über den elektronischen Handel geht über die Frage hinaus, ob ein Händler am Parkett steht oder vor einem Bildschirm sitzt. Aus dem gleichen Grund hat die Schaffung eines elektronischen Marktplatzes gegenüber dem offenen Ausrufen nichts an Tradition oder der Wahrung von ein paar Existenzen von armen Börsenhändlern zu tun. Es reduziert sich alles auf die Frage, wie Aufträge effizient und schnell ausgeführt werden können und der gleiche Zugang zu den Futuresmärkten erhalten wird.

Es ist eine ungute Entwicklung, dass Parketthändler Angst vor Computern haben. Einige Leute meinen, die Parketthändler seien wie eine Menge Pferdeschmiede, die denken, Automobile werden sich niemals durchsetzen können. Sie könnten von der Wahrheit nicht weiter entfernt sein.

Auch beim offenen Ausrufen sind die Dinge nicht immer gleich geblieben. Ich habe eine lange Entwicklung mitgemacht, von der Anfangszeit, als Angebot und Nachfrage noch mit Kreide auf eine Tafel geschrieben wurden. Die Börsen wurden ausgefeilter, sowohl in der Abwicklung als auch im Verfolgen der Umsätze und im Rationalisieren des Auftragsausfüllens. Im Moment ist einfach der optimale Gebrauch von fortschrittlicher Computertechnologie an den Futuresbörsen ideal, um die Geschwindigkeit des Anlieferns eines Auftrages am Parkett, die Zeit zwischen der Entscheidung des Kunden zum Handeln und der Auftragsausführung in Sekunden sicherzustellen. Diese Entwicklung der Technologie des Parketthandels wird weitergehen, weil sie die Kunden- und die Parketthändler und Broker – fordern.

Als ich als Auftragsausfüller angefangen habe, hat der Kunde den Broker mit dem Auftrag angerufen. Der Broker hatte dann den Börsenchef an der Börse angerufen, der einen Auftrag ausgeführt hat und sie einem Laufburschen übergeben hat. Der Laufbursche hat den Auftrag einem Broker am Parkett gebracht, der ihn ausführte. Dann gab es bestimmte große Kunden, die den Broker umgehen konnten und direkt den Börsenchef angerufen haben. Der Börsenchef notierte dann den Kundenauftrag, gab ihn einem Laufburschen, der ihn einem Parketthändler überreichte. Dann wurde das Deuten oder der Gebrauch von Handzeichen eingeführt, um schneller die Kundenaufträge zum Parkett zu befördern. Der Börsenchef signalisiert dem Broker den Auftrag, den dieser ausführt. Oft geschah dieser Prozess in wenigen Sekunden, während der Kunde am Telefon wartete. Heute ist die Technologie eingeführt, um den Orderfluss noch schneller zu machen. Ich sehe den Tag kommen, an dem jeder Händler und Broker am Parkett einen kleinen Computer hat – ein bisschen größer als ein Palm Pilot Taschenorganisator – anstelle dem Schreiben von Karten. Die Broker würden ihre Aufträge an dem Bildschirm von diesen Kleinstcomputern erhalten, was die Sicherheit der Aufträge schützen würde.

Diese Aufzeichnungen könnten auch als Handelsprotokoll genutzt werden, ohne dass Handelskarten zum Einsatz kommen. Aber das ist auch kein Patentrezept. Ein Broker mit einem Computer in der Hand kann nicht mit der Geschwindigkeit eines erfahrenen Händlers konkurrieren, der traditionelle Händlerkarten verwendet. Ich kann viele Umsätze in schneller Folge ausführen, einschließlich Käufe und Verkäufe, und kritzele dann das Minimum auf meine Händlerkarte. Ich reiche dann die Karte an meinen Verkäufer weiter, der den Rest ausfüllt und an die Börse berichtet.

Mit einem Computer in der Hand müsste der Händler sämtliche Einzelheiten des Geschäftes eingeben oder ihn an den Verkäufer weitergeben, der die Zeit, den Preis, die Menge und das Kennzeichen des Anhängers von dem Kontrahenten, mit dem das Geschäft gemacht wurde, eingibt.

Ich glaube, dass von der Entscheidung des Handels bis zur Ausführung, die ich das vorderste Ende des Geschäftes nennen möchte, keine Handcomputeranzeige – sogar mit vorprogrammierten „heißen Schlüsseln" – mit einem Parketthändler, der Händlerkarten benutzt, mithalten kann. Allerdings räume ich ein, wenn das Geschäft erst einmal abgeschlossen ist, ist die Geschwindigkeit des Berichtens und der Abwicklung des Geschäfts wesentlich schneller beim Gebrauch von Handcomputern anstelle von herkömmlichen Händlerkarten. Es gibt einen entscheidenden Vorteil im Weiterleiten der Daten vom Abschluss zur Abwicklung. Das führt dazu, dass schief gelaufene Geschäfte wesentlich schneller erkannt werden, und warnt Clearinghäuser, große ausstehende Positionen, die von Kunden gehalten werden, mit zusätzlicher Nachschusspflicht zu belegen. Beim Futureshandel sind die Positionen abgewickelt, noch bevor der Markt am nächsten Tag eröffnet. Für Aktien braucht es vielleicht zwei oder drei Tage, bis eine Position abgewickelt ist.

Dieses ständige Aufzeichnen von Geschäften beim Gebrauch eines Handcomputers zeigt auch einen anderen Nachteil. Es wird schwirig, wenn nicht gar unmöglich, ein Geschäft auf der Stelle zu korrigieren. Beispielsweise verkauft ein Parketthändler bestens und ich biete zu kaufen. „27 an dich, LBJ", zeigt mir der Broker. Dann merkt er eine Sekunde später, dass er sich vertan hat und signalisiert mir: „Nein, ich habe dir 24 – nicht 27 verkauft." Die Änderung wird auf meiner Handelskarte vermerkt und als Geschäft mit 24 Kontrakten berichtet. Mit einem Handcomputer jedoch wäre das Geschäft sofort mit 27 Kontrakten eingegeben worden und ich hätte ein Ausgleichsgeschäft machen müssen, um die 27 Kontrakte auf 24 abzuändern.

Neben einigen Problemen, die sicherlich erwähnt werden müssen, ist die Wirksamkeit beim Gebrauch eines Handcomputers und die Geschwindigkeit des Auftragsflusses unzweifelhaft größer als die Unbeweglichkeit beim Gebrauch am Parkett. Aber wie wir im Laufe der Jahre gesehen haben, sind die Händler ein anpassungsfähiges Volk. Wir passen uns den geänderten Regeln an, manchmal widerstrebend, und wir haben die Technologie wie die Piepser oder die Handys zu unserem Nutzen eingesetzt. So wie ich es kommen sehe, ist der beste Nutzen der Handcomputer die Fähigkeit, den Orderfluss weiterzuleiten, was die Wettbewerbsfähigkeit des offenen Ausrufens erhält, da wir uns sehr schnell auf das beidseitige Handeln zu bewegen, sowohl auf dem Parkett, als auch beim elektronischen Handeln.

Wenn wir uns den elektronischen Futureshandel ansehen, dann ist das Modell die Eurex, die durch die Fusion der Deutschen Terminbörse in Frankfurt und Soffex in der Schweiz entstanden ist, zum Erfolg verdammt. Auf der einen Seite wurde sie von einigen der größten deutschen Banken gegründet, die bedeutende Positionen von Futures hielten, um Zinssätze und Währungsrisiken abzusichern. Lass uns zum Beispiel annehmen, eine große multinationale Firma geht zu einer Bank, um eine große Transaktion zu finanzieren, wie einen Kaufvertrag von Rohmaterial in Fremdwährung. Das Zinsrisiko wird von der Bank übernommen, indem sie die Finanzierung über die nächsten Monate oder Jahre zur Verfügung stellt. Um diese Risiken auszugleichen, gehen die Banken an die Futuresbörsen, um ihre Fremdwährungs- und Zinsrisiken abzusichern, indem sie eine entsprechende Position an Futureskontrakten kaufen oder verkaufen. Mit den Banken, die hinter der Eurex stehen, ist es ein kleines Wunder, dass der Hauptfutureskontrakt, der an der elektronischen Börse notiert wird, die 10-jährige deutsche Bundesanleihe, genannt Bund, ist. Als die Eurex den Bundkontrakt herausbrachte, wurde er auch im offenen Ausruf an der Londoner Internationalen Finanzfuturesbörse (LIFFE) gehandelt. Das schuf Arbitragemöglichkeiten für Spekulanten, die den Vorteil von Preisunterschieden der Bundnotierung an der Eurex und der LIFFE auszunutzen. Vielleicht wurde die Eurex der beherrschende Markt für den Bund und heute werden dort sämtliche Geschäfte in diesem Kontrakt getätigt.

Der Bundkontrakt war an der Eurex nicht nur wegen des Hintergrundes der führenden Banken, die diesen Kontrakt nutzten, erfolgreich, sondern auch Dank der Verbesserung der Technologie. Zusätzlich macht ein Anstieg der Teilnehmer den Markt effizienter. Das hatte einen doppelten Effekt: Die Spanne zwischen Angebot und Nachfrage – das sind die Preise, zu denen du kaufst und verkaufst – näherten sich an und die Liquidität nahm zu. Entgegen der Überzeugung einiger Befürworter der Eurex glaube ich, dass der wichtigste Faktor dafür die niedrige Volatilität der Zinsen und die relative Stabilität der Weltwirtschaft ist. Das erlaubt insbesondere Institutionellen sich mit der Wirkungsweise eines elektronischen Marktes vertraut zu machen, ohne die Risiken in Kauf zu nehmen, die mit einem volatilen und unvorhersehbaren Markt verbunden sind.

Wenn du dir den Erfolg des Bunds an der Eurex betrachtest, kannst du dir sicherlich auch vorstellen, dass ähnliche Kontrakte ebenso effizient elektronisch gehandelt werden. Solche Kontrakte wie Eurodollar – oder Währungsfutures scheinen gute Kandidaten für den elektronischen Handel zu sein, da sie liquide sind und von Institutionen dominiert sind, dass der Handel leicht von Kunde zu Kunde oder von Orderausfüller zu Orderausfüller gemacht werden könnte. Aber es bleiben doch ernsthafte Fragen bei der Einführung des elektronischen Handels. Was geschieht, wenn ein geordneter Markt plötzlich volatil wird? Wenn mehr Händler zum Börsenparkett kommen, wird es ein bisschen enger und lauter. Wir stoßen uns Schulter an Schulter wie in einer New Yorker U-Bahn während der Hauptverkehrszeit. Aber da gibt es eine Kapazitätsgrenze, wie viele Broker und Händler das Parkett bevölkern können.

Was passiert, wenn an der elektronischen Börse plötzlich eine große Orderflut kommt? Theoretisch können schließlich eine unendliche große Teilnehmerzahl mit dem elektronischen Handelssystem verbunden werden, während das Parkett seine physischen Grenzen hat. Wie kann ein elektronisches System eine plötzliche Auftragsflut auf das System bewältigen? Jeder, der sich jemals im Internet eingeloggt hat, weiß, dass das System langsamer wird, wenn es sehr viele Nutzer gibt. Vereinfacht geschieht das gleiche möglicherweise beim elektronischen Handel. Am Parkett können ein oder 100 Dutzend Angebote und Nachfragen gleichzeitig ausgerufen werden. Könnte eine elektronische Börse den gleichen Ansturm an Aufträgen bewältigen, ohne Engpass, der den Handel verlangsamt? Und wenn mehr Anwender die elektronische Börse nutzen, können die Computernetzwerke schnell und reibungslos angepasst werden, um den plötzlichen Ansturm zu bewältigen? Was passiert, wenn ein Computernetzwerk abstürzt?

Im April 1992 brach eine unterirdische Mauer und der Chicago River überflutete die Kommunikations- und Servicetunnel unter einigen Gebäuden im unteren Teil Chicagos. Die Börse war überflutet, aber der Handel wurde nicht ausgesetzt, obwohl das Berichtswesen und die Abwicklung des Handels unterbrochen wurden, als die Computer zusammenbrachen. Um das Problem zu lösen, wurden von der Börse tragbare Computer eingesetzt, um die Umsätze aufzuzeichnen und abzuwickeln. Würde der Handel darunter leiden, wenn bei einer elektronischen Börse die Black Box plötzlich durch eine Überschwemmung oder andere Katastrophen beschädigt würde? Was würde mit offenen Positionen geschehen, besonders

Der Handel wird elektronisch

dann, wenn der Markt durch weltbewegende Ereignisse plötzlich volatiler wird?

Und rein philosophisch betrachtet, frage ich später im Kapitel, wie die Börsen ihre Verantwortung gegenüber den Legionen von direkt angeschlossenen Day Tradern sehen, die Futures auf ihrem Brotzeittablett handeln. Wie groß ist die Verantwortung der Branche, um diese neuen Spieler zu erziehen, die vielleicht nicht erkennen, wie der Adrenalinstoß des Handels süchtig machen kann – und das bevor es zu spät ist?

Unter all den Bedenken, die beim elektronischen Handeln angebracht werden, ist die Volatilität vielleicht die kritischste. Der Markt wird manchmal volatil, wenn etwas unvorhergesehenes geschieht, wie etwa die unerwartete Zinssenkung der amerikanischen Notenbank, wie wir sie am 15. Oktober 1998 gesehen haben. Die beste Möglichkeit, um Volatilität zu kontrollieren ist, sicherzustellen, dass unterschiedliche Teilnehmer am Markt sind, jeder mit seiner eigenen Meinung, die er auf dem Preisniveau, sowie technischen und fundamentalen Analysen stützt. Wenn du 200 oder 500 Kunden hast, die einen Kontrakt handeln, schränkt das die Volatilität noch lange nicht ein, solange jeder die gleiche Meinung hat oder wenn sie alle Institutionelle sind und die gleichen Modelle nutzen, die ihnen anzeigen, wie sie ihre Positionen am besten absichern. Wenn es aber Teilnehmer mit unterschiedlichen Meinungen sind, einschließlich der professionellen Spekulanten, die die andere Seite des Handels zu einem richtigen Preis eingehen, dann ist die Liquidität gesichert und unnötige Volatilität wird vermieden.

Einige Kontrakte, wie die Eurodollerzinsfutures werden von Institutionellen fast unter Ausschluss der örtlichen Spezialisten bestimmt. Mit so einem großen Volumen, das in Eurodollar gehandelt wird, mit einem Gegenwert von 1 Million Dollar pro Kontrakt, sind viele örtliche Spezialisten nicht wettbewerbsfähig. Die Eigenkapitalerfordernisse haben die Fähigkeit vieler örtlicher Spezialisten überfordert, Abschlüsse, die groß genug sind – oftmals Hunderte von Kontrakten – zu tätigen, um die Aufmerksamkeit der Broker auf sich zu ziehen, die die Aufträge für die institutionellen Kunden ausführen. Eurodollar neigen dazu, Kontrakte mit hoher Liquidität aber geringer Volatilität zu sein. Beispielsweise wurde an einem ruhigen Montagmorgen der nächste Monatskontrakt in Eurodollar mit einem 6-Tick Abstand gehandelt, wobei jeder Tick einen halben Dollar wert ist Aber als die Fed die Zinsen an diesem 15. Oktober 1998 gesenkt hatte, steigen die Eurodollar stark und wurden mit einer 40-Tick-Spanne an diesem Tag gehandelt, weil sowohl die Absicherer, als auch die Spekulanten unbedingt den nächstmöglichen Futureskontrakt kaufen wollten.

An diesem Tag waren die Marktteilnehmer unstreitig dankbar für die örtlichen Spezialisten am Eurodollarparkett, die die nötige Liquidität sicherstellten, um den plötzlichen Orderanstieg zu verkraften. Wer weiß, wie hoch der Eurodollar ohne die örtlichen Spezialisten gestiegen wäre. Das wiederum wirft die Frage auf: Wären diese örtlichen Teilnehmer auf einem reinen elektronischen Forum überhaupt präsent? Oder würde ein elektronischer Marktplatz, auf dem die Aufträge abgewickelt werden, die örtlichen Speziallisten hinausdrängen? Das wäre sogar in einem scheinbar ruhigen Markt wie der Eurodollar gefährlich, denn ohne ausreichende Teilnehmer würden die Preisausschläge noch mehr ins Uferlose gehen. Der Vorfall mit der Zinssenkung zeigt, glaube ich, die wirkliche Bedeutung eines offenen und liquiden Marktplatzes. Wenn die Bedingungen plötzlich volatil werden, ist die Unabhängigkeit des Marktes nur durch eine breite Teilnehmerbasis sichergestellt. Mit unterschiedlichen Teilnehmern – einschließlich den Spekulanten und den Absicherern – ist die Volatilität zu handhaben. Sicherlich ist die fehlende Volatilität in Eurodollarkontrakten kein Problem wegen der niedrigen inflationären Umgebung in den Vereinigten Staaten und den verhältnismäßig stabilen Zinsen. Aber wir können natürlich nicht sicher sein, dass das immer so bleiben wird. Die Geschichte lehrt uns eins: sie wiederholt sich immer wieder. Als ich mit dem Handeln begann, war das Gold bei 800,– $ die Unze, die Inflation war bei etwa 15 Prozent und die kurzfristigen Zinsen gingen bis zu 21 Prozent. Ich erinnere mich noch, als wir unser Haus in Lombard, Illinois verkauft hatten, erlösten wir 200.000,– $ Gewinn, den wir auf ein Jahr zu 17 Prozent angelegt haben. Das brachte uns 34.000,– $, mehr als wir verbrauchten, um unsere Lebenshaltungskosten für ein Jahr zu bezahlen.

Wer weiß, ob künftig globale Katastrophen zweistellige Inflationsraten oder eine weltweite Rezession bringen werden? Noch nicht einmal Volkswirte, die den Nobelpreis gewonnen haben, konnten das Ausmaß der asiatischen Finanzkrise, des Russlanddebakels und seinen Einfluss auf die Weltwirtschaft voraussagen. Deswegen müssen wir sicherstellen, dass ein elektronischer Markt sowohl Volumen als auch Volatilität ebenso leicht zur Verfügung stellen kann, wie das Börsenparkett.

Wenn es künftig zur Einrichtung eines elektronischen Handels kommt, dann blicken wir zur Eurex und nehmen den Bundkontrakt als Vorbild. Aber wenn wir die Zukunft des elektronischen Handels sehen, müssen wir den S&P-Kontrakt betrachten, der hoch liquide, volatile und unzähmbare Markt, den Institutionelle nicht dominieren und dominieren können. Die Dynamik des S&P ist wie kein anderer, teilweise, weil er auf dem Aktienmarkt beruht, der auf alles reagiert, von der Zinsänderung bis zu der Gewinnwarnung einer großen Gesellschaft wegen ihrer Quartalsgewinne – und all das vor dem Hintergrund einer Flut von neuem, spekulativem Kapital in den Markt. Der S&P-Kontrakt ist unberechenbar und macht es unmöglich, vorherzusagen, wie der Markt an einem bestimmten Tag auf die vorherrschenden fundamentalen und technischen Faktoren reagieren wird.

Im Laufe meiner Karriere habe ich einen 2.000-Kontraktauftrag gesehen – eine Größe, bei der du einen starken Anstieg oder Rückgang des Marktes annehmen müsstest – der in einer Spanne von 20 Punkten ausgeführt wurde. An anderen Tagen sah ich, wie ein Auftrag über 20 Kontrakte den Markt um 400 Punkte hat einbrechen lassen. Als ich mit dem Handeln begann, war eine 20 – oder 30 Punkteveränderung im Dow Jones Industrial Average eine bemerkenswerte Bewegung. Heute bewegt sich der Dow um 200 Punkte und niemand wundert sich. Ähnlich könnte der S&P eines Tages eine 2.000-Punktebewegung machen. Ich glaube, dass ein reines elektronisches Forum wegen dieser Volatilität nicht in der Lage wäre, einen Kontrakt wie den S&P verkraften zu können.

Sicherlich gibt es einige, die ein elektronisches Forum für S&P begrüßen. Zur Zeit bietet die Chicagoer Börse einen E-Mini an, eine reduzierte Version des S&P-Kontrakts mit einem Gegenwert von 50.000,– $, während der „große Bruder" am Parkett mit 250.000,– $ gehandelt wird. Obwohl der E-Mini erfolgreich die kleineren Anleger angezogen hat, bevorzugt der Markt nach wie vor die Liquidität des Parketts. Dieser Ausflug in das beidseitige Handeln zeigt dank dem E-Mini die Nachteile, die verhindern, dass der S&P auf immer ein vollständiger elektronischer Kontrakt wird.

Lass uns mal näher hinschauen, was passierte, als die Fed die Zinsen am 15. Oktober 1998 gesenkt hat. Der große S&P-Kontrakt schoss auf 5.200 Punkte ohne einen einzigen Rückschlag, da die Verkäufer verschwanden und die Käufer den Markt überschwemmt haben. Aber der S&P notierte an diesem Tag kein einziges Mal über 1.075 am Börsenparkett. Die E-Minis jedoch gingen hoch bis auf 1.128. Tatsächlich zeigte der Computer in einem Moment, als alle Verkäufer von E-Minis verschwunden waren, sogar ein Limit von 9.999 an. Die Börsenaufsicht schritt später ein und erklärte die Umsätze, die bei 1.028 erfolgten, für ungültig und setzten 1.082 als E-Mini Höchstkurs fest. Für den Mondpreis 9.999 – der nicht gültig war – hätten einige glückliche Händler einen Gewinn von 11 Millionen Dollar für einen einzigen Kontrakt einstecken können! Das unterstreicht die Unzulänglichkeit der E-Minis durch den Mangel an Liquidität. Ohne ausreichende Marktteilnehmer leidet die Liquidität und die Preisausschläge ufern aus.

Sogar an der Eurex ist die Liquidität und Volatilität beim deutschen Aktienfutureskontrakt betroffen, der als DAX bekannt ist. Ein europäischer Händler erzählte mir kürzlich, dass er sich vorübergehend wegen des Mangels an Liquidität vom Handel von mehr als 20 DAX-Kontrakten zurückzog. Wenn es an Liquidität mangelt, wird das Börsenparkett weiterhin das Geschehen beherrschen, selbst wenn eine elektronische Alternative zur Verfügung steht. Das ist der Grund, warum ich glaube, dass besonders in illiquiden Märkten oder in Märkten, die zwar liquide, aber hoch volatil sind, wir die hoch entwickelten elektronischen Foren mit dem traditionellen Ausrufen am Parkett gemeinsam handeln lassen müssen.

Ich gebe dem Parkett, an dem ich fast zwei Jahrzehnte gehandelt habe, keinen Todesstoß. Aber der elektronische Handel wird weiterhin wegen seiner relativ einfachen Bedienung zunehmen, auch wegen seiner Fähigkeit als hoch entwickelte Computerbörse große Volumen zu handeln. Technologische Durchbrüche werden nur die Effizienz des Marktes steigern. Dann haben die Parketthändler nur noch auf die Musik zu lauschen, sei es der Ruf zum Handeln oder das Requiem für das Parkett.

Im Laufe der Jahre kamen verschiedene Argumente von den Befürwortern des elektronischen Handels auf, wie die Möglichkeit der Kostenreduzierung durch Einsparung von Parkettpersonal. Andere warfen Wettbewerbsgründe auf, und erst kürzlich ein spürbarer Druck, allen Teilnehmern am Futuresmarkt, einschließlich der Kleinanleger, freien Zugang zu verschaffen. Obwohl der elektronische Handel unsere Zukunft ist, glaube ich, ist es eine echte Bedrohung, wenn wir unsere Vergangenheit aufgeben. Die Unabhängigkeit unserer Märkte, die die Voraussetzung für den freien Zugang aller Teilnehmer ist, kann nicht durch den Versuch untergraben werden, ausufernde Technologie über noch mehr Produkte zu stülpen. Tatsächlich existierende Produkte müssen optimiert werden, bevor sie mit blindem Vertrauen an den elektronischen Handel angeschlossen werden können.

Eine der Hauptvoraussetzungen ist die Zugriffsgeschwindigkeit. Theoretisch spiegelt der Zugriff das Spielfeld wieder, indem es allen Spielern, unabhängig wo sie gerade sind, Zugang zu dem Handelssystem mit der gleichen Geschwindigkeit zusichert. Lass uns als Beispiel das GLOBEX, das nachbörsliche Handelssystem an der Chicagoer Börse, anschauen. Die Zugriffsgeschwindigkeit erlaubt es einem Händler in Asien, seine Aufträge zu platzieren – die bei einem elektronischen System so laufen, dass der, der zuerst kommt, zuerst bedient wird – ebenso schnell wie jemand mit einem Büro im Börsengebäude. Aber wie ich bereits gesagt habe, bieten nicht alle elektronischen Systeme den gleichen Zugang für alle Mitspieler. Das Börsenprojekt A, das das elektronische Handelssystem ergänzt, erlaubt Händlern und Brokern, die in bestimmten Büros sind, so wurde mir jedenfalls erzählt, sich mit dem System über das Börsennetzwerk (LAN) zu verbinden. Ich habe erfahren, dass manchmal diese LAN-Verbindung Teilnehmern innerhalb des Börsengebäudes einen Vorteil von zwei bis sieben Sekunden gegenüber den Händlern und Brokern gibt, die irgendwo anders sind.

Eine weitere Frage ist aus meiner Sicht, wie mehrere Angebote und Nachfragen mit der Eurex-Methode, wer zuerst kommt, wird zuerst bedient, gehandhabt werden. Ich möchte kurz ein Beispiel bringen für etwas, was sich am S&P-Parkett unzählige Male am Tag ereignet. Lass uns annehmen, ein Broker hat 300 Kontrakte zu verkaufen und 20 Leute springen zu ihm hin, um das Geschäft zu machen. Er verteilt vielleicht diese Kontrakte an, lass uns sagen, die ersten sieben Leute, die er sieht. „An dich! Einhundert! Fünfzig! Fünfzig! Fünfzig! Zwanzig! Zwanzig! Zehn!" In einer Sekunde hat der Händler mit sieben verschiedenen Leuten beinahe gleichzeitig gehandelt. Wenn du unter den Händlern bist, auf die der Broker gezeigt hat, bekommst du ein Stück des Geschäftes; andernfalls bist du ausgeschlossen. Aber in beiden Fällen weißt du sofort, ob du einige oder alle 300 Kontrakte gekauft hast.

Bei einem elektronischen System ist es ein völlig anderes Spiel. Lass uns wiederum einen Auftrag zum Verkauf von 300 Kontrakten annehmen, der Dutzende gieriger Käufer nach sich zieht, die alle gleichzeitig an ihrem Computer klicken. Um einen Wettbewerbsvorteil einzugehen, geben die Technohändler vermutlich ihre Kaufangebote billigst ein, das heißt, sie werden zu dem in dem Moment gültigen Preis ausgeübt. Höchst wahrscheinlich werden die Händler, um Zeit zu sparen, vorprogrammierte Knöpfe an ihrer Tastatur verwenden, um am Markt zu bieten. Die Aufträge werden auf der Basis, wer zuerst kommt, wird zuerst bedient, ausgeführt.

Aber was geschieht mit den restlichen Angeboten auf den Verkauf von 300 Kontrakten? Kaufaufträge, die billigst in das System eingegeben werden, sind noch im elektronischen System und können nicht einfach storniert werden. Sie bleiben Billigstaufträge, die höher und höher notieren, bis sie ausgeführt werden.

Wie ich bereits vorher sagte, ist die Ausführung und Anzeige der Umsätze zweifellos in einem elektronischen Markt schneller. Aber der elektronische Handel kann nicht mit der Geschwindigkeit eines Bruchteils einer Sekunde konkurrieren, in der am Parkett eine Entscheidung getroffen und ausgeführt wird. Ebenso dauert es, bis ein bestimmter Preis in ein elektronisches System eingegeben wird. Der Händler muss den Kontrakt eingeben, den er handelt, den Betrag, den Preis und so weiter. Die Eingabe kann viel länger dauern, als sich einfach zu einem andern Händler umzudrehen und zu rufen: „20 an dich!"

Ein anderer Unsicherheitsfaktor für den elektronischen Handel ist das Risiko für technische Fehler. Es ist wahrscheinlich eine gesicherte Erkenntnis, dass es uns allen schon einmal passiert ist, dass wir von unserem Computer frustriert waren, weil es so schien, als ob er nicht antwortete. Wir können ein E-Mail oder eine Datei nicht öffnen, klicken wieder und wieder auf die Maus und ... schlussendlich haben wir zwölf Kopien von Microsoft Outlook geöffnet und der Computer hängt. Das gleiche kann beim elektronischen Handel passieren. Im November 1998 ging ein Gerücht um, das auch in der Presse erschien, dass riesige Volumen irrtümlicherweise an der Eurex gehandelt wurden. Eine Version besagte, dass ein Lehrling einen Auftrag über 100.000 Kontrakte eingegeben hat und dachte, dass er nur übt und nicht mit der Börse verbunden ist. Was tatsächlich geschah, ist unklar. Aber es nährt die Zweifel, dass zu viele Klicks auf der Tastatur von einem Anfänger eingegeben und eine riesige – und unbeabsichtigte – Position am Futuresmarkt aufbauen könnte.

Oder nimm den Zusammenbruch von Griffin Trading, die im Dezember 1998 Bankrott gingen, nachdem sie Verlust durch nicht genehmigten Überseehandel erlitten haben. Nach dem Bericht der *Financial Times* vom 1. Februar 1999 schreibt Vincent Boland in einem Artikel „Die Futures-Händler bekommen möglicherweise 2,7 Millionen Dollar nach dem Zusammenbruch von Griffin Trading zurück." (veröffentlicht von Dow Jones & Company, Inc.), brach Griffin möglicherweise zusammen, nachdem ein unabhängiger Händler, der die Firma zum Abwickeln seiner Umsätze genutzt hatte, 10 Millionen Dollar Verluste erlitt, indem er in Futures auf deutsche Staatsanleihen investierte. Dieser Vorfall machte es nötig, dass die Eurex und andere elektronische Börsen Sicherheiten gegen riesige unautorisierte Positionen im Markt einrichteten. Was sollte bei einem anonymen Auftragsabwicklungssystem zwei Händler davon abhalten, riesige Positionen einzugehen – sagen wir Kauf und Verkauf von je 10.000 Kontrakten –, wenn sie wissen, dass sie automatisch zusammengeführt werden? Ansonsten würden die Händler bei einem Gewinn teilen und das Clearinghaus für den Verlust verantwortlich machen, um sich dann in den Südpazifik abzusetzen, wo es keine Auslieferungsgesetze gibt. Für diejenigen unter uns, die altgedient in dem Geschäft sind, ist es klar, dass die Betreiber von elektronischen Börsen lernen müssen, Risiken zu beherrschen, ebenso wie es die herkömmlichen Futuresbörsen getan haben. Beim offenen Ausruf am Parkett erzeugen sehr große Umsätze immer Misstrauen.

Als ich Partner in einem NASDAQ-Kleinauftrag-Ausführungsbüro war, gab einer unserer Händler einen Kaufauftrag von 1.000 Aktien ein. Als er nicht sofort eine Bestätigung bekam, drückte er nochmals auf den Knopf. Es gab immer noch keine Bestätigung, und er drückte nochmals. In dem Moment, als er aufhörte, den Eingabeknopf zu drücken, hatte er versehentlich 15.000 Aktien gekauft.

Es klingt vielleicht einfach, diese Eingabefehler durch eine einfache Regel zu verhindern: Mach es nicht! Aber wenn sich der Markt schnell und stark bewegt, versuchst du, das Geschäft auszuführen und der Computer antwortet scheinbar nicht, so dass du dazu neigst zu denken, dass mit der Maschine etwas nicht stimmt. Um diese Art von Eingabefehler von katastrophalen Verlusten fern zu halten, müssen in die elektronischen Programme Kontrollen eingebaut werden. Den Händlern sollte es nicht erlaubt sein, über ihren Limiten zu handeln. Es sollte bei der Handelsfirma oder der Abwicklungseinheit liegen, diese Regel einzusetzen. Aber es sollte nicht nur der Händler geschützt werden, sondern auch die Abwicklungsfirma, die für die Verluste verantwortlich ist, wenn der Händler Pleite macht.

Ebenso wie sich die Parketthändler über Jahre über die Bedrohung des elektronischen Handelssystems, besonders an der Chicagoer Börse, beschwert haben, müssen wir uns auch schämen. Zum Beispiel Währungen und Eurodollarkontrakte, die von Institutionellen dank teilweise sehr geringer Volatilität des Marktes beherrscht werden, haben zu einer sehr kleinen Spanne zwischen Angebot und Nachfrage geführt. Wenn einer einen Auftrag ausführt und steht auf der obersten Stufe des Parketts, um 1.000

Kontrakte zu kaufen, kann er sich oftmals nach einem anderen Broker umschauen, der 1.000 Kontrakte zu verkaufen hat. Es ist nicht sehr effizient dabei, sich einem örtlichen Spezialisten zuzuwenden, der 200 Kontrakte verkauft, wenn der Auftrag leicht von einem zum anderen als ganzes abgewickelt werden kann. Dieses Vorgehen hat die örtlichen Spezialisten herausgedrängt, die oft keine ausreichende Kapitaldecke haben, um große Umsätze mit Institutionellen zu machen.

Das Vorherrschen der Institutionellen im Eurodollarmarkt wurde durch gemischte Gefühle von vielen Brokern und Händlern begleitet, nachdem der duale Handel abgeschafft wurde. Als Ergebnis des Verbotes haben einige Orderausfüller fast die Hälfte ihres Jahreseinkommens eingebüßt. Dieser Riss veranlasste einige Orderausfüller, wann immer es möglich war, auf örtliche Spezialisten zu verzichten. Diese missliche Lage am Eurodollar- und Währungsparkett führte zur Bildung eines eigenen „örtlichen Spezialisten-Komitees." Mitte der 80er Jahre an der Chicagoer Börse, das sich aus unabhängigen Options- und Futureshändlern zusammensetzte. Eine der ersten Dinge, die das Komitee machte, war eine Studie über den Orderfluss am Parkett. Die Ergebnisse waren höchst erstaunlich. In Währungskontrakten wurden über 75 bis 80 Prozent der Umsätze zwischen den Orderausfüllern unter Ausschluss der örtlichen Spezialisten gemacht. In Eurodollarkontrakten war der Anteil sogar bei 90 bis 95 Prozent. Es erstaunt schon, dass die örtlichen Spezialisten in beinahe der Hälfte aller Umsätze der hoch volatilen und liquiden S&P-Kontrakte involviert sind, was erklärt, warum es den Institutionellen bisher nicht gelungen ist, diesen Markt zu beherrschen. Das läuft auf den Grundtenor des Futureshandels hinaus: die örtlichen Spezialisten werden gebraucht, um Liquidität zur Verfügung zu stellen.

Nachdem diese Studie heraus kam, wurde ein Treffen zwischen den örtlichen Spezialisten und den Orderausfüllern als „Friedensplan stiften" bezeichnet. Ich erinnere mich an die einschüchternde Botschaft von Jack Sandner in dieser Versammlung: „Wenn ihr vollendete Tatsachen für die Black Box schaffen wollt, dann macht ruhig weiter und meidet die örtlichen Spezialisten," geißelte Jack die Broker.

In der Futuresbranche haben wir alle miteinander über die Jahrzehnte bestens gewusst, dass der elektronische Handel sich am Horizont abzeichnet. Jetzt haben wir ihn. Der Handel wurde von der Technik revolutioniert. Meine Gesellschaft zum Beispiel setzt Computer ein, die künstliche Intelligenz für Kaufsignale nutzt. Dieses Werkzeug erlaubt mir, lange im Markt zu bleiben, wenn ich fest dafür bin. Das ist ein Aspekt, der nicht durch ein Programm ersetzt werden oder durch künstliche Intelligenz ausgeglichen werden kann. Intuition und Fingerspitzengefühl sind das wichtigste beim Handeln, wenn es auch manchmal der strengen Logik des Computers zuwiderläuft. Wenn wir für unsere Kunden kaufen, vertrauen wir den Computerprogrammen, um den Markt zu analysieren und Preise aufzuzeigen, zu denen wir kaufen oder verkaufen sollten. Aber ich stehe über dem Handel auf Grund meiner 18-jährigen Handelserfahrung. Ein Computer kann zwar den Markt analysieren, aber nur ein Mensch kann die psychologischen Marktfaktoren abwägen und vorherbestimmen.

Vielleicht ist die Angst vor dem Austausch durch die von uns selbst entwickelten Maschinen in unserer menschlichen Natur tief verwurzelt, wie in einer Frankensteingeschichte, in der die Kreatur die Schöpfung überwindet. Die Arbeiter sagen, dass die Automation Arbeitsplätze kostet. Für das Management zählt, dass die Automation die Produktivität erhöht. Es ist eine alte Weisheit, dass das nicht immer sofort umgesetzt wird. In der Diskussion um den elektronischen Handel liegt auch etwas von der gleichen Dynamik. Sogar Computer mit künstlicher Intelligenz brauchen einen Menschen, der sie programmiert. Aber die Exklusivität des Futureshandels – du musst *in* Chicago, New York, London oder woanders sein, um zu handeln, – hat ihren Ruf von diesem elektronischen Forum. Die Spieler müssen nicht in die Arena kommen, die Spiele kommen zu ihnen.

In erinnere mich noch ganz deutlich, dass der Chicagoer Börsenvorstand 1987 eine Mitgliederversammlung einberufen hatte. Die Mitteilung kam für mich und für andere völlig überraschend. Die Börse schlug ein nachbörsliches elektronisches Handelssystem vor – bekannt als Post (Pre) Market Trade oder PMT, das später GLOBEX genannt wurde. Sowohl Leo Melamed als auch Jack Sandner versuchten diese Idee, den Mitgliedern als Weg zur Erhaltung der Vorherrschaft der Chicagoer Börse auf dem Gebiet der Finanzinnovationen zu verkaufen. Das elektronische Handelssystem, so argumentierten sie, würde bestimmt das Parkett retten, weil es die auswärtigen Konkurrenten davon abhält, unsere Kontrakte zu übernehmen. Drohungen lagen überall im Raum.

Wir mussten uns nur vor Augen führen, wie die Einführung der Internationalen Tokioer Futuresbörse und der mögliche Einfluss des führenden Futureskontraktes, der 30-jährigen US-Staatsanleihen, sich auf uns auswirkte. Die Chicagoer Börse hatte den S&P-Futures eingeführt, weil sie eine ausschließliche Lizenz zum Handel auf diesen Kontrakt hatte. Aber die Börsenleitung führte ins Feld, dass Währungs- und sogar Eurodollarkontrakte an ausländischen Börsen während der Zeiten gehandelt werden konnten, an denen die Chicagoer Börse geschlossen hatte.

Die beste Verteidigung gegen diese deutliche Bedrohung war eine offensive Taktik. Der Börsenvorstand erklärte uns, dass die einzige Möglichkeit, das Parkett zu retten, die Einführung des nachbörslichen elektronischen Handels war. Die örtlichen Spezialisten und Broker an der Chicagoer Börse haben GLOBEX nicht als Bedrohung durch eine Vereinbarung, da es nur ein nachbörslicher Handel für mindestens 15 Jahre ist, empfunden.

Um die Idee des GLOBEX an die Händlergemeinschaft zu verkaufen, nutzte der Börsenvorstand einen starken Anreiz: Gier. Wir haben Geschichten von „Taschenläden" in Asien gehört, die nichts anderes sind als Investmentclubs, die den S&P Kontrakt mit Verspätungszuschlägen handeln und dann am Ende des Tages gegen Bargeld glatt stellen und den Gewinn unter den Teilnehmern aufteilen. Um diese Nachfrage zu kapitalisieren, stellte die Börsenleitung GLOBEX als ein revolutionäres Werkzeug vor, um die Verfügbarkeit unserer Kontrakte während der Zeit, an denen das Parkett geschlossen war, auszudehnen. Die Gier wurde mit dem Versprechen genährt, dass die ausländischen Institutionellen, die den GLOBEX handelten, auf unsere Märkte während der Börsenzeit zugreifen würden, um ihre Positionen glattzustellen oder neue einzugehen und so neues Geschäft ans Parkett bringen würden.

GLOBEX wurde per Referendum Anfang Oktober 1987 angenommen, gerade zwei Wochen vor dem legendären Crash von 1987, und mit einem 6 zu 1 Verhältnis gebilligt. „Es ist unglaublich", wurde Jack Sandner in einem Artikel der *Chicago Tribune* von Carol Jouzaitis vom 8. Oktober 1987 zitiert, mit der Überschrift „Börse stimmt automatischem 24-Stunden Handel zu". „Der „überwältigende Sieg" war „noch besser als wir dachten."

Im Juni 1992 nahm GLOBEX seinen Betrieb auf und brachte die Chicagoer Börse mit Reuters Holdings Plc, der englischen Nachrichten- und Börsendatengesellschaft, zusammen. Der Börsenvorstand war ein Nachzügler beim GLOBEX und stieg später aus, zu Gunsten seines eigenen Projektes. A GLOBEX hatte eine zähe Einführung, aber es ist klar, dass du durchhältst, wenn mehrere Teilnehmer mitmachen, einschließlich Borsellino Capital Mangagement. GLOBEX gibt den Händlern die Möglichkeit, mit mir zusammen zu arbeiten, um den Nachthandel auszuweiten und versetzt uns auch in die Lage, den Markt für unsere Anlagekunden zu beobachten.

Der Handel wird elektronisch

Ebenso wie die technische Analyse, die Abweichung zwischen dem Aktienmarkt und dem Futures- oder dem Futures- und Optionsmarkt, und all den anderen Finanzinovationen, sind die elektronischen Systeme Werkzeuge, bei denen es sich kein Händler leisten kann, sie zu ignorieren.

Aber der elektronische Handel hat seinen Einfluss aufs Börsenparkett gewonnen. Heutzutage ist es vielleicht wichtiger als der Preis einer Börsenmitgliedschaft oder eines Börsensitzes. Als örtlicher Spezialist waren meine hauptsächlichen Auslagen zwei Börsenmitgliedschaften, die mich 150.000,– $ für den Internationalen Geldmarkt (IMM) Sitz und 150.000,– $ für den Internationalen Optionsmarkt (IOM) Sitz kosteten. Der Wert dieser Sitze ist ein Barometer für den Wert, örtliche Spezialisten an der Futuresbörse zu haben. Als GLOBEX eingeführt wurde, stiegen die Preise für meinen IMM Börsensitz dramatisch an. Tatsächlich erreichte mein Börsensitz einen Höchststand von 950.000,– $ im Jahre 1996, während der IOM-Sitz 400.000,– $ erreichte. Heute hat der IOM Sitz einen Wert von 130.000,– $ bis 140.000,– $, während es der IMM-Sitz auf 210.000,– $ bringt. Warum? Der elektronische Handel macht weiterhin Einschnitte in unsere Branche und reduziert damit den Wert eines herkömmlichen Börsensitzes.

Historisch gesehen sind Futuresspekulanten keine Langfristanleger. Die Mentalität eines kurzfristig orientierten Spekulanten geht Hand in Hand mit der Philosophie des Day Trading. Wir müssen nur auf die Verbreitung des Internet schauen, um zu verstehen, warum es so viele in dem Futuresgeschäft gibt, die die Einführung des elektronischen Handels begrüßen. Heute gibt es eine neue Spezies von Spekulant im Markt – der unabhängige, Online verbundene Anleger/Händler-, der durch seinen Heim-PC Aktien kauft und verkauft. Dieser Zufluss von neuen Anlegern am Aktienmarkt hat das Futuresgeschäft gezwungen, den Zugang zu unserem Markt zu überdenken, der nach wie vor eine Nische in der gesamten Finanzwelt ist, um ein breiteres Publikum anzusprechen. Lass uns dazu ein paar Zahlen ansehen: Etwa 36 Milliarden Dollar sind *weltweit* in verwalteten Futures angelegt; der Aktienumsatz eines durchschnittlichen Tages an der New Yorker Börse (NYSE) hat einen Wert von 29 Milliarden Dollar. Zehn Jahre zurück, so belegen Studien, haben 400.000 Menschen weltweit in Futures gehandelt, während 40 Millionen in Aktien investiert waren. Heute hat sich durch die Investmentfonds und Rentenpläne die Anzahl der Aktienanleger mindestens verdreifacht. Selbst mit der gleichen Wachstumsrate ist die Anzahl der Leute, die in Futures anlegen, minimal dazu im Vergleich.

Kapitel 08

Der Internet-Aktienhandel hat bewiesen, dass es eine ganze Menge von Leuten gibt, die bereit und in der Lage dazu sind, von ihrem Heim-PC aus zu arbeiten. Das sind nicht länger Anleger, die eine Aktie heute kaufen und sie für Monate oder Jahre halten. Sie sind kurzfristig orientiert und streben nach einem schnellen Gewinn innerhalb weniger Tage, oder sogar am gleichen Tag. Dieser eifrige Heimspekulant könnte, wenn er einmal angelernt ist, bestimmte Kontrakte wie Staatsanleihen, S&Ps, Dow Futures, Währungen und Eurodollar handeln. Diese Aktienspekulanten greifen sich bestimmte technische Faktoren heraus, wie zum Beispiel Zinssatzänderungen den Markt beeinflussen. Das macht sie mit dem Markt vertrauter, um Finanzterminkontrakte zu handeln, als angenommen, mehr esoterische Kontrakte wie Schweinebäuche oder Kälber, die von anderen fundamentalen und technischen Faktoren beeinflusst werden. Und wenn die Zeit dafür reif ist, braucht es für diese Privatkunden nur eine kurze Lernphase, um herauszufinden, dass der Futureshandel, obwohl sehr riskant, ein fairer Marktplatz für das Day Trading ist.

Auf der einen Seite erlaubt die Volatilität einem Anleger einen schnellen Gewinn in Futures. Ich weiß von keinem einzigen Spekulanten, der S&P-Kontrakte kauft und sie fünf Jahre behält. Zweitens ist der Einschuss, oder die zu haltende Marge, 16.000,– $, um einen S&P-Kontrakt zu halten, was ein Volumen von 250.000,– $ an Aktienwerten darstellt. Das ist ein großer Unterschied zu der 50-prozentigen Margenerfordernis, wenn du individuelle Aktien handelst. Und zusätzlich sind die Kommissionen für Aktien wesentlich höher, als für Termingeschäfte, obwohl sie durch den elektronischen Handel schon nach und nach reduziert wurden. Der Anleger zahlt zwischen 7,– $ und 20,– $, um 100 Aktien zu je 10,– $ zu kaufen, was einen Gegenwert von 1.000,– $ darstellt. Aber für 10,– $ Provision für einen Umsatz – für Kauf und Verkauf zusammen – könnte der Anleger einen S&P-Kontrakt über 250.000,– $ kaufen. Der Futureshandel erlaubt den Anlegern einen viel größeren Hebel, um wesentlich größere Positionen aufzubauen, als mit Aktien direkt.

Bei Finanzterminkontrakten ist der Teilnehmer unmittelbar Teil des Marktes, sobald der Auftrag eingegeben ist. Wenn jemand Aktien handeln möchte, muss er zuerst einen Broker anrufen. Das Brokerhaus hat dann die Wahlmöglichkeit, die Gegenseite des Handels selbst darzustellen. Der Anstieg des Onlinehandels in Aktien hat dies geändert. Es gibt ganz klar Bedarf für ein System, das größere persönliche Anteilnahme am Markt ermöglicht, um Aufträge ohne einen Broker einzugeben und zu handeln.

Der Handel wird elektronisch

Warum sonst hätte die Online Broker E-Trade Groupe Inc. und die Investmentbank Goldman Sachs Group LP einen 50-prozentigen Kauf von Archipelago LLC über angeblich 50 Millionen $ zustimmen sollen? Archipelago betreibt ein System, das es Day Tradern erlaubt, ihre NASDAQ-Aktienaufträge einzugeben und dabei ihr elektronisches Kommunikationsnetzwerk (ECN) zu nutzen. Durch Einsatz von ECN haben die Day Trader professionellen Zugriff auf die NASDAQ ohne Einschaltung eines Brokers. Die Finanzterminmärkte haben jetzt die Gelegenheit, ihre Lektion von der Revolution der Aktienmärkte zu lernen. Der elektronische Zugriff kann leicht mehr Teilnehmer anziehen, besonders vermögende Privatanleger mit dem Wunsch zum aktiven Handeln.

Aber der Handel von Warentermingeschäften ist etwas ganz anderes als der Aktienhandel, sogar in einer elektronischen Umgebung. Der Futureshandel beruht auf freiem und gleichem Zugang aller Teilnehmer. Bei Aktien werden die Kundenaufträge elektronisch an Broker geliefert, die die Wahl haben, ob sie selbst eintreten oder ob sie im Markt anbieten. Egal, ob die Aktie an der NASDAQ oder an der New Yorker Börse (NYSE) gehandelt wird, wickelt immer ein Broker das Geschäft ab und partizipiert auch oft daran. Dieser wesentliche Unterschied zwischen Aktien und Futures zeigt, warum ein elektronisches System wie das der NASDAQ niemals als Modell für den Futureshandel übernommen werden könnte. Für den Futuresmarkt, der auf gleichem Zugang durch offenen Ausruf basiert, würde eine Anpassung auf ein System vom Typ der NASDAQ eine vollständige Änderung der Vertragsgestaltung und der gesamten Handelsregularien nach sich ziehen.

Es ist jedoch sinnvoll, die Entwicklung der Aktienmärkte dahingehend zu untersuchen, wie die Technik sich entwickelt hat und dazu eingesetzt wurde, die Geschwindigkeit des Orderflusses zu erhöhen. An der NYSE sind die Händler schon vor Jahren am Parkett verschwunden und in die oberen Büros umgezogen. Dieses Parkett an der NYSE wird von Spezialisten dominiert, die sich so verhalten, als seien sie eine Ein-Mann-Börse mit einem offenen Ausruf-System. Die Spezialisten haben den Überblick über die Kauf- und Verkaufsaufträge und stellen sicher, dass die Geschäfte ordentlich ausgeführt werden. Die Spezialisten haben ebenfalls die Aufgabe und die Verpflichtung, beim Fehlen von Aufträgen einen Markt für die Öffentlichkeit darzustellen; das heißt, wenn der Markt rückläufig ist und es keine Käufer gibt, sind sie verpflichtet, diese Verkäufe selbst zu Marktkonditionen und bis zu einem Betrag, den ihre Firma als Kapital zur Verfügung hat, zu kaufen. Wenn der Preis einer Aktie zu tief fällt, kann der Spezialist den Handel anhalten und die Kaufangebote reduzieren, um Käufer zu finden. Wenn das Gleichgewicht wieder hergestellt ist, kann der Handel wieder aufgenommen werden. Diese Art des Geschäfts betrifft etwa 10 bis 20 Prozent der Aktivitäten der Spezialisten. Des weiteren können die Spezialisten für ihre Firma sich nur so verhalten, dass der Aktienpreis sich nicht positiv oder negativ auswirkt – das heißt, dass sie nur in einem schwachen Markt kaufen und in einem festen Markt verkaufen dürfen. Die Voraussetzung ist, dass sämtliche Kundenaufträge vom Publikum Vorrang vor den eigenen haben.

Der Hauptteil der Kundenaufträge an der NYSE wird über das elektronische Designed Order Turn-around (DOT) System angeliefert. DOT, das in den frühen 70ern eingeführt wurde, wurde entwickelt, um den Aktienbrokern im ganzen Land zu ermöglichen, ihre Kleinaufträge elektronisch einzugeben. Bis dorthin wurde das DOT-System schwerpunktmäßig von Aktienbrokern dazu genutzt, ihre Aufträge ans Parkett zu liefern und heute umfasst er den Löwenanteil des Aktienvolumens an der NYSE. Als das DOT-System eingeführt wurde, war daran gedacht, dass es die Spezialisten ersetzen sollte. Stattdessen hat der Orderfluss durch das DOT die Rolle der Spezialisten verstärkt.

Die NYSE ist im Wesentlichen ein Zwei-Seiten-Markt, an dem einige Aufträge von Spezialisten gehandelt werden und ein großer Blockhandel unter institutionellen Anlegern außerhalb des Parketts zu Stande kommt und abgewickelt wird. Der Handel von großen Blöcken außerhalb des Parketts erspart dem Markt die psychologische Belastung, dass beispielsweise 50.000 IBM-Aktien auf einmal am Parkett angeboten oder nachgefragt werden. Als Futureshändler sehe ich dieses Konzept der Vermittlung von Käufern und Verkäufern außerhalb der Börse im totalen Gegensatz zum öffentlichen Forum der Futuresmärkte. Wenn ich als Day Trader IBM-Aktien an meinem Heim-PC handeln würde, wüsste ich gerne von einem 50.000 Blockhandel bevor es geschieht – und nicht danach.

Seit der Einführung in den 60ern ist die NASDAQ eine vollständig elektronische Börse. Es gab ein Netzwerk von Brokern am Parkett und gibt sie immer noch. Angebot und Nachfrage wird weitgehend von den Market Makern gemacht und durch das NASDAQ Handelssystem verbreitet.

Der Handel wird elektronisch

An der NASDAQ gibt es zwei Grundregeln:

1. Kauf- und Verkaufsaufträge tragen einen bestimmten Preis.
2. Billigst und bestens Aufträge werden zum aktuellen Kurs abgewickelt.

Die NASDAQ-Mitgliedsfirmen machen den Markt in Aktien, indem sie Geld- und Briefkurse stellen und sie haben auch die Möglichkeit, die Gegenseite der Kundengeschäfte zu übernehmen. Beispielsweise ruft ein Kunde einen NASDAQ-Broker an, Intel Aktien zu 85 zu kaufen. Dieser Auftrag kann entweder in sein Buch übernommen werden und im NASDAQ-System als möglicher Geldkurs angezeigt werden oder aber der Broker übernimmt selbst die Gegenseite des Geschäftes. Typischerweise würde der NASDAQ-Händler niemals die andere Seite des Kundengeschäfts übernehmen, wenn er nicht der Ansicht wäre, dass der Markt dreht, oder wenn er einen großen Verkaufsblock zu 85 1/8 hat. Manche Broker übernehmen hauptsächlich all die billigst und bestens Aufträge, die sie in die Lage versetzen, die Aktien zum Geldkurs zu kaufen und zum Briefkurs zu verkaufen.

Ich habe niemals Aktien gehandelt. Aber wenn ich Geschäftspartner oder Bekannte zum ersten Mal treffe und sie herausfinden, dass ich S&P-Händler bin, bekomme ich jedes Mal zwei Fragen gestellt: Sie wollen wissen, was ich zu einer bestimmten Aktie für eine Meinung habe. (Sie schauen mich an, als ob ich verrückt sei, wenn ich ihnen erkläre, dass ich keine Aktien handele, sondern Aktienindizes.) Die zweite Frage ist jedes Mal: „Warum bekomme ich immer so schlechte Ausführungen bei meinen Aktien? Ich muss immer zum Geldkurs kaufen und zum Briefkurs verkaufen ……?" Jetzt wissen sie, warum.

Für Aktienhändler ist der Orderfluss das Herzblut ihres Lebens. Ein treffendes Beispiel sind kleine Brokerfirmen, die keine Market Maker sind, nehmen ihre Aufträge und platzieren sie bei der NASDAQ-Mitgliedsgesellschaft. Ursprünglich mussten diese Tausende von kleinen Firmen überall im Land Kommissionen dafür bezahlen, dass ihre Aufträge ausgeführt würden. Zum Beispiel war Joe und Johns Brokerage in Omaka, Nebraska, ein kleiner Aktienbroker, der seine eigenen Geschäfte nicht selbst ausgeführt hat. Joe und Johns Brokerage kassierten Gebühren von ihren Kunden und mussten für die Ausführung durch einen großen NASDAQ-Händler bezahlen. Wie der Kapitalismus so spielt, erkannten einige NASDAQ-Broker, dass je größer ihre Orderflut, umso größer ist die Möglichkeit, zum Geldkurs zu kaufen und zum Briefkurs zu verkaufen. Diese geschäftstüchtigen Brokerhändler boten dann den Brokern von Joe und John überall im Lande an, dass sie für ihre Aufträge etwas *bezahlen*. Ich bitte alle Day Trader, die mit Aktien handeln, sich einmal vor Augen zu führen, wie leicht man Gewinne machen könnte, wenn du als erstes Zugang zu den Tausenden von Kauf- und Verkaufsaufträgen hast, und dir das herauspicken kannst, was du willst!

Als ich 1986 der führende Orderausfüller am S&P-Parkett war und routinemäßig 10 Prozent des Volumens am S&P-Parkett abgewickelt habe, erhielt ich einen seltsamen Anruf einer New Yorker Gesellschaft, die 1 Prozent des NYSE-Volumens oder etwa 150.000 Aktien täglich handelte. Als ich die Gesellschaft in New York traf, erhielt ich einen ersten Einblick in die Art und Weise, wie Aktien gehandelt werden. Die Gesellschaft hatte ein Netzwerk von Brokern für das Klein- und Großgeschäft, die ihnen die Kauf- und Verkaufsaufträge beibrachten. Wenn ein Auftrag hereinkam, hatte die Gesellschaft ein oder zwei Minuten zu entscheiden, ob sie sich an dem Geschäft beteiligen wollen. Ich weiß, dass die SEC strenge Regeln für Gesellschaften anwendet, die Kundenaufträge vorkaufen, aber der Kundenauftragsfluss stellt nach wie vor eine Möglichkeit für Brokerfirmen dar. Wenn sie Aktien vom Broker A in Omaha gekauft haben, würden sie versuchen, diese an den Broker B in Nashville zu verkaufen und sich selbst mit einem Achtel in die Mitte zu setzen. Bei 150.000 Aktien am Tag war das ein riesiges Gewinnpotenzial.

Die Firma erklärte mir, wenn das mit Aktien funktioniert, warum nicht auch mit Aktienindexfutures? Aber genau das ist der Punkt. Es wäre für mich ungesetzlich, Aufträge einer anderen Seite zugänglich zu machen. Bei Futures sind die Kundenaufträge unantastbar. Sie müssen in einem offenen Forum angeboten und gehandelt werden, in dem jeder mögliche Mitspieler den gleichen Zugriff darauf hat.

Obwohl die Handelssysteme für Aktien und Futures höchst unterschiedlich sind, entwickelt sich eine neue Ähnlichkeit. Für mich ist es als künftiger Onlinespieler höchst störend. Ich spreche nicht von dem professionellen Händler vor seinem Bildschirm, der, seien es Aktien oder Warentermingeschäfte, täglich den Markt studiert und handelt. Ich spreche von den Laien und Hobbyhändlern, die meinen, sie könnten sich am Internet einloggen und mit den Großen spielen. Wenn ich keine Bedenken wegen der langfristigen Überlebenschance der Futuresmärkte hätte, würde ich diese neuen Onlinespieler willkommen heißen. Als erfahrener Händler könnte ich leicht Geld aus diesen naiven Investoren locken. Eines meiner

Der Handel wird elektronisch

Rituale über die Jahre war, neue Händler, die am Parkett mit dem Anhänger „neues Mitglied" kamen, mit roten Aufklebern zu schmücken, um uns Veteranen zu warnen, dass ein Neuling unter uns ist. Ich würde zu ihnen gehen und sie bei der Hand nehmen: „Du stehst rechts von mir. Ich passe auf dich auf ... Ich mache dein Geld zu meinem."

Der Onlinehandel und die unerfahrenen Händler, die er anzieht, sind wirklich nicht zum Lachen. Es ist eine Goldgrube für die Discount Aktienbroker, für die der Onlinehandel nichts anderes ist, als die Gelegenheit, möglichst viele Teilnehmer zu begeistern und mehr Gebühren zu vereinnahmen. Branchenschätzungen gehen davon aus, dass das Vermögen, das von Onlineinvestoren verwaltet wird, von heute 100 Milliarden $ auf 524 in 2001 anwächst, was etwas mehr als 8 Prozent des Gesamtvermögens ausmacht, das von Investoren gehalten wird. Aber der Onlinehandel durch Private ist in der Tat nichts anderes als ein schneller Weg, den Broker durch ein aufgemotztes E-Mail zu erreichen. Diese Anleger geben ihre Aufträge nicht direkt am NYSE-Börsenparkett ein, sondern übermitteln ihren Orderfluss an Brokerhäuser, die sie an Clearingfirmen weiterleiten.

Der Onlinehandel zieht die Massen aus zwei Gründen an: Die Gier und die Freiheit. Sie wollen Geld verdienen, was wir alle wollen. Jetzt haben sie einen Weg gefunden, wie sie das machen können. Die Chance, selbst zu handeln, wertet dein Selbstwertgefühl auf. Ich habe es öfter in gesellschaftlichen Situationen gesehen, als ich zählen kann. Ich habe Profis mit Universitätsabschlüssen und Doktortiteln getroffen, die eine Stellung haben, sowohl mit hohem Gehalt als auch mit hohem Ansehen. Aber wenn sie hören, dass ich Händler bin, möchten sie alles über meine Karriere wissen. Der Reiz ist sogar noch größer, für jemand, der weiter unten auf der Karriereleiter steht und sich einen scharfen Lebenswandel mit dem großen Geld wünscht. Sie malen sich vor ihrem Heimcomputer aus, dass sie das Geld selbst durch den Aktienhandel erschaffen. Dann können sie ihrem Chef sagen, er soll seinen Job für sich behalten und....

Wenn es tatsächlich zu den Legionen von Onlineaktienhändlern kommt, sind die Broker insofern glücklich, als sie sich keine Sorgen mehr um das ständige Umschichten machen müssen, eine skrupellose Art, Kunden ständig zum Kaufen und Verkaufen zu ermuntern, um Gebühren zu schneiden. Beim Onlinehandel entscheiden die Kunden, wann sie handeln, ohne den Rat ihres Brokers einzuholen. Je mehr Day Trader und kurzfristig orientierte Spekulanten in den Aktienmarkt drängen, umso mehr bewegen sie tatsächlich ihr eigenes Portfolio in der Hoffnung, Gewinne zu machen. Die einzige Möglichkeit, dass Onlinebroker mehr Gewinne durch reduzierte Provisionen machen, ist, das Volumen der gehandelten Umsätze zu erhöhen (und vergiss nicht, Broker bezahlen nur den Bruchteil eines Cents, um ein Geschäft abzuwickeln).Es gibt keinen besseren Weg, Leute zu ködern als im Internet.

Betrachte dir doch nur einmal die Werbung. Sie zeigt ausnahmslos freundliche Menschen, die vor ihrem Bildschirm sitzen und ihre Lieblingsaktien handeln. Auf den zweiten Blick jedoch ist es kein so verlockendes Geschäft. Sicherlich ist es keine schlechte Idee, wenn sich ein Anleger Gedanken über eine Gesellschaft macht und beschließt, Aktien über einen Onlinebroker zu kaufen, um von der niedrigeren Provision zu profitieren. Das Risiko besteht in der Versuchung, den Onlinehandel für schnelle Aktiengewinne zu nutzen, die höchstwahrscheinlich in schnelle Verluste umschlagen, besonders dann, wenn man die Gebühren und andere Kosten mit berücksichtigt.

Ich stimme dem stellvertretenden Vorsitzenden von Merrill Lynch John Steffens völlig zu, der den Onlinehandel öffentlich „eine ernsthafte Bedrohung für das amerikanische Finanzwesen" genannt hat. Der Onlineaktienhandel hat Hobbyanlegern Zugang verschafft, die meinen, sie könnten Aktien Day traden und dabei einen Riesengewinn machen. Das ist eine gefährliche Ausgangslage. Wenn du nur das Schicksal der Houstoner Block Trading siehst, die 1998 zusammengebrochen ist. Nach einem Artikel im *Houstoner Chronicle* vom 22. Oktober 1998 mit der Überschrift „Schärfere Kontrolle bei Day-Trading-Gesellschaften" von Pamela Yip, sind die Wertpapieraufseher in Massachusetts Beschwerden gegen Block Trading nachgegangen, wonach diese Gesellschaft angeblich „Kunden mit trügerischen Gewinnen angelockt und sie nicht vor den Risiken gewarnt hat." Die Zeitung berichtete auch, dass Blocks Konkurs die Aufseher veranlasste, nachzuforschen, ob Day-Trading-Gesellschaften einen Vorteil daraus schlagen, dass unerfahrenen Anlegern Gewinne versprochen werden, ohne vor den Risiken zu warnen und illegalerweise Geld geliehen bekommen, um größere Beträge zu Handeln.

Die Sec hat einen großen Forderungskatalog mit dem Ziel, Anleger vor verwerflichen Brokern und Vermögensverwaltern zu schützen, die registriert und überwacht werden müssen. Aber es gibt keine Möglichkeit, sorglose Anleger vor dem Verlust ihres eigenen Geldes zu schützen.

Die echten elektronischen Aktien-Day-Trader spielen ein schwieriges Spiel mit den Achteln und den Vierteln. Diese professionellen Day Trader

Der Handel wird elektronisch

haben jedoch Sonderkonditionen und zahlen nur ein paar Cents je Geschäft. Diese Profis gehen in den Markt rein und raus, nehmen kleine Kursgewinne mit und profitieren davon, dass sie den Orderfluss erkennen. Die Zeiten sind vorbei, in denen ungewöhnliche Aktienkursbewegungen an der NASDAQ riesige Gelegenheiten für die gerissenen Spekulanten ermöglichten. Beispielsweise hat das eine Kurssystem einen Angebotskurs von 7 1/8 und das andere von 7 1/4 angezeigt. Die Händler mussten nur ihre Computer auf die unterschiedlichen Notierungen programmieren. Das ist der Grund, warum die SOES (Day Trading) Handelsräume so zugenommen haben.

Das SOES-Phänomen wurde in den frühen 90ern beliebter, als sich ein ständiger Zuwachs von Möchtegernhändlern nach Gewinnmöglichkeiten umschaute. Aber ein strengeres Notierungssystem an der NASDAQ schaffte diese Ungleichheiten bei Aktienkursen ab. Stattdessen versuchten die Händler, Aktien in der Hoffnung auf schnelle Gewinne zu kaufen und zu verkaufen. Unterdessen zahlten sie ganz ordentliche Gebühren für ihre Aktienumsätze. Ich bin skeptisch gegenüber SOES, weil ich für eine kurze Zeit Anleger eines Chicagoer Betriebes war. Ich kann über den Vorgang keine Details preisgeben, wegen eines Rechtsstreites, der aufkam, als sich die Partnerschaft auflöste, aber ich sah aus erster Hand, welch widersprüchliches Unternehmen so ein SOES-Raum war. Ich sollte Partner des SOES-Betriebes werden, weil ich die „Qualitätskontrollen" beim Handeln beherrschte, wie Computerkontrollen, um unterkapitalisierte Händler vom Kauf und Verkauf zurückzuhalten. SOES machte auf mich den Eindruck, als ob sie in eine andere Handelssphäre wachsen wollten.

Aber durch die hohen Gebühren, die SOES den Händlern abverlangte, profitierte das Haus viel mehr als die Händler. Wenn ein Händler wegen schlechter Geschäfte und hoher Gebühren Pleite ging, gab es immer gierige Kandidaten, die darauf warteten, seinen Platz zu übernehmen. Der SOES-Raum nutzte die Massenpsychologie aus, indem er Händler zusammenbrachte. Wenn ein Händler Gewinne machte, sprang seine Begeisterung auf die anderen über, die ihre Geschäfte ausweiteten. Wenn jemand die Idee hatte, dass eine Aktie Chancen hatte, waren die anderen ganz gierig darauf, zuzuhören, besonders wenn sie Verluste hatten, von denen sie sich erholen mussten. Theoretisch kann ein großer SOES-Raum, der genügend Begeisterung aufbringt, eine Aktie hochpuschen.

Anhänger von SOES singen das Hohe Lied vom „Reichtum der Massen" in Kursen und Seminaren. Ich hörte mir nur einmal eine derart aufdringliche „Erfolgsgeschichte" an: „Ich verlor meine Stelle und lernte dann Aktien zu handeln. Jetzt verdiene ich 10.000,– $ die Woche ..." Wenn es auch einige erfolgreiche Aktien-Day-Trader gab, so waren sie doch dünn gesät. Es gab zu viele Geschichten von Leuten, die innerhalb weniger Monate 50.000,– $ verloren hatten, überwiegend durch Gebühren. Als ich sah, was der SOES-Betrieb war, versuchte ich, meine Partner zum Gebührennachlass zu zwingen, da wir mehr als 90 Prozent zu viel bezahlten. Als sie sich dagegen sträubten, war es der Anfang vom Ende der Partnerschaft, die später ganz aufgelöst wurde. Der SOES-Händler ist die Spezies einer neuen Art von Anleger, einem virtuellen Kult von Computerfreak, der das Geld auf den Kopf haut. Sie kaufen und meinen, weil sie es können, sei es auch profitabel. Es ist wie das Besteigen des Mount Everest, der grundsätzlich von jedem, der das Geld dazu hat, bestiegen werden kann, wenn er Sauerstoff dafür benutzt. Aber heißt das auch, dass sie, nur weil sie den Mount Everest besteigen könnten, es auch tun sollten? Nur weil der Onlinehandel möglich ist, heißt das, dass das in Ordnung ist für den Normalverbraucher ohne Vorkenntnisse oder Marktstudien? Ist das moralisch?

Onlinespekulanten können schnell vom Handel süchtig werden. Ich habe den Anreiz gründlich verstanden. Nach 18 Jahren Händlerdasein kann ich die Sucht nach einem Adrenalinstoß verstehen. Wenn du einmal die Erfahrung als Händler gemacht hast, dann liegt es dir im Blut. Auf die Gefahr hin, als geltungsbedürftig zu klingen, wünschte ich, ich bekäme einen Dollar jedes Mal, wenn mich jemand in einem Restaurant, einem Autohaus, einem Geschäft oder irgendwo anders anspricht und sagt: „Sind Sie nicht Lewis Borsellino? Wahrscheinlich erinnern Sie sich nicht an mich, aber ich habe am S&P-Parkett gehandelt. Mir ging das Geld aus, aber eines Tages werde ich zurückkehren...." sogar wenn du nur faule Eier wegen schlechter Geschäfte im Nest hast, kann dich niemand davon überzeugen, dass du kein guter Händler bist. Von all dem, was du über den elektronischen Handel sagen kannst, wird der mögliche Missbrauch von – und durch – Privatanleger oft übersehen. Der Handel ist kein Spiel für Hobbyanleger. Allzu oft glauben Profis, die ihr Geld in einem bestimmten Beruf verdient haben – zum Beispiel Ärzte – dass sie ihre Intelligenz für den Wertpapierhandel einsetzen können. Sie stellen sich die Frage: „Wie kann ich billig kaufen und teuer verkaufen – mit einer Operation am offenen Herzen vergleichen?" Sie reden sich selbst ein: „Ich weiß, dass ich besser als der Durchschnittsbroker sein muss." Ein hoher Intelligenzquotient ist jedoch noch lange keine Garantie für den Erfolg am Markt. Er gibt höchstens eine falsche Einschätzung der eigenen Fähigkeiten. Der Handel erfordert seine eigene Erfahrung, die sich durch die Vollzeitbeschäftigung einstellt. Sicherlich bestehen Chancen für vernetzte Day Trader, Profis, die ihren Lebensunterhalt unter Ausnutzung all ihrer Möglichkeiten verdienen. Bestimmte Händlerfähigkeiten kann man sich im Laufe der Zeit erwerben oder verbessern, aber ohne harten Einsatz und Disziplin kannst du nichts erreichen. Ich erinnere mich, als ich am Parkett stand, – Mann an Mann und Tag für Tag – bis mir der Handel zur zweiten Natur wurde. Selbst mit einem Computerbildschirm gibt es nicht so etwas wie einen Gelegenheitshändler. Das trifft besonders für das Day Trading zu.

Das Trading heißt immer auch, Eingehen und Lösen am gleichen Tag. Aber ich glaube, es hat auch noch eine andere Bedeutung: Als Day Trader musst du grundsätzlich jeden Tag am Markt präsent sein. Wenn du nicht ständig am Markt bist, erfährst du möglicherweise nichts vom Marktfluss, dem Timing und den Kurszonen, die sich über Tage hinweg bilden. Das ist der Grund, warum ich nicht glaube, dass die Allgemeinheit nur deshalb zum Futureshandel ermutigt werden sollte, weil er einen leichten, elektronischen Marktzugang hat. Neben all den Warnungen und Vorbehalten würde man damit den Verbrauchern einen schlechten Dienst erweisen.

Vielleicht sollte ich mir keine Sorgen um die Amateur-Onlinehändler machen. Ihre Präsenz am Markt hilft sicherlich der Liquidität und ermöglicht den Profis wie mir, noch leichter Geld zu verdienen. Aber ich komme zurück auf meine Gefühle nach dem Crash von 1987, als ich trotz der Euphorie vom großen Geld, den Albtraum hatte, dass der Markt zusammenbricht. Letztlich müssen wir alle unseren Markt verteidigen und sicherstellen, dass der Handel zum Nutzen aller stattfindet.

Ich möchte weder zu Tafel und Kreide zurückkehren, noch möchte ich eine Börse, die von einem Netzwerk alter Herren beherrscht wird. Die Börse ändert sich ständig, ebenso wie auch ihre Mitglieder. Es wäre ein Fehler, das Börsenparkett ganz abzuschreiben. Aber gleichzeitig gibt es kein Leugnen, wo das Geschäft hin läuft. Ob Parketthändler oder professioneller Technikspekulant, alle müssen wir uns mit dem elektronischen Handel vertraut machen. Das ist die Zukunft der Branche und die Zukunft ist jetzt.

Dies erfordert wesentlich mehr, als die Errichtung von Computern und die Einführung eines elektronischen Handelssystems. Warenterminhändler und Broker müssen sich einer neuen Mentalität anpassen, um im Geschäft zu bleiben und zu überleben. Um den nächsten Schritt zu tun, wenn die Märkte weltumspannend werden, ist eine elektronische Börse das Netzwerk, mit dem es erreicht werden kann. Aber noch wichtiger ist, dass die traditionellen Futuresbörsen sich rechtzeitig selbst einer dramatischen und fundamentalen Veränderung unterwerfen, die in das elektronische Zeitalter überleitet.

Kapitel 09

Politik, Handel und Futuresbörsen

Die Futuresbörsen sehen der größten Herausforderung in ihrer Geschichte entgegen. Nachdem sie eine FBI-Untersuchung, eine Überprüfung ihrer Vorschriften und ausländischen Wettbewerb über sich ergehen lassen mussten, sehen sich die Futuresbörsen einem ansehnlichen Wettbewerber gegenüber – dem Computer-Bildschirm. Die elektronischen Börsen, die weltweit von überall gehandelt werden können, wo es einen Computeranschluss gibt, drohen die herkömmlichen Börsen aus Stein und Mörtel zu überholen. Nirgends ist dieser Überlebenskampf leidenschaftlicher als in Chicago, wo der Futureshandel vor 150 Jahren begann.

Um diese Wettbewerbsbedrohung zu bekämpfen, müssen die beiden auf der Welt führenden Futuresbörsen – die Chicago Mercantile Exchange und der Chicago Board of Trade – ihren Kampf einstellen und mit gemeinsamen Kräften auftreten.

Ihre einzige Hoffnung ist, dass sie eine einheitliche Front bilden, die nicht nur ihre Handelsaktivitäten zusammenlegt, sondern auch das neueste, was die Technologie zu bieten hat. Die Rivalitäten zwischen den beiden Börsen, die so weit zurückgehen, wie keiner von uns sich erinnern kann, müssen überwunden und vergessen sein. Es ist Zeit, die Selbstgefälligkeiten beiseite zu lassen, denn was auf dem Spiel steht, ist nichts geringeres als das Überleben. Für die beiden Börsen kann es bedeuten, dass es die größte Herausforderung überhaupt ist.

Der elektronische Handel, wie ich bereits im vorherigen Kapitel ausgeführt habe, wird überleben. Übergriffe werden bestehen, solange die Kontrakte nebeneinander sowohl am Parkett, als auch in einem elektronischen Forum angeboten werden. Die Kontrakte, die von Institutionellen beherrscht werden, wie Renten, Eurodollar und Währungen, entwickeln sich vielleicht gut in einer elektronischen Aufmachung mit dem bekannten Hintergrund der niedrigen Volatilität und hohen Liquidität.

Das heißt für uns beides: sowohl ein Aufrütteln, als auch eine Überprüfung der Realitäten für alle von uns in der Branche. Warenterminhändler und Broker müssen sich von der Idee verabschieden, dass das Parkett, wie es jetzt besteht, das einzige Spiel in der Stadt ist. Die herkömmlichen Börsen können nicht länger darauf vertrauen, dass die dominante Stellung ihrer Kontrakte weiterhin wettbewerbsfähig bleibt. Im elektronischen Bereich kann weltweit jeder Kontrakt überall gehandelt werden. Ausnahmen sind natürlich Kontrakte wie der S&P und der Dow Futures des Board of Trade, was lizenzierte Produkte sind. Aber die Absprachen, die unter den Börsen bestand, dass die eine nicht im Bereich des anderen grast, ist überholt. Wir müssen uns nur die Kantor Finanzterminbörse anschauen, die mit dem Kontrakt über Staatsanleihen elektronisch im Wettbewerb zum Board of Trade zu handeln begann. Obwohl das anfängliche Volumen der Kantorbörse sehr gering war, ist die Existenz solch eines alternativen Marktplatzes beängstigend. Es ist vielleicht nur eine Frage der Zeit, bis andere elektronische Schauplätze eingeführt werden oder bestehende elektronische Börsen neue Partner finden und ihre Technologie und Kontraktangebote ausweiten.

Es gibt kein Abstreiten, dass das Aufkommen des elektronischen Handels kontrovers und emotional diskutiert wird. Schau dir nur das Erwachen am Board of Trade Ende 1998 an, als der Board of Trade die Allianz mit der Eurex eingegangen ist. Indem er den Board of Trade zwang, vorsichtig mit dem Link zur Eurex und der Anpassung der Handelsplattform umzugehen, gewann David Breman, ein Händler der dritten Generation, die Wahl mit lediglich 19 Stimmen. Er ersetzt Patrick Arbor, den langjährigen Vorsitzenden, der das Eurex-Projekt überwacht hatte. Mit diesem Brief ist die Allianz mit der Eurex vorüber. Die Mitglieder des Board of Trade verweigerten einer Eurex Allianz Anfang Februar die Zustimmung.

Obwohl die Verdienste einer Allianz mit der Eurex nicht abgestritten werden können, weiß ich, dass weder der Board of Trade noch eine andere herkömmliche Börse einfach das Kommen des elektronischen Handels abstreiten kann. Obwohl der elektronische Handel aus diesem Grunde zur Bedrohung erklärt wird, ist der wirkliche Feind der Futuresbörsen ihre eigene Haltung. Die beiden Chicagoer Börsen können es sich nicht länger leisten, dass sie sich gegenseitig eine lange Nase machen, wer die größere und bessere Börse ist. Stattdessen müssen sie ihre Kräfte bündeln, wie sie es bereits mit einer gemeinsamen Abwicklung vorhaben, und müssen zusammengehen. Die Börsen müssen ihre Organisationen zu einem gewinnorientierten Geschäft aufpolieren, das den Interessen all seiner Aktionäre dient.

Dazu müssen jedoch die beiden Börsen ihre Rivalität aufgeben, die so alt ist, wie von den beiden Börsen berichtet wird. Die beiden Börsen haben im Laufe der Jahre darum gewetteifert, die größten Futuresbörsen der Welt zu sein. Die Merc kann sich darauf berufen, dass sie das wertmäßig für die Eurodollar und die S&P-Kontrakte ist. Der Board of Trade, der unbestritten die älteste Börse auf der Welt ist, kann das auch nach Kontraktanzahl für sich beanspruchen. Da sie diese Rivalität über Jahre hinweg fortgesetzt hat, hat jeder auf den nächsten Kontrakt geschaut, der herauskam und den einen oder anderen an führende Stelle brachte. Schau dir nur die Konkurrenz im Futureshandel zum Dow Jones Industrial Average an.

Die Merc mit ihrer Litanei an Aktienindizes einschließlich dem S&P, Russel 2000, Nikkei und NASDAQ 100 und Dow Kontrakt hat ihre Stellung als Aktienindexbörse gefestigt. Nach alledem hat die Merc 1982 eine Coup gelandet, als sie das Recht gewann, S&P-Futures anzubieten. Der S&P 500 ist das Rückgrat der Weltfinanzmärkte, der Lackmustest zum Beurteilen, wie gut andere Aktienindizes und Aktienportfolios sich entwickeln. Warum kam der S&P-Kontrakt in Chicago und nicht in New York heraus? Ich glaube, die Antwort ist ganz einfach, dass die Chicagoer Börsen Futures einfach besser können als jeder andere Platz.

Als es zu dem Dow Kontrakt kam, schlug der Board of Trade mit seiner langen Handelsgeschichte und dem Erfolg in den US Staatsanleihekontrakten die Merc und die frühere New Yorker Warenterminbörse Comex. Zwischen den Chicagoer Börsen war der Wettbewerb um den Dow Kontrakt nur ein Geplänkel in einem lang andauernden Gefecht. (Dieser Konkurrenzkampf unter den Börsen ist mitunter auch ganz nützlich, wie bei einem Wohltätigkeits Boxkampf zwischen der Merc und dem Board of Trade.)

Kapitel 09

Der Erfolg der Chicagoer Futuresbörsen wurde zum Prototyp für jede Börse, die im Laufe der Jahre mit einem offenen Ausrufsystem installiert wurde. Das erste Mal, als ich zur Internationalen Londoner Finanzfuturesbörse (LIFFE) kam, dachte ich für einen Moment, ich sei in Chicago an der Merc. Es war alles gleich, von der Anordnung des Parketts bis zu den Anzeigetafeln an der Wand. Ich habe das gleiche von den Börsen in Singapore und in Hongkong gehört, die es auch dem Chicagoer Modell nachmachten. Die Merc und der Board of Trade waren der Prototyp; wir setzten den Goldstandard, dem jeder andere nacheifern wollte.

Als die ausländischen Börsen etabliert wurden, hatten die Chicagoer Einrichtungen keinen Grund zu fürchten. Schließlich waren sie hauptsächlich Regionalbörsen mit ihren eigenen Marktnischen. Die Chicagoer Börsen hatten nicht mehr Interesse am Handel in Gummi oder roten Bohnen als eine fernöstliche Börse Schweinehälften oder Sojabohnen handeln wollte. Obwohl der Nikkei Aktienindex in Chicago quotiert wird, ist es nur eine Ergänzung zu dem Hauptmarkt in Japan. Diese ausländischen Einrichtungen brachten die örtlichen Teilnehmer ihrer jeweiligen Märkte zusammen, so wie es die Chicagoer Börsen getan hatten.

Der Futureshandel, wie wir ihn heute kennen, wurde etwa vor 150 Jahren in Chicago erfunden, als eine Gruppe von Händlern einen Marktplatz bildeten, um Weizen zu kaufen und zu verkaufen, der in der Zukunft geliefert werden sollte. Aber die Historiker sind davon überzeugt, dass das Konzept des Futureshandels auf den japanischen Reismarkt 1650 zurückgeht. Ich habe eine Geschichte gehört, die den Anfang des Futures auf ein noch früheres Datum setzt. Es scheint so, als ob Galileo seinen Blick nicht nur in den Himmel richtete, als er das Teleskop erfand. Der italienische Astronom nutzte seine Erfindung, um den Horizont nach Schiffen abzusuchen, die den örtlichen Kaufleuten Waren brachten, um ihre Vorräte aufzufüllen. Sobald er Schiffe sah, eilte Galileo schnell in die Stadt, in der Engpässe die Preise zum Himmel getrieben haben. Er schlug vor, die Waren zu einem guten Preis zu verkaufen, mit einer Lieferung in einigen Tagen. Wenn die Schiffe landeten, würde Galileo seine Nachfrage eindecken und sie in der Stadt weiterverkaufen, wo die Ankunft der frischen Waren die Preise gedrückt hat. Indem er zustimmte, dass er das verkaufte, was er noch nicht besaß, war Galileo der erste Futureshändler und der erste Leerverkäufer.

Trotz dieses Erbes wurde die erste Futuresbörse nicht an den Handelswegen in Europa gegründet. Trotzdem wurde der erste Markt dort gegründet, wo die Getreideernte des Mittelwestens auf den Markt kam: Chicago. 1848 gründete eine Gruppe Getreidehändler, was später der Board of Trade wurde, der für Getreidekontrakte vorherrschend blieb. 1874 wurde eine Chicagoer Produktbörse gegründet, die einen Markt für Butter, Eier und Geflügel bot. Eine Abteilung dieser Börse, the Chicago Butter and Egg Board, wurde 1898 gegründet und 1919 in Chicago Mercantile Exchange umbenannt. Die Merc expandierte und führte Futures auf gefrorene Schweinebäuche und lebende Kälber ein, aber diese Kontrakte hatten eine eng definierte Kundenbasis.

Das änderte sich 1972, als die Merc Finanzterminkontrakte durch Schaffung des Internationalen Geldmarktes (IMM) herausbrachte, um sieben Fremdwährungen zu handeln. Am Board of Trade wurde 1977 ein Kontrakt auf amerikanische Staatsanleihen eingeführt. Mit diesen neuen Finanzkontrakten wurden die Börsen mächtig – finanziell und politisch – mit dem gebotenen Respekt der Wall Street, La Saale Street und der führenden Weltfinanzinstitutionen. Diese Finanzterminkontrakte füllten die Brücke, um die Börsen zu wirklich weltweiten Institutionen zu machen und nicht nur zu Nischenspielern. Heute können Banken und Institutionelle sich zu jedem Geschäft, das Zins- oder Währungsrisiken mit sich bringt, absichern und diese Märkte nutzen.

Später nahmen die Chicagoer Börsen Eurodollar, zehnjährige Staatsanleihen, S&P und eine Skala anderer Finanzterminkontrakte hinzu. In diesen Märkten hatten die Merc und der Board of Trade ein Monopol. An den Börsen gab es drei Teilnehmergruppen: einzelne Händler, Abwicklungshäuser, Banken oder Futures Kommissionshändler (FCMs) und Kleinkunden, die durch FCMs handeln. Diese Mitglieder, einzelne Händler, FCMs und Abwicklungshäuser mussten sehr niedrige Gebühren bezahlen, wohingegen die Kleinkunden höhere Gebühren zahlten. Aber der Nutzen der Mitgliedschaft war klar: Es kostete weniger zu handeln. Diese wirtschaftlichen Tatsachen machte die Börsenmitgliedschaft wertvoller, was sich im Anstieg der Preise für die Sitze mit einem Höchststand von 1 Million $ 1996 widerspiegelte.

Heute haben sich die Dinge gewandelt. Der Board of Trade und die Merc haben kein Monopol mehr. Der Erfolg der Eurex in Europa macht sie zum Prototyp für den elektronischen Börsenhandel der Zukunft. Jetzt wurde die Allianz mit dem Board of Trade verworfen und es ist möglich, dass die Eurex sich mit anderen Börsen zusammentut. Das könnte sogar eine traditionelle Börse wie die Merc, oder sogar die NASDAQ oder NYSE sein, was ihnen erlauben würde, sowohl Aktien als auch Warentermingeschäfte zu notieren. Oder es ist vielleicht ein Emporkömmling als Partner, der die Gründung des Futureshandels so herunterklappert, wie wir es kennen.

Die Lösung für die beiden Chicagoer Börsen ist so einfach, wie die abgedroschene Phrase: Wenn du sie nicht schlagen kannst, schließ dich mit ihnen zusammen. Die Merc und der Board of Trade müssen ihre Kräfte in einer Fusion vereinigen, was sowohl ihre Sachkenntnis, als auch ihre Finanzkraft zusammenlegen würde. Wenn sie sich entscheiden, nicht in eine Allianz in eine bestehende elektronische Börse, wie die Eurex, einzutreten, müssen sie selbst eine Plattform konstruieren. Aber das wäre ein hochtrabendes und entmutigendes Investment; ich habe von Schätzungen von denen, die mit der Eurex zu tun haben, gehört, von 60 bis 70 Millionen $. Die Merc und der Board of Trade können sich von der Eurex noch eine weitere Lektion erteilen lassen, wenn es zu seiner Führungs- und Leitungsstruktur kommt.

Die Eurex wurde als private Gewinnorganisation organisiert, was heißt, dass jede Leitlinie und jedes Vorgehen dieser Grundlinie entsprechen musste. Zusätzlich schuf die Eurex eine Grundlage für alle Teilnehmer, wobei keinerlei Unterscheidung gemacht wird. Das Eurex-System selbst wurde einzig für die Auftragsausführung kreiert, die in Bruchteilen von Sekunden durch eine Maus-Klick-Technologie ebenso leicht zu handhaben ist wie ein Chatroom. Die Eurex-Software kann leicht an andere externe Systeme angebunden werden, das heißt, die Teilnehmer können an der Eurex von ihren eigenen Terminals aus handeln. Eurex wurde so effizient, dass es 1.000 Transaktionen pro Sekunde handhaben kann. Mit dieser Geschwindigkeit und Effizienz wurde die Eurex zum idealen Forum für europäische Institutionelle, die elektronisch handeln wollten.

Wie ich zuvor schon erklärt habe, würde ich trotz des überwältigenden Erfolges der Eurex nicht ausschließlich elektronisch handeln und das Parkett abschaffen. Gleichzeitig müssen sich die traditionellen Futuresbörsen diesem neuen Zeitalter anpassen. Um das zu ermöglichen, werden einige Börsen Allianzen eingehen müssen. Die New Yorker Landhandelsbörse und die Internationale Ölbörse gehen beispielsweise zusammen, was vermuten lässt, dass die Anpassungsgeschwindigkeit des elektronischen Futureshandels zunimmt. Für andere bedeutet das Investitionen in einer zweistelligen Million Dollar Größenordnung, um ihre eigene elektronische Plattform zu entwickeln. Aber die Warenterminbörsen können sich nicht zurücklehnen und nichts tun. Andernfalls schließt sich die Futuresbranche dem VCR an, und der Camcorder gibt uns ganz gut eine Vorstellung davon, dass sein Start zwar in den USA war, er im Ausland aber wesentlich effizienter wurde.

Als Parketthändler war ich immer ein Verteidiger des offenen Ausrufs. Den elektronischen Handel mit einem zweiseitigen Handelssystem mit dem Parkett zu verbinden, kommt manchem als reine Ketzerei vor. Ich bin sicher, dass es Broker und ortsansässige Händler gibt, die glauben, was sie da lesen, wäre die Aufforderung, an ihren eigenen Stühlen zu sägen. Der Handel mit Futures wirft jedoch die gleiche Frage auf, die jedes Geschäft oder jede Institution eines Tages stellt: Pass dich an oder geh' unter. Als Händler und Broker haben wir die Überlebenschance, wenn wir den elektronischen Handel aufnehmen. Für unsere Börsen gibt es keine andere Alternative, als im elektronischen Bereich zu expandieren, allerdings nicht als Konkurrenten, sondern gemeinsam. Umso mehr müssen die Merc und der Board of Trade ihre Kräfte bündeln und ihre Abwehrhaltung aufgeben, die ansonsten unseren Niedergang bedeutet. In unserem neuen Zeitalter müssen die Börsen eine Handelsplattform einführen, die das beste aus beiden Welten umfasst – die elektronische Börse und der offene Ausruf am Parkett.

Um in der neuen Ära des elektronischen Handelns wettbewerbsfähig zu sein, kann sich die Merc und der Board of Trade nicht auf GLOBEX beziehungsweise Projekt A verlassen. Diese elektronischen Auftragsanpassungssysteme sind keine wirklichen elektronischen Börsen. Sie haben bisher nicht bewiesen, dass sie die Fähigkeit haben, die Volatilität und das Volumen des Parketts handhaben zu können. Bis heute hat die Eurex einen zweieinhalbjährigen Vorsprung zu den Chicagoer Börsen, falls es zum Angebot des elektronischen Handels kommt. Um zu konkurrieren, müssen die beiden Chicagoer Börsen ihren Stolz überwinden und zusammenarbeiten.

Das wird einige grundlegende Veränderungen in beiden Institutionen mit sich bringen. Als erster Schritt müssen sich beide Börsen von einer nicht gewinnorientierten Mitgliedergesellschaft zu einer gewinnorientierten Gesellschaft umwandeln. Ich glaube, dass das das Management voranbringen und die Berechenbarkeit für die Mitglieder erhöhen wird, nicht nur für einige Splittergruppen, die im Verwaltungsrat repräsentiert sind. In dieser Umwandlung werden diejenigen von uns, denen Börsenmitgliedschaften gehören, Aktien der Gesellschaft erhalten. Ich kann mir vorstellen, wenn die beiden Börsen ihr Vermögen zusammenlegen, ist es eine Kapitalbasis, die ausreicht, die finanzielle Integrität der Clearinghäuser und der Börse zu garantieren. Als Ergebnis daraus wird das Kostensystem bei den Abwicklungsgebühren abgeschafft, und alle Teilnehmer zahlen das gleiche beim Handeln. Das wird automatisch die Frage des offenen Ausrufens und des beidseitigen Handelns aufwerfen.

Die beiden Börsen müssen dann fusionieren. So weit ich es sehe, gibt es keinen anderen Weg für die zwei Börsen zu überleben. Es gibt einen Hoffnungsschimmer, dass eine Art der Einheit zwischen den Börsen möglich ist. Im Dezember 1998 stimmten beide Börsen einer Einschussverrechnung zu und ferner allgemeine Bankleistungen zum Nutzen ihrer Mitglieder weiter zu entwickeln. Obwohl das himmelweit von einer vollständigen Fusion entfernt ist, ist es doch ein Schritt in eine Kooperation, die vielleicht eines Tages zu engeren Verflechtungen führt.

Die Börsen müssen ihr Auftragsanlieferungssystem erneuern und verbessern. Die ausgeweitete Anwendung von computerunterstütztem Auftragseingang und übertragbare Einrichtungen für Broker am Parkett wird nicht nur die Auftragsflut beschleunigen, sondern größere Anonymität für Kunden mit sich bringen. Mit dem Handcomputer, der den Kunden mit dem Parkettbroker verbindet, muss sich der Broker keine Sorgen darüber machen, dass sein Kundenauftrag durch die Handzeichen am Parkett verfälscht wird. Bei dem zweiseitigen Handel in den meisten, nicht allen Futureskontrakten liegt dann die Entscheidung beim Kunden. Bei jedem einzelnen Geschäft wird der Kunde vor dem Computer wieder entscheiden, ob er den Handel elektronisch oder als offenen Ausruf ausgeführt haben möchte. Der Markt wird sich rechtzeitig der Liquidität anpassen.

Um diese Veränderungen an den traditionellen Börsen, wie die Merc und der Board of Trade, zu erreichen, müssen sich die individuellen Mitglieder der Ursachen annehmen. Wenn wir auf die Einrichtung des elektronischen Handels sehen, können wir nicht nur unsere Führung betrachten. Auf der einen Seite sind wir jeder für seinen eigenen Lebensunterhalt verantwortlich. Die Zyniker unter uns würden auch anmerken, dass die Führung in der Vergangenheit manchmal Regeln und Leitlinien gegen unseren ausdrücklichen Wunsch abgeändert hat. Es ist deshalb nicht verwunderlich, dass wir von der langjährigen Führung der Börsen wegen des elektronischen Handels bisher nichts gehört haben. Könnte es sein, dass sie wissen, dass die Botschaft unvermeidlich ist, sie uns aber nicht mitteilen wollen, dass für die herkömmlichen Börsen wieder das Schreiben an der Wand angesagt ist? Oder dass die Basis – die Broker und die Händler – nicht hören wollen, weil sie so sehr damit beschäftigt sind, ihre eigenen Pfründe zu sichern.

Die Futuresbörse ist ein unabhängiger Marktplatz. An der Basis sind einige tausend Broker und örtliche Händler, die als individuelle Geschäftseinheiten arbeiten. Als Börsenmitglied eröffnest du jeden Tag wieder dein Geschäft am Börsenparkett und stehst neben deinen Konkurrenten. Broker und Händler machen Geschäfte miteinander, lassen aber keinen Fehler aufkommen: jede Partei handelt für ihr eigenes Handelskonto und ihre eigenen Interessen. Diese Unabhängigkeit ist das, was viele Menschen am Handel reizt. Am Ende des Tages musst du dich nur bei dir bedanken – oder dich schämen. Aber diese Art der Unabhängigkeit erzeugt auch eine territoriale Haltung, die meisten Broker und Händler sind nur an den Dingen interessiert, die die Märkte, in denen sie Handeln, betreffen, oder an Börsenregeln, die sie am Handeln hindern, wie die Zeitstempelerfordernisse für die Handelskarten.

Es gibt natürlich auch Einzelne, die sich dafür entscheiden, in der Führungsstruktur der Börse mitzuarbeiten. Die Händler und Broker unterstützen die Kandidaten, die am besten ihre Interessen vertreten. Das Ergebnis ist ein Vorstand, der sich aus unterschiedlichen Börsensegmenten zusammensetzt – den Auftragsausfüllern, den örtlichen Spezialisten, den landwirtschaftlichen Börsen, den Finanzmärkten und so weiter.

Für die individuellen Broker und Händler geistert die Notwendigkeit des elektronischen Handels, die eine Änderung ihrer Haltung und Aussicht mit sich bringt, in den Köpfen herum. Nach meiner Erfahrung lassen sich Futureshändler und Broker nicht leicht von größeren Belangen vereinnahmen. In der Vergangenheit war es schwierig, wenn nicht gar unmöglich, Sympathie einer Börse für die andere zu entlocken. Viele Futureshändler und Broker haben in dieser Hinsicht einen sehr engen Horizont. Sie kümmern sich nur um das, was sie handeln. Das ist eines der traurigen Kapitel, die ich am Parkett gelernt habe.

Sogar vor dem Crash von 1987 gab es die, die den Handel am S&P begrenzen wollten, besonders als die Brokergruppen eingeführt wurden, die Bedeutung und Macht erlangten. 1986 wurde ein Fragebogen an die S&P-Händler und -Broker verteilt und nach bestimmten Handelspraktiken gefragt. Nach dieser Studie wurden Regeln erlassen, die einen Broker verpflichten, nur einen bestimmten Prozentsatz auf eigene Rechnung und einen bestimmten Prozentsatz mit Mitgliedern der eigenen Brokergruppe zu handeln. In dem Moment, in dem ich die Empfehlung des Börsenvorstandes sah, die als Brief am Parkett herauskam und zirkulierte, wusste ich, was der Merc bevorstand: ein Verbot des dualen Handels.

Ich ging mit dem Brief zu Howard Dobnow, Leo Melameds Schwiegersohn und Vorsitzender der Arbeitsgruppe: „Ich werde euch damit stoppen" sagte ich zu ihm.

Howard grinste höhnisch: „Vergiss es. Das ist beschlossen."

Ich nahm eine Kopie des Briefes mit hoch zu Maury Kravitz, meinem Partner und früheren Mentor. Der einzige Weg, diese Regeln zu verhindern, war, so beschlossen wir, eine Unterschriftensammlung. „Lewis, wie gehen wir vor, dass wir die anderen Händler hinter uns bringen?" fragte mich Maury. „Du weißt, wie sie sind. Sie setzen sich nicht für andere ein."

„Maury, du kannst diese Petition schreiben!" sagte ich ihm. „Ich bekomme die Unterschriften." Ich wusste, wenn es jemanden gäbe, der die Angst vor Gott aufs Parkett tragen würde, dann wäre es Maury. Er war nicht nur ein ausgezeichneter Anwalt, sondern auch ein Mensch, der Briefe schön formulieren konnte. Daneben könnte Maury den rechten Ton für diese Petition treffen, der ausdrückt, wie ernsthaft diese Empfehlungen für die Zukunft der Börse sind. Scherzweise habe ich Maury immer „Dr. Untergang" genannt. Seit Beginn meiner Karriere als Verkäufer hat er das Ende der Futuresbörse vorausgesagt.

Maury schrieb die Petition, und wir begannen, sie am Parkett herumzureichen. Wir brauchten nur 300 Unterschriften, um die Sache zu einem Referendum zu bringen. Wir wussten, das war das letzte, was Leo wollte. Ein Referendum würde die unterschiedlichen Meinungen in den Reihen verdeutlichen. Der einzige Weg, diese Art von Unterstützung zu beschleunigen, war, den Börsenmitgliedern zu zeigen, dass diese Sache weit über das hinaus ging, was die Parkettbroker am S&P ertragen konnten. Mit Hilfe von zwei weiteren Händlern begannen wir, die Petition am Parkett herum zu reichen. Wir begannen mit den S&P-Parketthändlern, die wie ich den dualen Handel retten wollten. Einige örtliche Spezialisten und Doppelhändler wie ich selbst sehen diese Regeln auch potenziell gefährlich an, weil sie den Handel begrenzen und dadurch die Liquidität einschränken könnten. Wir brachten die Petition zu anderen Einheiten, wo wir den Brokern erklärten, dass es nicht nur eine S&P-Angelegenheit sei; es stellte das duale Handeln quer über das Börsenparkett in Frage.

Politik, Handel und Futuresbörsen

Innerhalb von ein paar Stunden hatten wir 400 Unterschriften gesammelt – weit über den 300, die wir für ein Referendum benötigten. Dann rief ich Leo an und arrangierte ein Treffen am Nachmittag.

„Leo, du kannst uns das nicht aufzwingen" sagte ich ihm und übergab ihm die Petition. „Wenn du es doch tust, habe ich genug Unterschriften, um es zu einem Referendum kommen zu lassen. Ich werde es auch tun, wenn ich muss."

Leos Umgangston wurde umgänglicher, als er die Petition sah: „Lass uns zusammen setzen und das diskutieren" sagte er zu mir.

Das Treffen bestand aus Leo, Howard Dubnow und etwa zehn ihrer Leute auf der einen Seite und auf der anderen Seite etwa ein Dutzend örtlicher Spezialisten und Broker mit mir. Ich habe mich auf dem Treffen nicht geziert. „Die Vorschrift muss geändert werden oder ich bringe ein Referendum" sagte ich wiederum zu Leo.

Am nächsten Tag berief Leo eine Mitgliederversammlung ein. Er lobte Howard Dubnow und den Ausschuss nicht nur für ihre harte Arbeit, sondern auch, nach seinen Worten, für die Umsetzung, die von den Merc-Mitgliedern nicht getragen wird. Leo teilte uns mit, dass eine Ausschussdiskussion die Angelegenheit weiter verfolgen würde. Schließlich haben wir den Kampf gegen die Empfehlung des Ausschusses gewonnen, aber möglicherweise den Kampf gegen den dualen Handel.

Nach dem Crash von 1987 kam es an dem S&P-Parkett zu einer strengen Untersuchung. Es gab Behauptungen, dass der S&P-Kontrakt und die Portfolioversicherung irgendwie zu dem Crash beigetragen hätten. Die Überlegung war, dass der Ausverkauf der Futures, durch die Computerprogramme beschleunigt, die Aktien runtergezogen hätten – das sprichwörtliche Schwanz mit dem Hund wackeln. Um die S&P-Futures an die Kandare zu nehmen, haben einige Leute im Kongress, die sich selbst einen Namen machen wollten, vorgeschlagen, dass der Kontrakt unter die Kontrolle der Amerikanischen Börsenaufsicht (SEC) kommt, die die Aktien kontrollieren.

Zusätzlich gab es einige, die die SEC bedrängten, die Waren-Futures-Handelskommission (CFTC), die alle amerikanischen Futures kontrolliert, zu übernehmen.

Viele S&P-Händler hatten die Angst, dass wenn die SEC unser Parkett übernehmen würde, wir das gleiche Margenerfordernis von 50 Prozent brauchen würden, die für Aktien nötig sind. Können Sie sich vorstellen, wie absurd das für einen Händler gewesen wäre, eine Sicherheit von

201

250.000,– $ für einen S&P-Kontrakt zu hinterlegen? Es gäbe niemanden am Parkett und keinen Institutionellen für einen derartigen Kontrakt.

Während der Zeit, als das S&P-Parkett attackiert wurde, sah ich sehr wenig Einfühlungsvermögen von Merc-Mitgliedern außerhalb des Parketts. Auf ihrer Seite stand Jack Sandner, der Vorsitzende zu dieser Zeit, und der Rest der Merc Führung stand hinter dem S&P-Parkett. Aber damit war auch Schluss. Händler und Broker von den anderen Börsen haben Geschichten von Glücksfällen gehört, die sich an der S&P während des Crashs ereignet haben. Diese Art des schnellen Geldes erregte Neid – und Misstrauen. Wenn S&P-Parketthändler gegen Regeln verstoßen haben, so glaubten einige Merc-Mitglieder, dann sind sie nicht in der Schusslinie. Als Ergebnis wendeten sich viele der Merc-Mitglieder vom S&P-Parkett ab und lösten sich so von unserem Dilemma. Zu der Zeit konnte ich nicht glauben, dass die anderen Händler und Broker so naiv seien, dass sie nicht erkennen, wenn ein Parkett untersucht wird, dass auch die anderen scharf überprüft werden.

Diese Fraktionenhaltung am Parkett und die Rivalität zwischen den Börsen in Chicago machte die Einheit schwierig, wenn nicht gar unmöglich. Tatsächlich war das einzige Mal, dass ich die Merc und den Board of Trade zusammenkommen sah, als die Selbstregulierung bedroht und die Börsen gegen einen gemeinsamen Feind kämpften – den Kongress. Selbstregulierung war ein Grundsatz des Futureshandels seit Anfang an. Die Börsen haben immer so argumentiert, dass keine außerhalb stehende Seite die Vorgänge um den Futureshandel so gut wie die Insider verstehen konnte und deshalb konnte uns niemand besser kontrollieren als wir selbst. Der Warentermin-Regelfonds hat Tausende von Dollar im Laufe der Jahre eingenommen, was wie eine ständige Warnung aussah, dass unsere Selbstregulierung unter Beschuss sei. Wir hörten eines Tages, dass strengere Regeln eingeführt werden sollten und als nächstes wurden wir gewarnt, dass unsere Umsätze versteuert werden sollten. Umsatzsteuern würden nur die Kosten für den Futureshandel erhöhen und die Institutionellen zwingen, an andere Plätze außerhalb der Vereinigten Staaten zu gehen.

Um bestimmte Kreise in Washington D.C. zu beruhigen und um ein Signal zu senden, dass die Börse sich selbst regulieren könnte, verschärfte die Merc freiwillig ihre Regeln. Nimm nur die „Regel der obersten Stufe", die im S&P erstmals nach dem Crash eingeführt wurde. Am Parkett ist es so, je höher du stehst, um so einen besseren Ausgangspunkt hast du, um zu sehen und gesehen zu werden. Die Merc entschied, dass, beginnend mit dem S&P, nur die Broker, die Kundenaufträge ausführen, auf der obersten Stufe stehen konnten. Die örtlichen Spezialisten wurden auf niedrigere Plätze verwiesen. Der Grund hinter dieser Regel der obersten Stufe war, dass es den Brokern eine Vertraulichkeit geben würde, bis sie in einem offenen Forum standen.

Indem sie auf der obersten Stufe standen, hatten die Broker einen klaren Überblick über die Divisionsleiter und die Verkäufer, die Handzeichen nutzten, um die Kundenaufträge ans Parkett weiterzuleiten. Indem sie die ortsansässigen Händler von der obersten Stufe verbannten, konnten sie nicht sehen, wie die Kundenaufträge am Parkett angezeigt wurden. Die Börse entschied, dass ein ortsansässiger Händler einen unfairen Vorteil hätte, wenn er die Brokeraufträge ein oder zwei Sekunden bevor der Geld- und Briefkurs am Parkett gestellt wurde sehe. Was mich an der Regel der obersten Stufe ärgerte, war, dass sie den Brokern und ihren Kunden den Vorzug gaben, die Institutionellen aber und die anderen Kunden, die über die Broker handelten, waren keine Mitglieder. Nur wurde ihnen Priorität gegenüber den örtlichen Spezialisten eingeräumt, die Mitglieder waren. Das Ergebnis der Regel der obersten Stufe war eine Debatte, wann ein Auftrag tatsächlich öffentlich wird: Ist es, wenn am Parkett ein Geld- oder Briefkurs gestellt wird oder wenn sie der Divisionsleiter dem Broker anzeigt?

Als die Regel der obersten Stufe am S&P eingeführt wurde, haben sich die anderen Börsenparkette uns nicht angeschlossen, gegen unsere Sache zu kämpfen. Die überwiegende Haltung der anderen Merc-Mitglieder war, dass die Regel der obersten Stufe nur das S&P betraf. Es hatte nichts mit den Eurodollar, Währungen und anderen Finanzterminkontrakten zu tun. Aber was die Broker und Händler der anderen Parkette übersahen, war, dass die Regel der obersten Stufe am S&P das zweiseitige Handeln quer durch die Börse verbannen würde. Die Regel der obersten Stufe zeigte klar, dass es viele Broker an der Börse gab, die ihren Lebensunterhalt ausschließlich mit Kundenaufträgen verdienen wollten. Aus dieser Sicht war es nicht allzu weit entfernt, Brokern insgesamt das Handeln auf eigene Rechnung zu verbieten.

Ich sagte bereits zuvor, dass ich ein Verfechter des dualen Handelns bin, was ein widersprüchliches Verfahren und ein schädliches obendrein ist. Kritiker haben sich über das duale Handeln beschwert, weil es Parketthändlern einen unfairen Vorteil gibt, und es ist denkbar, dass der Handel mit dem Wissen der Kundenaufträge stattfindet. Die Praxis des Vorkaufens vor dem Kunden steht in strengem Gegensatz zu den Börsenregeln, und jeder, der das tat, wurde von der Börse möglicherweise erwischt. Um die Praxis des dualen Handelns zu verteidigen, war alles, was die Merc hätte tun müssen, zu zeigen, dass sie effizient die Handhabung der Kundenaufträge durch ihr Computeraufzeichnungssystem (Crt.) überwachen konnte. Dieses hoch entwickelte Computerprogramm erlaubt der Börse bis zum letzten Tick jedes Geschäft am Parkett nachzuverfolgen.

Wenn es ums Regulieren an der Börse geht, darfst du die Rolle der Kunden nicht unterschätzen. Jeder Broker, der seine oder ihre Interessen ständig über die des Kunden setzt, verletzt die Börsenregeln – und die schlechte Qualität der Ausführungen wird vom Kunden erkannt, der schnell einen anderen Broker findet, um sein Geschäft abzuwickeln.

Broker sind nur dann erfolgreich, wenn es ihnen gelingt, die Loyalität ihrer Kunden zu gewinnen. Als ich noch ein dualer Händler war, gab es mehrere Fälle, in denen ich eher Nachbessern wollte, als Geld auf meine eigene Positionen zu verlieren, denn meine erste Verpflichtung war mein Kunde. Das war genau der Grund, warum ich das Kundengeschäft aufgab. Ich wurde ein so großer Händler, dass ich aus dem dualen Handeln herausgewachsen bin; mein Eigenhandel litt unter den Kundenausführungen. Aber es war meine eigene Entscheidung, mit den Kundenaufträgen aufzuhören. Es gab andere duale Händler, die sich bei hektischen Märkten auf Kundenaufträge konzentrierten. Wenn das Geschäft sich beruhigte, handelten sie auf eigene Rechnung. Es gab keinen Grund, diese Händler vom dualen Handel auszuschließen.

Nach meiner Meinung kommt der duale Handel beiden Interessen, sowohl den Kunden als auch den des Händlers, am besten entgegen. Zum einen erhöhte das duale Handeln die Liquidität, die das Herzblut unserer Existenz ist. Jedes Geschäft am Parkett zieht vier weitere nach sich. So hat das Verbot des dualen Handels, das den Brokern verbot, für sich selbst zu handeln, vierfache Auswirkungen für jedes Geschäft, das verboten wurde.

Darüber hinaus bot der duale Handel Anonymität für Kunden. Da ich große Geschäfte auf eigene Rechnung machte, konnten die anderen nie sicher sein, wann ich für mich selbst handelte und wann ich Kundenaufträge ausführte. In dem dualen Markt waren die Broker immer voll bei der Sache. Sie saßen nicht auf der Seite, lasen Zeitung und warteten auf Kundenaufträge. Du hast keinen Broker gesehen, der, wie es heute vorkommt sich plötzlich umsieht und fragt, wo der Markt ist, weil er plötzlich einen Auftrag auszuführen hatte.

Auch als dualer Händler konnte ich sehr gut örtliche Spezialisten stoppen, die versuchten, mich mit einem Kundenauftrag über den Tisch zu ziehen. Lass uns annehmen, ich hatte 200 Kontrakte für einen Kunden zu kaufen und örtliche Spezialisten zogen den Preis hoch, das heißt sie antworteten auf meinen Geldkurs mit höheren. Wenn ich 50 sagte, sagte ein anderer 55 und dann 60. Als dualer Händler könnte ich mich zu dem örtlichen Spezialisten umdrehen und sagen: „An dich!" und zehn oder 20 Kontrakte auf eigene Rechnung verkaufen und den örtlichen Spezialisten kalt auflaufen lassen.

Der Kampf um das duale Handeln wurde sehr politisch, besonders in den Wogen des 1987er Crashs und der FBI-Untersuchung. In dem Buch *Flucht in die Zukunft* (John Wiley & Sons, Inc., New York, 1996) gesteht Leo Melamed mit Bob Tamarkin, dass es „von Natur aus nicht übel" mit dem dualen Handel war, und „dass unterstrichen werden muss, dass der duale Handel die Marktliquidität erhöhte". Seine Bedenken waren, dass „der duale Handel dem Markt immer ein schlechtes Image verpasste, und dass er eine Quelle endloser Anklagen war, und dass die Praxis zu Kundenmissbräuchen geführt hat." Aber nach seiner Meinung „... war der Gewinn durch den Bann des dualen Handels größer als der Verlust der Marktliquidität."

Durch das Verbot des dualen Handels erreichte es die Börsenführung, das sogenannte schlechte Image abzustoßen. Aber ich glaube, das Ergebnis schnitt die Liquidität sehr stark ein und riss einen nicht wieder gutzumachenden Graben zwischen die örtlichen Spezialisten und die Broker. Umgekehrt konnten die örtlichen Spezialisten, die ihr eigenes Geld riskierten, grundsätzlich viel mehr Geld verdienen als die Broker, die von Provisionen von 2,– $ je Kontrakt lebten. Um den Lebensunterhalt mit nichts als den Provisionen zu verdienen, entwickelten einige Händler eine „Ausfüll- und Rechnungshaltung". Solange die Kunden ihre Ausführungen bekamen, gab es wenig Anreiz, sich besonders um den Preis zu bemühen. Die einzige Sorge des Brokers war, dass der Auftrag ohne einen Fehler ausgeführt wurde, ohne dass er oder sie dafür haftbar gemacht werden konnte.

Der Bann des dualen Handelns machte noch einen anderen Unterschied zwischen der Merc und dem Board of Trade deutlich. Der Board of Trade verbannte niemals das duale Handeln und erlaubt seinen Brokern und örtlichen Spezialisten auf der obersten Stufe nebeneinander zu stehen –

oder an jedem anderen Platz. Das spiegelt den Ruf des Board of Trade, seine Mitglieder an erster Stelle zu sehen. Die Broker und örtlichen Händler üben einen starken Einfluss auf den Board of Trade aus, obwohl diese Börse sicherlich auch ihren Teil an dynamischen Vorsitzenden gesehen hat, einschließlich Les Rosenthal, Karsten „Cash" Mahlman, und bis vor kurzem Pat Arbor.

Meiner Meinung nach hat die Merc seit Einführung der Finanztermingeschäfte mehr die Institutionellen befriedigt und das auf Kosten der einzelnen Mitglieder. Hervorzuheben dabei ist der Eurodollarkontrakt der Merc, der auf U.S. Dollareinlagen im Ausland beruht. Als der Eurodollarkontrakt angekündigt wurde, machten sich viele örtliche Händler dafür stark, dass er mit 100.000,– $ den gleichen Wert wie der Staatsanleihenkontrakt an der Board of Trade bekommt. Aber die Merc-Führung kam auf Druck der Institutionellen zu einem größeren Kontrakt über 1 Million $. Warum? Weil mit 1 Million $ weniger Kontrakte gehandelt werden mussten, um die kurzfristigen Zinspositionen abzusichern. Weniger Kontrakte hieß weniger Provisionen, die bezahlt werden mussten.

Ein anderer Unterschied zwischen der Merc und dem Board of Trade wurde nach der FBI-Untersuchung 1989 deutlich. Beide Börsen straften automatisch alle Mitglieder ab, die staatliche Strafen oder Tatsachen begingen, die gegen sie durch das CFTC ausgelegt werden konnten. Angezeigte Händler, die ihre Unschuld beteuerten, durften weiterhin handeln, aber beide Börsen baten sie, nur auf eigene Rechnung zu handeln und sich der Kundenausführungen zu enthalten. Der Unterschied wurde in der unterschiedlichen Haltung der beiden Börsen gesehen, gegenüber Brokern, die wegen eines Vergehens angeklagt aber nicht verurteilt wurden, in der Neigung, ihnen freiwillig das Fernbleiben von Kundenaufträgen aufzuerlegen.

In einem Artikel mit der Überschrift „Merc-Vorstand sagt: Kein Langfristiger Schaden; die nächste Abrechnung kommt so schnell wie der nächste Fall," von Christopher Drew und Saalie Gaines in der *Chicago Tribune* vom 4. August 1989 (mit Beiträgen von Terry Atlas, William B. Crawford jr. und Gary Marx) wurde Leo Melamed, der damals Vorsitzender des Börsenlenkungskomitees an der Merc war, zitiert, als er sagte, die Börse würde gegen jeden angezeigten Händler vorgehen, der sich weigerte, der Bitte, keine Kundenaufträge auszuführen, nachzukommen. Die Haltung des Board of Trade war nicht ganz so revolutionär, solange jemand unschuldig war und bis seine Schuld bewiesen war. Das Streben nach Vorherrschaft der Merc hatte jedoch einen bestimmten Grund.

Die Qualität der Futureskontraktpreise, die an der Merc und dem Board of Trade der Öffentlichkeit gestellt werden, wird als sehr wichtig angesehen. Beim offenen Ausruf ist der Preis, der zu irgendeiner Zeit genannt wird, bestimmt vom letzten Umsatz. Die Preise gehen hoch und runter, ganz nach dem Niveau, wie die Geschäfte ausgeführt werden. In einem schwachen Markt müssen die Verkäufer ihre Briefkurse runternehmen; in einem festen müssen die Käufer ihre Geldkurse erhöhen. Sogar die Zeit, zu der ein Umsatz gemacht wird, wird sofort berichtet. Wenn das Geschäft gemacht ist, drehe ich mich zu einem der Merc-Berichterstatter und rufe: „Gemacht zu einem Halben." Der Berichterstatter übermittelt den Preis mit einem Walkie-Talkie einem anderen Merc-Angestellten, der die Informationen in den Computer eingibt, einschließlich der Zeit und des Preises, den die Öffentlichkeit sehen kann.

Aber es gibt auch Zeiten, in denen Angebot und Nachfrage am Parkett nicht im Einklang stehen und der Markt sehr volatil wird. Der Board of Trade hat meiner Meinung nach eine viel realistischere Haltung, wenn es dazu kommt, dass die Geschäfte sofort am Parkett abgeschlossen werden. Der Board of Trade nimmt zur Kenntnis, dass es Zeiten in einem sich schnell bewegenden, unvorhersehbaren Markt gibt, in denen ein Broker Kontrakte zu 50 anbietet und nicht merkt, dass in einer anderen Ecke des Parketts 70 oder gar 90 geboten werden. Solange die Broker nicht nachlässig in ihren Bemühungen sind, die Kontrakte auszuführen, ist die Praxis am Board of Trade überlicherweise, hinter seinen Geschäften zu stehen. Nachbesserungen werden Kunden normalerweise nicht ohne Angst, Geschäft zu verlieren, zugestanden. Tatsächlich, wie in Kapitel 6 berichtet, hat sich Archer Daniels Midland über die Parkettausführungen am Board of Trade beschwert, und prompt hat diese Agrargesellschaft mit der U.S. Regierung in der FBI-Nachforschung kooperiert.

Das ist das Gegenteil zur Sicht der Merc, an der alle Transaktionen mit sauberer Zeitfolge protokolliert werden. An der Merc haben die Broker den Institutionellen erlaubt, es festzuhalten. Da das duale Handeln verboten wurde, besteht der einzige Lebensunterhalt der Broker darin, Kontrakte gegen Provisionen auszuführen.

Es ist deshalb selten, dass ein Broker bei einem Geschäft zu dem Kunden steht, wenn der Markt schnell und volatil ist und die Preise außer Kontrolle geraten. Die beste Verteidigung ist deswegen die Zeit-und-Preis-Aufzeichnung. Die Preise, die anormal scheinen, zu streichen, kann einem Merc-Broker helfen, sich die Kunden vom Leib' zu halten. Das zu tun erfordert jedoch eine Übereinkunft, die getroffen werden muss, dass die Börsenzeit- und -preis-Aufzeichnung der Merc die Integrität sicherstellt, an der niemals gezweifelt werden kann.

Hier ist ein typisches Szenario eines strittigen Preises am Merc-Parkett. Lass uns annehmen, der Broker möchte mit 50 verkaufen, aber bevor der Broker seinen Handel ausführen kann, steigen die Gebote quer übers Parkett auf 60. Ein Umsatz wird zu 60 gemacht, der Teil der Zeit-und-Preis-Aufzeichnung ist, die der Öffentlichkeit zur Verfügung steht. Dann bricht der Markt ab und fällt 200 oder 300 Punkte. Wenn der Kunde die Aufzeichnung mit 60 sieht, ruft er den Handel an und besteht auf Ausführung zu diesem Preis. Das Problem ist, wenn der Markt weit unter diesem Niveau ist, gibt es keine Möglichkeit zur Ausführung mit 60. Der Broker hat dann drei Möglichkeiten. Der Broker kann dem Kunden erklären, dass das kein Fall von Nachlässigkeit war, aber das Geschäft dennoch nicht ausgeführt werden konnte; was jedoch dem Broker das Kundengeschäft in der Zukunft kosten könnte. Der Broker könnte dem Kunden den Auftrag mit 60 ausführen und die Differenz zum derzeitigen Markt aus seiner oder ihrer eigenen Tasche zahlen. Oder der Broker könnte den Preis von 60 in Zweifel ziehen, obwohl Geschäfte auf diesem Niveau gemacht und berichtet wurden.

Wenn ein Preis in Frage gestellt wird, läuten sämtliche Alarmglocken. Dann wird der Parkettausschuss gerufen, um eine Entscheidung zu treffen, ob der Preis von 60 gehalten oder gestrichen werden sollte. Der Parkettausschuss besteht aus etwa 30 Mitgliedern von verschiedenen Ecken des Parketts, was dem Ausschuss einen Überblick gibt, was in dem Handelsbereich passiert. Die Parkettmitglieder sitzen nicht irgendwo in einem Zimmer und brüten über Zeit-und-Preis-Aufzeichnungen. Sie sind am Parkett und handeln. Wenn ein Preis strittig ist, findet ein Börsenmitarbeiter die Ausschussmitglieder am Parkett und bittet um eine Entscheidung, ob der Preis geändert oder herausgenommen werden sollte. Die Entscheidung wird nach der Mehrheit getroffen. Das passiert alles innerhalb von Minuten und der Handel wird während dieses Prozesses nicht unterbrochen.

Aber sogar in dem Preisausschuss war der Parteigeist der Merc zu spüren. Der Parkettausschuss setzt sich meist aus Brokern zusammen, die dazu neigen, Preisanfragen von anderen Auftragsausfüllern zu bevorzugen. Als einer der Hauptspieler am S&P-Parkett beschloss, ich müsste Teil dieses Parkettausschusses sein. Die Preiszugeständnisse hatten einen wesentlichen Einfluss auf meine Position und ich wollte sagen können, welche Preise bleiben und welche herausgenommen werden sollten. Ich verhandelte mit Maury, um seinen Platz in dem Parkettausschuss zu übernehmen, denn er war nur noch selten am Parkett. Als Maury zu Jack Sandner mit meiner Bitte kam, so erzählte er mir später, war es die härteste Verhandlung seiner ganzen Merc-Karriere. Nach all dem war ich nicht der Beliebteste am Parkett. Aber schließlich wurde ich doch für den S&P-Parkettausschuss ernannt.

Die Aufgabe des Parkettausschußes war, die Integrität der Zeit-und-Preis-Aufzeichnung zu wahren. Trotzdem war der Parkettausschuss nicht frei von Interessen von Brokern oder örtlichen Spezialisten und persönlichen Konflikten. Als ich von 1984 bis 1986 in dem Ausschuss war, während ich dualer Händler und später streng getrennt örtlicher Spezialist war, sah ich, dass andere Mitglieder sehr schnell gegen all das stimmten, worum ich bat oder was ich empfahl. Wenn ich beantragte, dass ein Preis herausgenommen wurde, ließ ihn der Ausschuss drin. Wenn ich wollte, dass der Preis bleiben sollte, nahm ihn der Ausschuss heraus. Die einzige Ausnahme im Parkettausschuss war Marty Potter, ein Freund und Mithändler, mit dem ich seit 1982 eng zusammen gearbeitet habe, als der S&P-Kontrakt zum ersten Mal gehandelt wurde.

So beschloss ich, ein wenig den Widerspruchsgeist des Parkettausschusses auszuprobieren. „Hör mal", sagte ich zu Marty eines Tages, „stimme von jetzt an für nichts, worum ich bitte."

„Was?" Marty schaute mich an, als ob ich ganz durchgeknallt sei.

„Siehst du nicht, was sie machen? Sie sind gegen alles, worum ich bitte. Von nun an werde ich um das Gegenteil bitten. Wenn sie dann gegen mich stimmen, habe ich genau das, was ich möchte."

Es ist eine traurige Erkenntnis der menschlichen Natur, aber es wirkte genau so, wie ich es geplant habe. Wenn ich wollte, dass ein Preis drin bleiben sollte, bat ich darum, dass er herausgenommen werden sollte. Ich änderte meine Strategie, wenn ich einen Preis vom Protokoll gestrichen haben wollte. Ich hasse diese Spielchen, aber es ging nicht ohne ein paar nette Spiele. Wenn jemand, den ich nicht mochte, sich über einen bestimmten Preis beschwerte, fügte ich meine eigene Empfehlung dazu. Ich stellte sicher, dass jeder mein „LBJ" – meine Initialen auf meinem Händleretikett – bei dieser Anfrage sah. Es war der Judaskuss auf jeder meiner Anfragen vor dem Ausschuss.

Nach zwei Jahren ging ich aus dem Ausschuss, als ich örtlicher Spezialist wurde. Aber obwohl ich nicht länger in dem Parkettausschuss war, lehnte ich mich nicht in meinem Stuhl an der Merc zurück. Meine eigenen Interessen sagten mir, dass ich mich weiterhin engagieren müsse. Preisanpassungen kosteten mich und anderen Größen vor Ort manchmal über 2.000,– $ am Tag. Ich habe mir einmal ausgerechnet, dass Preisanpassungen auf Jahresbasis meinen Gewinn um 200.000,– $ schmälerten. Ich war davon betroffen, was ich als vorherrschende Tendenz der Broker, die ihre Aufträge für Institutionelle ausführten, gegenüber den örtlichen Spezialisten erkannte. Um mein Anliegen zu beweisen, sammelte ich die Preisveränderungsanfragen, die vor den Parkettausschuss kamen. Etwa 90 Prozent der Anfragen wurden vom Ausschuss stattgegeben und über 90 Prozent der Anfragen kamen von den Auftragsausfüllern.

Wir können uns eine derartige Abteilung in unseren Reihen nicht länger leisten, wie wir es in der Vergangheit taten. Die Broker und die örtlichen Spezialisten sind vielleicht Rivalen am Parkett, aber wenn wir unser Kräfte nicht bündeln, können wir nicht darauf hoffen, unseren Lebensstandard verteidigen zu können. Ob wir nun auf eigene Rechnung arbeiten oder ob wir Kundenaufträge ausführen, wir sind alle Teil eines Ganzen, nämlich das, was wir den Markt nennen.

Der Wandel der Futuresbörsen setzt zuerst die Änderung der Perspektive der Broker und Händler voraus. Wesentliche Änderungen sind immer von unten nach oben, nie von oben nach unten. Die Fusion der Chicago Mercantile Exchange und des Chicago Board of Trade würde mehr sein als bloß zwei Institutionen zusammen zu bringen. Es würde nicht weniger als eine Fusion mit 6.000 unabhängigen Geschäften darstellen, die durch jeden Broker und Händler am Parkett der beiden Börsen repräsentiert werden.

Diese Kräfte müssen gebündelt und über die Reihen verteilt werden, dass die Führung eine klare Botschaft vernimmt, eine Botschaft, die es uns erlaubt, die Zukunft anzupacken, anstelle sie zu fürchten.

Damit das geschieht, müssen die Broker und Händler von ihrem Platz am Parkett und den Bildschirmen vor ihren Gesichtern aufblicken, um weitläufige Bilder ins Auge zu fassen. Unser weiterer Lebenswandel hängt von den Entscheidungen ab, die heute gefällt werden. Die Konkurrenz des elektronischen Handels ist bittere Realität. Ich wiederhole nochmals, dass ich nicht glaube, dass das Parkett geschlossen und der offene Ausruf für immer verstummt. Immer mehr wird der elektronische Handel um sich greifen. Neue Börsen werden nicht aus Stein und Mörtel sein, sondern es werden virtuelle Computerbörsen sein.

Für die Chicago Mercantile Exchange und den Chicago Board of Trade ist dieser Ruf ganz klar eine Chance, wieder einmal die Führung in der Futuresbranche zu übernehmen. Chicago ist nach alledem die Wiege, an der der Futureshandel vor 150 Jahren geboren wurde. Es ist nur recht und billig, dass diese beiden Börsen eine aktive Rolle nicht nur in ihrer eigenen Zukunft, sondern auch in der Ausrichtung der gesamten Branche für das nächste Jahrhundert übernehmen.

Kapitel 10

Von den Anfängen bis zur weltumspannenden Wirtschaft

Jeder ist heutzutage ein Händler oder er verhält sich so. Sie verfolgen jeden Tick des Dow Jones Industrial Average und jedes Zucken des S&P 500. Sie hören mehr auf CNBC, als dass sie sich mit irgendeiner anderen Freizeitbeschäftigung abgeben. Die Finanzseiten und der Aktienteil in den Zeitungen sind nicht nur für die Reichen und die Fachleute. Einige sagen vielleicht sogar, dass wir eine Nation von Geldanlegern geworden sind, aber ich glaube, diese Beschreibung ist zu passiv. Anleger sparen ihr Geld für die Zukunft, kaufen und halten Blue Chips und Anleihen für ihr Alter oder für schlechte Zeiten. Ich bin der Ansicht, die Menge der Anleger wurde zu Spekulanten – kurzfristig orientierte Anleger, die, wie die Händler, genau wissen, ob der Markt an jedem einzelnen Tag hoch oder runter geht.

Das Auftauchen dieser neuen Spekulanten ist Teil der grundlegenden Veränderung der Märkte. Kleinanleger kamen durch die Investmentfonds und Anlagen fürs Alter zum Aktienmarkt, zusammen mit der Macht, die den Markt durch die starken Abwärtsbewegungen untermauert und seine Spannkraft gestärkt hat. Fundamentale wirtschaftliche Veränderungen haben auch den Markt gestärkt – einschließlich der Umstrukturierung der

Gesellschaften, um Kosten einzusparen und Schulden abzubauen und kürzlich, der weltweiten wirtschaftlichen Veränderungen in den Emerging Markets, den ehemals kommunistischen Volkswirtschaften und sogar des neuen europäischen Wirtschaftsverbundes.

Durch diese grundlegenden weltwirtschaftlichen Veränderungen sind die Auswirkungen auf die Märkte sofort und nachhaltig. Oder anders ausgedrückt, heißt das Volatilität. Anleger, die sich an einen leichten Aufwärtstrend gewöhnt haben, tun besser daran, sich in ihren Sitzen anzuschnallen. Dieser Aspekt wurde mir bei einem Golfspiel im August 1998 bewusst. Der Dow war minus 200 Punkte, als der Markt sich über die Asienkrise sorgte, da die amerikanische Notenbank nicht bewusst gegengesteuert hat.

Ich hatte ganz schön Erfolg an diesem Morgen, handelte kurzfristig für mich selbst und meine Kunden und war froh, eine Pause machen zu können, als ich am frühen Nachmittag zum Golfplatz fuhr. Aber als ich meine Golfkumpel sah, fühlte ich mich ans Parkett zurückversetzt. Einer schaute nur noch auf sein Handy, ob sein Aktienbroker ihn anrufen wollte. Ein anderer klebte am CNCB im Clubhaus. Der Ausdruck des Dritten war der eines Schauspielers voller Sorge.

„Was ist los mit euch?" schmeichelte ich ihnen.

„Lewis, der Markt", stöhnten sie alle miteinander. „Wir werden gekillt."

„Gut!" zog ich sie auf. „Jetzt könnt ihr nachvollziehen, wie es mir Tag für Tag geht, wenn ich einen Verlust habe. Und schließlich bekommt ihr einen Geschmack davon, was es heißt, Händler zu sein."

Ich zeigte mich den Sorgen meiner Freunde gegenüber einfühlsam. Ich kenne die Gefühlslähmung, die ein finanzieller Verlust verursacht, auch wenn er nur auf dem Papier stattgefunden hat, zu genau. Aber für eine Menge von Anlegern ist diese zunehmende Volatilität untragbar. Sie verstehen die Tatsache, dass der Markt übersensibel auf weltwirtschaftliche Veränderungen reagiert. Aber gefühlsmäßig ist das eine Achterbahnfahrt, auf die die meisten verzichten könnten.

Wie wir im letzten Jahr gesehen haben, sind 100- und 200-Punkte-Bewegungen heutzutage am Markt nicht unüblich. Führen Sie sich nur mal vor Augen, dass der Dow in den ersten elf Monaten des Jahres 1998 zwischen 7.400 und 9.400 im Aktienmarkt, und zwischen 7.415 und 9.500 im Futuresmarkt geschwankt ist. Der S&P-Futures bewegte sich in der Zwischenzeit zwischen 929 und 1.212 in den ersten elf Monaten dieses Jahres. Um mit dieser Art der Marktvolatilität umzugehen, können die Anleger sich dafür entscheiden, dem Tagesgeschehen keinerlei Beachtung zu schenken und die langfristigen Aspekte beachten. Das ist eine gute Strategie für Anleger, die ihr Portfolio aufgeteilt und die ihr Geld guten Verwaltern anvertraut haben, zwei Voraussetzungen, die helfen, ihre Anlagen abzusichern und mit großer Wahrscheinlichkeit langfristig einen guten Ertrag einzufahren.

Viele Anleger sind in den letzten paar Jahren ganz gut gefahren, zugegebenermaßen nicht, weil sie einige besonders lukrative Aktien herausgepickt haben, sondern weil der Gesamtmarkt einfach so fest war. Nun – vielleicht fälschlicherweise – mit einer guten Portion Gewinn und Vertrauen in ihre Fähigkeit, am Markt mitzuspielen, ausgestattet, haben sich diese Anleger in Spekulanten verwandelt. Sie gehen größere Risiken mit kurzfristigen, spekulativen Investments ein, in der Hoffnung auf noch schnellere Gewinne. Leute, die vor ein paar Jahren noch auf die Rolle der Notenbank vertraut haben, wissen heute jedes Wort, das Alan Greenspan von sich gibt.

Es bleibt den Anlegern gar keine andere Wahl, als sich der Mentalität der Händler anzupassen. Sie müssen ihre Investmentstrategie zielgerichtet und diszipliniert verfolgen, selbst wenn ihre Portfolios wegen einer Korrektur des Aktienmarktes 15 oder 20 Prozent im Minus sind. Aber wenn es ums Spekulieren geht, müssen sie sich um die Begrenzung ihrer Verluste sorgen, anstatt sich auf mögliche Gewinne zu konzentrieren. Eine Abwandlung der Hauptregeln des Handelns ist: Kümmere dich um die Verluste, die Gewinne passen auf sich selbst auf. Spekulanten sollten niemals zu viel ihres Portfolios in hochriskanten Anlagen haben, ebenso wie ein Händler niemals eine zu große Position aufbauen sollte. Lege das Nest mit allen Eiern niemals auf eine „todsichere" Anlage; es gibt nichts, womit man keinen Verlust machen kann, es sei denn, du sprichst von einem Sparbuch. Und kontrolliere deine Saat.

Privatanleger untermauern die Strenge des Aktienmarktes, ebenso wie die Investmentfonds Altersvorsorgepläne und andere Investmentpläne. Dieses Geld verbindet die gesammelte Macht der Privatanleger unter einem professionellen Manager. Vor dem Crash von 1987 kauften und verkauften die Privatanleger Aktien meist für sich selbst, oftmals mit dem Rat eines Brokers, der Provisionen für jedes Geschäft verlangte. Die schnelllebigen 80er führten zu einer Ausweitung der Ausgaben, Kreditkartenschulden und der Anlagen. Dann kam der Crash. Einige Anleger hatten so viel Kredit für ihre Aktienanlagen aufgenommen, dass sie ihren Sicherheitserfordernissen nicht gerecht werden konnten, und gezwungen waren, ihre Positionen zu liquidieren. Andere bekamen wegen der Verluste, die nur auf dem Papier standen, Panik.

Im Mai 1988 stabilisierte sich der Aktienmarkt. Sogar der Rückgang, der von Mitte 1990 an dauerte und vom Krieg am Persischen Golf Anfang 1991 abgelöst wurde, hielt die Anleger nicht vom Markt ab. Es floss weiterhin Geld in den Markt. Nach dem Krieg investierten viele Privatanleger nicht mehr direkt, sondern in Investmentfonds und andere Investmentprogramme und hörten auf den Rat von Finanzplanern oder anderen Profis. Dieser Fluss an privaten Geldern, die von Institutionellen verwaltet wurden – Haushaltsnamen wie Vanguard, Fidelity und Putnam – schüttete Öl ins Feuer und heizte die Börse Anfang der 90er weiter an. Das hat den Markt nach unten auch abgesichert. Unterstützt durch die Finanzplaner und den Rat der Investmentfondsgesellschaften, blieben die Anleger bei der Stange mit einer „Kaufen-und-Halten"-Strategie.

Es gibt noch einen anderen Grund für die aktuellste Marktmentalität der Leute, die vor kurzem noch nicht einmal einen Investmentfonds von einer Versicherungspolice unterscheiden konnten. Heute werden die Menschen zunehmend finanziell verantwortlicher für sich selbst und ihre Zukunft. Einige von uns zählen auf die Sozialversicherung, wenn es um ihren Lebensabend geht.

In der letzten Generation war die Sozialversicherung eine reine Altersversorgung. Entweder erhielt ein Rentner eine Firmenrente oder er hatte die Sozialversicherung. Es war wie ein Versprechen vom Finanzminister selbst. Dann haben sich die demographischen Daten gegen die Sozialversicherung gewandt. Budgetdefizite, sinkende Geburtenrate und eine Überalterung der Bevölkerung haben die Sozialversicherung stark beansprucht. Die nüchternen Nachrichten von Clinton aus dem Weißen Haus im November 1998 lauteten, dass im Jahre 2013 das Geld für die Sozialversicherung nicht länger für die auszuzahlenden Renten reicht und die Regierung in einen Sozialversicherungsdeckungsstock treibt. Im Jahre 2032 werden die Mittel des Deckungsstocks leer sein und das Geld für die Sozialversicherung wird nur für 72 Prozent der Zahlungen reichen.

Während die Sicherheit der Sozialversicherung im Capitol diskutiert wird, nehmen viele Amerikaner ihre Zukunft in die eigenen Hände. Es gibt sogar Überlegungen, dass ein Teil der Sozialversicherungsgelder eines Tages bei professionellen Geldverwaltern platziert wird. Zusätzlich haben Gesellschaften ihre Pensionspläne in steuerbegünstigte Fondspläne abgeändert, was den Mitarbeitern erlaubt, einen Teil ihres Gehaltes darin zu investieren. Investiere das Geld heute, ohne Steuern darauf zu zahlen und spare für die Zukunft. Das hat eine Menge Berufstätige betroffen, besonders diejenigen aus den Babyboomjahren, die sich um die Ausbildung ihrer Kinder und um ihre eigene Altersversorgung Sorgen machen.

Das Ergebnis davon ist, dass der Aktienmarkt, der das Revier der Wohlhabenden war, ganz Mittelamerika erfasst hat.

Nun treten Sie ein in das – wie ich es nenne – CNBC Syndrom. Obwohl ich ein Fan von CNBC bin (ich wurde geehrt, von Zeit zu Zeit als Gastkommentator auftreten zu dürfen), glaube ich, dass die Popularität dieses Finanznetzwerkes eine Besessenheit widerspiegelt, die wir alle mit dem Markt und unserem Geld gemein haben. Wo wir uns hindrehen, werden wir mit den letzten Marktinformationen bombardiert. Gurus geben ihre Meinung kund, was sie glauben, dass morgen geschieht, oder am nächsten Tag, der nächsten Woche, nächstes Jahr. Investmentfondsgesellschaften versichern uns in Druckschriften, am Fernseher oder am Internet, dass eine Anlage heute die Sicherheit für morgen bedeutet. Mein Lieblingsslogan bleibt, dass das einzig schlechte ist, alt zu werden und das Geld ausgegeben zu haben.

Mit niedrigen Zinsen und der unwahrscheinlichen Aussicht, dass sie in der nächsten Zukunft erhöht werden, gibt es für Amerikaner einfach keine andere Möglichkeit, als am Aktienmarkt sein Geld anzulegen. Ein anspruchsvollerer Privatanleger weiß, dass kein Sparbuch oder Festgeld, das 5 Prozent abwirft, genug Ertrag bringt, um eine lebenswerte Zukunft abzuwenden, oder gar eine komfortable. Schau nur auf ein paar Statistiken:

Nach Angaben der New York Stock Exchange besitzen 51 Millionen Amerikaner, oder etwa ein Fünftel der Bevölkerung, direkt Aktien. Mehr als 100 Millionen, oder über 40 Prozent der Bevölkerung, sind am Aktienmarkt indirekt durch Anlagen in Pensionsfonds, Lebensversicherungen, Universitäten und Banken beteiligt.

Statistiken des Instituts der Investmentgesellschaften (ICI) zeigen, dass 37,4 Prozent aller amerikanischen Haushalte in Investmentfonds anlegen. Das ging von 4,6 Millionen 1980 auf 23,4 Millionen 1990 hoch. Private Haushalte besitzen in der Tat 75 Prozent aller Fondsvermögen, entweder durch Direktanlage oder über Pensionspläne, wie das Institut hinzufügt. Dabei ist es nicht verwunderlich, dass ICI herausfand, dass 84 Prozent dieser Anlagen in Aktieninvestmentfonds fürs Alter angelegt werden.

Kapitel 10

Zusammen besitzen private Haushalte und Investmentfonds 61 Prozent des Aktienvermögens nach Mitteilung von ICI. Im Vergleich dazu waren das 45 Prozent im Oktober 1987. Obwohl die Aktien, die von den Investmentfonds gehalten werden, von 7 Prozent in 1987 auf 15 Prozent in 1997 gestiegen sind, ist es doch klar, dass der Privatanleger – allein oder in Verbindung mit einem Fonds – den Markt untermauert.

Ich wurde an diese Tatsache erinnert, als ich am Samstagabend wegen Schnellfahrens angehalten wurde. Die Geschwindigkeitsbegrenzung war bei 30 Meilen pro Stunde und, nun ja, ich fuhr ein wenig schneller, als klug war. Eine Vorortpolizeistreife machte ihr Alarmlicht an und winkte mich rechts ran.

„Sie werden mich mit auf die Wache nehmen," erklärte ich meiner Frau. „Ich habe im letzten Monat den Termin eines Verkehrsgartens versäumt."

Als Händler hast du das Risiko, dass du alle Sachen vergisst, wenn der Markt recht hektisch ist wie z.B. Urlaub, Geschäftsreisen, Mittagessen, Arzttermine, Buchabgabetermine ... Während der meisten Zeit im September 1998 war der Markt sehr volatil, mit Bewegungen im Dow von 200 Punkten und mehr an bestimmten Tagen. Ich blieb eines Tages länger am S&P-Parkett, überprüfte meine Handelsposition und die der Kunden. Als Ergebnis davon verpasste ich den Termin für den Verkehrsgarten.

„Hallo Beamte", sagte ich, nahm meinen Führerschein aus der Brieftasche und gab ihn den Polizisten. „Sie werden herausfinden, dass ich den Verkehrsgartentermin im letzten Monat versäumt habe. Ich habe einen Termin vor ein paar Monaten auch schon verschwitzt..."

Die Polizisten begleiteten mich in den Fonds des Streifenwagens zur Fahrt auf die Wache. Unterwegs hörte einer meine raue Stimme. „Sind Sie erkältet?" fragte er.

„Nein, meine Stimme ist wegen meines Berufes so." Der Polizist schaute mich fragend an.

„Ich bin Händler am Parkett der Chicagoer Mercantile Exchange. Ich handele S&P-Aktienindexfutures."

„Wirklich?" Der Polizist drehte sich blitzschnell in seinem Sitz um, während sein Partner fuhr. „Was denken Sie über den Markt? Ist der Aufwärtstrend vorbei?"

Hier war wieder ein anderes Beispiel, dass jedermann in dem Markt vertreten war.

„Ich glaube nicht, dass der Aufwärtstrend vorüber ist," sagte ich ihm.

„Aber wer weiß, ob die Korrektur jetzt schon vorüber ist. Eine Menge hängt davon ab, was wir als nächstes über die Asienkrise hören."

„Kann ich Sie um einen freundschaftlichen Rat bitten?" fuhr er fort, als wir in die Polizeistation fuhren.

„Klar, wenn Sie den Strafzettel zerreißen…" lachte ich.

„Das können wir nicht machen. Aber Sie bekommen eine Tasse Kaffee."

Wir saßen auf der Wache zusammen und warteten auf meine Frau, die mir Geld brachte, damit ich mich freikaufen konnte. „Ich habe in Investmentfonds angelegt, deshalb macht mir der Markt Sorgen", erzählte mir der Beamte. Meine Frau hört den ganzen Tag CNBC und sagt mir, dass wir Langfristanleger sind. Wir sollten noch nicht einmal daran denken, aus dem Markt herauszugehen."

„Was ist Ihr Anlagehorizont?" frage ich ihn.

„Was meinen Sie damit?" antwortete er.

Ich stellte ihm eine Reihe von Fragen: Wie alt war er? Welchen Prozentsatz seines Einkommens investiert er und seine Frau? Ist das Geld bei einem angesehenen Investmentfonds angelegt? Was war ihr Anlageziel? Der Beamte erzählte, dass er und seine Frau für das Studium der Kinder in zehn Jahren sparten.

„Ich würde es jetzt in den Investmentfonds halten. Wenn Sie irgendeine Periode in der Vergangenheit betrachten, da haben sich die Aktien doppelt so gut wie Renten entwickelt. Sie sind ein langfristig orientierter Anleger, und Ihre Frau hat Recht: Lassen Sie das Geld im Markt."

„Vielen Dank. Ich habe angefangen, mir Sorgen zu machen."

„Das ist ganz in Ordnung, so wie Sie es gemacht haben." Ich nahm einen Schluck Kaffee aus der Plastiktasse und beschloss, dass er ungenießbar war. „So, und wegen des Strafzettels…"

Wie dieser Polizist und seine Frau wurden wir ein großes Volk von Langfristanlegern. Wir überstehen die Höhen und Tiefen des Marktes und wissen, dass wir für lange Zeit darin ausharren. Wir müssen wohl oder übel, es gibt keine andere Wahl.

Gerade als die Anleger und auch die Gesellschaften nach dem Crash von 1987 entdeckt haben, dass ihr Geld besser in den Händen von Profis aufgehoben ist, haben sie gelernt, dass sie einige fundamentale Änderungen vornehmen müssten. Quer durch alle amerikanischen Firmen setzten sich die Gesellschaften, die zu groß wurden und sich zu sehr ausgedehnt hatten, auf eine fiskalische Diät, besonders als die Wirtschaft in den späten 80ern schwächelte und in den frühen 90ern in eine Rezession rutschte.

Die Firmen wurden kleiner und gingen Fusionen ein, die Schließungen von Betriebsteilen nach sich zogen. Aufkaufen und Ausrauben – je mehr Kündigungen von Firmen ausgesprochen wurden, die glaubten, mehr mit weniger Leuten machen zu können, um so glücklicher wurde die Wall Street mit diesen schlanken, mittelgroßen Geldscheißern.

Die Gesellschaften entdeckten, was ich den „UPS-Effekt" nennen möchte. Beschneide die Reihen der Vollzeitarbeitskräfte und arbeite für den restlichen Teil mit Teilzeitarbeitskräften und Aushilfen. United Parcel Service (Vereinigter Paketdienst) oder UPS, vertraut auf Teilzeitarbeitskräfte, trotz der Beschwerden über die Arbeit und seiner eigenen Expansion. Für UPS war die Nachfrage nach Teilzeitarbeitskräften abhängig von der Natur des Geschäftes: Paketversand benötigt Personal vom Lagerhaus bis zu dem Lastwagen rund um die Uhr. Weil viele Menschen keine Nachtschicht schieben wollen, musste UPS eine ganze Menge umorganisieren. Die Lösung war, auf Zeitarbeitskräfte zu vertrauen – und zusätzliche Zeitarbeiter, wenn die saisonale Nachfrage stieg. Die Teamster Gewerkschaft führte einen Streik Mitte 1997 und versuchte, das Vertrauen der Firma auf die Teilzeitkräfte abzubauen. Aber Zeitungsberichten zufolge hat UPS immer noch einen Großteil an Teilzeitkräften, die weniger Lohn bekommen, weniger Urlaubsanspruch haben und geringere Rentenansprüche im Vergleich zu den Ganztagskräften.

Gleichzeitig wurde Gesundschrumpfen ein weit verbreitetes Wort, eine Euphemie für Rausschmisse und Betriebsabbau. Im letzten Jahrzehnt stand der Begriff Betriebsabbau als synonym, dass ein Geschäft noch besser geht.

Schau dir doch nur IBM an. Als ich im College war, war IBM ein Musterbeispiel für eine amerikanische Firma – die unter allen Gesellschaften am höchsten angesehene und sozial verantwortlichste mit Mutterschaftsurlaub und Unterstützung des Studiums für Kinder. Aber sogar Big Blue wurde gezwungen, Kosten zu reduzieren. IBM kündigte 1993 60.000 Arbeitern und bot freiwillige Abfindungen für 241.000 Mitarbeiter.

Kündigungen und Firmenschließungen dämpften die Zuversicht der Verbraucher, was zu einem Rückgang der Wirtschaft in den 80ern führte. 1990 waren die Vereinigten Staaten offiziell in einer Rezession, die bis 1991 dauerte. Die Wirtschaft wuchs bis dorthin ständig an und trieb den Aktienmarkt höher. Die Stärke der Wirtschaft ist an der Arbeitslosenrate abzulesen (unter 5 Prozent).

Viele von denen, die rausgeschmissen wurden, wurden auf Teilzeit oder zeitlich befristet wieder eingestellt. In dieser neuen gesellschaftlichen Umgebung hat sich die Zeitarbeitsverleihbranche gut entwickelt. Meinen ersten Eindruck von dem Zeitarbeitsphänomen war, als ich in den Sommerferien mit den Teamsters am McCormick Platz gearbeitet habe. Wann immer die Teamsters Verstärkung brauchten, um Schilder aufzustellen oder abzubauen, gingen sie zu einem „Arbeitswilligen". Diese Herumreisenden bekamen nur ein paar Dollar am Tag, und viele von ihnen lösten ihre Schecks an der nächsten Bar ein, wo sie einen Großteil ihres Verdienstes wieder vertranken.

Die heutige Zeitarbeitsbranche – eine der am schnellsten wachsenden Sektoren der Wirtschaft, ist ganz anders als die der „Arbeitswilligen". Zeitarbeit beruht auf ausgebildeten Mitarbeitern mit Universitätsabschlüssen, die den Anforderungen der Firmen entsprechen, aber ohne die Kosten eines Dauerarbeitsverhältnisses. Diese Praxis ist so weit verbreitet, dass die nationale Gesellschaft der Zeitarbeitnehmer sagt, dass 9 von 10 Firmen Zeitarbeitnehmer beschäftigen. Zusätzlich hat die Nachfrage nach vorübergehend Beschäftigten einer ganzen Branche selbstständiger Berater und Firmenneugründern geholfen, diesen Bedarf für große Gesellschaften zu decken. Diese neuen Stellen – Teil der 50 Millionen neuen Arbeitsplätze, die in den 90ern geschaffen wurden – boten den Firmen Fähigkeiten, die aus den fundamentalen Veränderungen der Belegschaften entstanden sind. Diese Selbstständigen investierten ihre Altersversorgung ebenfalls in Pensionsfonds.

Heute haben die Umwälzungen der amerikanischen Firmen auf die gesamte Weltwirtschaft übergegriffen. Die neukapitalistischen Spieler – einschließlich Länder wie Russland, Polen oder sogar Vietnam – unterziehen sich einer grundlegenden Veränderung. Für viele frühere sozialistische Länder ist die Veränderung nicht nur wirtschaftlich, sondern auch politisch und sozial. Menschen, die früher sichere Stellen beim Staat hatten, sehen sich nun wachsender Arbeitslosigkeit ausgesetzt. Die Regierungen finden es zunehmend schwierig, wegen wirtschaftlicher Umwälzungen und eigener Budgetkrisen Sozialprogramme aufzulegen.

So wie wir unter den fittesten Gesellschaften einen Darwinschen Überlebenskampf gesehen haben, werden wir das gleiche bei staatlichen Systemen, Staatsbanken und Finanzinstitutionen erleben. Ich bin alt genug, um mich an die Invasion in der Schweinebucht und die Krise zwischen den Vereinigten Staaten und Kuba, das Rückendeckung von der Sowjetunion hatte, erinnern zu können. Als ich aufwuchs, manövrierten sich die Sowjetunion und die Vereinigten Staaten in den Kalten Krieg. Aber die Welt veränderte sich, als 1989 die Berliner Mauer fiel und der Kommunismus im gesamten Ostblock einstürzte. Ich hatte eine schwache Ahnung, dass die Veränderung, so wie sie geschah, ebenso anders herum hätte geschehen können. In 1990 überredete mich mein technischer Analyst namens Otto, der ungarischer Abstammung war, zu einer neuen Geschäftsidee. Otto erzählte mir in seinem eckigen ungarischen Akzent, dass sein künftiger Schwiegervater ein paar sehr wichtige Leute von russischen Handelsgesellschaften kennengelernt hatte.

Ich stimmte zu, mit Otto nach New York zu gehen, um Vertreter von einigen russischen Handelsgesellschaften zu sehen, die mich treffen wollten. Ich dachte, es sei eine Gelegenheit für die ABS Partners, eine Brokergruppe, bei der ich zu dieser Zeit Partner war, das Brokergeschäft für sie zu arrangieren. Die Sowjetunion – die die größten Goldreserven auf der Welt hat und die auch der größte Weizenkäufer ist – ist weltweit aktiv auf den Finanzterminmärkten. Nach unserem Treffen in New York stimmte ich zu, nach Moskau zu gehen, um das Projekt weiter zu diskutieren. Otto und Jim, ein anderer technischer Analyst, der zu dieser Zeit für mich arbeitete, gingen schon ein paar Tage vor mir nach Moskau.

Ich flog von Chicago nach New York, wo ich eine Maschine nach Zürich nehmen sollte, um dort dann weiter mit der Aeroflot nach Moskau zu reisen. Es war Januar 1991 und die Vereinigten Staaten waren mitten im Golfkrieg. Als ich in der Maschine nach Zürich saß, erzählte mir der Pilot, dass gerade die Vereinigten Staaten ihre ersten Bomben über Bagdad abgeworfen hätten.

Ich nahm meinen Koffer aus dem Kasten über meinem Kopf und nahm meine Brieftasche heraus.

„Wo wollen Sie hin?" fragte mich der Pilot.

„Ich kann diesen Flug nicht nehmen", erklärte ich.

„Machen Sie sich keine Sorgen," versuchte er mich zu trösten. „Es gibt nichts, worüber Sie sich Sorgen machen müssten. Wir sind ganz sicher. Dem Flugzeug wird wegen diesem Krieg nichts geschehen. Sie sind wirklich ganz sicher hier".

„Ich bin sicher, dass Sie Recht haben," sagte ich dem Pilot, der mir einen verwunderten Blick zuwarf. „Ich bin Händler und ich muss zurück zum Markt. Wenn wir gerade Bagdad bombardiert haben, muss ich zurück zum Markt." Der Markt war wahrscheinlich außer sich, und ich wusste, dass das üblicherweise eine gute Gelegenheit für mich war, viel Geld zu verdienen.

Ich bekam das letzte Flugzeug nach Chicago in dieser Nacht und war am nächsten Tag am S&P-Parkett, wo der Markt eine starke Rallye zeigte und ich einen sechsstelligen Gewinn einfahren konnte. Ich schaffte es nie, Jim und Otto nach Moskau zu folgen. Weil ich in Moskau nicht an einem bestimmten Tag eingereist bin, ist mein Visum abgelaufen. Als ich kein anderes Visum bekam, vereinbarten wir, dass wir uns einen Monat später in Budapest treffen würden.

Als ich in dieser jahrhundertealten Stadt eintraf, war ich mir nicht sicher, was mich erwarten würde. Zu meiner Verwunderung fand ich eine wunderschöne Stadt in der sowohl der Charme der guten alten Zeit, als auch der westliche Komfort zu finden war, wie ich in dem modernen Hotel, in dem ich am Ufer der Donau wohnte, feststellen konnte. Gerade als ich anfing, daran zu zweifeln, dass all das, was ich über die Ineffizienz des Ostblocks, in dem der Kapitalismus zum Wohle des Staates verachtet wurde, gelesen und gehört hatte, brachte mich ein anderer Eindruck zurück in die Realität.

Es schneite an diesem Abend, die Straßen und Gehsteige waren mit etwa fünf Zentimeter Schnee bedeckt. Da fuhr ein Laster um die Kurve. Der Fahrer stieg aus seiner Kabine und öffnete die Rückseite des Lasters. Eine Hand voll Leute sprang heraus und begann, den Schnee auf der Straße zu räumen.

„Warum montieren Sie nicht einfach einen Pflug vorne an den Laster?" fragte ich einen der Männer.

„Dann hätten die Männer keine Arbeit," war die Antwort. Sogar nach dem Kommunismus hatte jeder eine Stelle, egal wie ineffizient oder unwichtig sie war.

Am nächsten Tag wurde ich zur ungarischen Warenterminbörse gebracht. Dort saßen in einem Raum von der Größe meines Büros drei Herren an Klapptischen. Sie wechselten sich ab zwischen telefonieren und die Preise für was immer sie handelten auf eine Tafel zu schreiben. Das war so weit von dem S&P-Parkett an der Merc entfernt, wie ich es mir nur vorstellen konnte. Nach 20 Minuten kamen zwei russisch sprechende Herren, begleitet von einem Dolmetscher. Sie waren bereit, über die Einzelheiten der vorgesehenen geschäftlichen Verbindung zu diskutieren: Sie wollten, dass ich für ihre Interessen in Russland handelte.

Ich handelte zu dieser Zeit nicht für Kunden, aber ich wollte mir die Möglichkeit des lukrativen Warentermingeschäftes mit der früheren Sowjetunion nicht verbauen.

Ich war mir nie sicher, wer diese Männer waren. Ich wusste nur, dass sie mich ganz nachdrücklich zum Handeln haben wollten. Sie hatten einige Konten außerhalb Russlands, die zum Handeln genutzt werden sollten. Sie ließen mich im Glauben, dass das Geld von der russischen Regierung sei. Als ich fragte, warum diese Konten in Ländern außerhalb Russlands seien, bekam ich keine klare Antwort. Sie sagten mir, das ich nur das erfahre, was unbedingt sein müsse.

„Nun, das muss ich wissen, bevor ich irgendetwas zusage", erklärte ich. „Ich muss wissen, für wen ich handele."

Die Herren unterhielten sich auf russisch untereinander und gaben mir dann eine erstaunliche Erklärung, die, wie sie sagten, höchst vertraulich sei. Sie sagten mir, dass innerhalb von sechs Monaten die russische Regierung falle und Gorbatschow, von dem ich dachte, er sei ein sehr populärer Führer in seinem Land, entmachtet würde. Dann gäbe es keinen Kommunismus mehr in Russland, sagten sie mir. Es würde innerhalb von sechs Monaten geschehen. Im August 1991 wurde Michael Gorbatschow, wie diese Männer es vorhergesagt haben, durch einen Putschversuch aus dem Amt getrieben. Ich hörte ganz ungläubig die Nachrichten. Es geschah ganz so, wie es mir erzählt wurde, aber mit etwa einem Monat Zeitverzögerung. Die russischen Handelsdelegierten sah ich nie wieder.

Im letzten Jahrzehnt hat sich ein signifikanter Wandel in der Weltwirtschaft vollzogen, der daraus resultiert, dass die westlichen Firmen viel mehr Möglichkeiten haben, im Ausland zu investieren, ihre Waren zu verkaufen und Fabriken zu bauen. Es ist, als ob diese Gesellschaften einen Fertigwarenladen an einem sehr befahrenen Eck betreiben und eine neue Häusersiedlung die Einwohnerzahl verdoppelte. Pepsi-Cola wird in Polen abgefüllt. Amerikanische Blue Jeans sind ebenso heiß begehrt wie der russische Dollarschwarzmarkt. Die Nachfrage nach westlichen Waren, von Nike bis zur Technologie, ist groß. Als die amerikanischen Gesellschaften in diesen Goldmarkt eingestiegen sind, kam das dem Aktienmarkt zugute. Als Ergebnis haben wir einen Anstieg in allem gesehen, vom Aktienmarkt bis zur Profilierung von Neuemissionen (IPOs).

Aber die Veränderung des Gründungsverhaltens in Plätzen wie der Sowjetunion hat sich nicht geräuschlos vollzogen. Inflation, Arbeitslosigkeit und Unruhe unter der Bevölkerung haben die Aussichten von Russland, Polen und anderen Ländern der Region geschmälert. Dann, in einer heftigen Reaktion, die wir hätten erkennen müssen, aber vorher nicht sehen wollten, sah sich Russland 1998 ernsthaften politischen und wirtschaftlichen Schwierigkeiten ausgesetzt, einschließlich dem freien Fall des Rubels und des Rentenmarktes. Russland litt an einem Budgetdefizit, einem Problem, das durch seine riesige Schwarzmarktwirtschaft entstanden ist und der Tatsache, dass es schwierig für die Regierung ist, Steuern sogar für das offizielle Geschäft einzutreiben. (Vielleicht sollte Russland den KGB in die Vereinigten Staaten schicken, damit er vom Finanzamt trainiert werden kann. Das könnte eine sehr effiziente Strategie zum Anstieg des Steueraufkommens sein.)

Die russischen Wirtschaftsprobleme haben der derzeitigen anderen Wirtschaftskrise der sogenannten asiatischen Grippe, die Schlagzeilen gestohlen. Eine Wirtschaftskrise katastrophalen Ausmaßes hat Asien seit Juli 1997 geschwächt. Die Anleger wappneten sich, als die schlechten Nachrichten langsam aus Asien herausdrangen, bis wir erfuhren, dass die Region durch Rezession geschwächt war und einige japanische Banken am Abgrund standen. Die asiatische Finanzkrise begann mit dem Zusammenbruch der thailändischen Währung im Juli 1997 und sprang dann über auf Indonesien, wo Präsident Suharto im Mai 1998 zum Rücktritt gezwungen wurde. Ganz Asien war von der Krise angesteckt, was zu Auswirkungen auf die Vereinigten Staaten Ende 1998 führte. Die Berichte über die Firmengewinne im dritten und vierten Quartal des Jahres zeugten vom Rückgang der asiatischen Nachfrage und dem Export.

Die ausländischen Regierungen waren nicht der einzige Grund für die weltwirtschaftliche Krise. Einer der spektakulärsten Zusammenbrüche war der des Long Term Capital Management LP, einem Hedgefonds, der Angaben gemäß 1998 90 Prozent verloren hatte, bevor eine Rettungsaktion anlief.

Hedgefonds haben für meinen Begriff einen falschen Namen. Sie sollten Hebelfonds genannt werden. Sie können 5 Millionen $ in Aktien dazu verwenden, das zehnfache oder mehr als Hebel als Kredit aufzunehmen. Hohe und oftmals haarsträubende Kreditlinien können in alles Mögliche investiert werden, von Aktien bis zu Auslandsanleihen. Hedgefonds, die oft wohlhabende Anleger anziehen, unterliegen keiner Aussicht, obwohl sie in Washington immer mehr Misstrauen auf sich ziehen.

Das Debakel um den Long Term Capital, das nervöse Anleger dazu veranlasste, plötzlich ihr Geld aus anderen Hedgefonds abzuziehen, resultierte aus großen Verlusten und einem Aderlass an Anlagen. Obwohl sich niemand über das Unglück anderer freuen sollte (es bringt Unglück und ist unhöflich), ist es interessant festzustellen, dass Futures unter Vermö-

Kapitel 10

gensverwaltung – oftmals als das hässliche Entchen der Anlagewelt betrachtet – in einem viel besseren Licht dastehen. Wie die Branche der Futuresvermögensverwalter seit Jahren predigt, kann ein vernüftiger Einsatz eines Hebels für den geregelten Futuresmarkt durchaus Gewinne für den Anleger bringen. In der Tat haben die Futuresfonds mit doppeltem – oder sogar nur einfachem Ertrag die Aufmerksamkeit von institutionellen und ebenfalls privaten Anlegern auf sich gezogen.

Die unerhörte Volatilität von April 1997 bis 1998 spiegelte eine abgrundtiefe Unsicherheit der Welt von Asien bis Russland und Brasilien, in Hedgefonds und sogar in den amerikanischen Präsidenten, als ein Sexskandal und Amtsenthebungsdiskussionen das Weiße Haus in eine Krise stürzte. Während dieser ganzen Zeit wurde die Volatilität des Marktes von Nachrichten und Wirtschaftsdaten gespeist. Meiner Meinung nach war es nur die Ausdauer des amerikanischen Anlegers, der standhaft zu seiner Anlage hielt, dass er Langfristanleger ist, und das nur ein kurzfristiger Abwärtstrend des Marktes sei, was den Crash von 1998 verhinderte, wie ihn die Schlagzeilen vorhersagten.

Historisch gesehen sind internationale Krisen wie diese der Auslöser für eine Rallye. Schau doch nur die südamerikanische Schuldenkrise der 80er und die mexikanische Pesoabwertung 1990 und Ende 1994 an. Wenn erst einmal eine Lösung gefunden und finanziert ist, und der Markt einen Funken Hoffnung sieht, schnellt er hoch. Ich erwarte von der derzeitigen Asien- und Russlandkrise nichts anderes.

Mit der vielversprechendste Schritt war das Vermächtnis von Alan Greenspan vor dem Kongress Ende 1998, indem er ausländische Banken dazu aufrief, strengere, westliche Standards anzuwenden, um wirtschaftliche Unterstützung durch den IMF zu bekommen. Das wird zu einer Verwestlichung der Bankstrukturen und politischen Standards führen, was, wie ich glaube, zu einem soliden Fundament für den nächsten Aufschwung führen wird.

Nach eineinhalb Jahren schlechter wirtschaftlicher Nachrichten aus Asien und der Wall Street sind wieder Hoffnungsschimmer zu entdecken. Ich kam neulich dazu, Hoffnung zu schöpfen, als ich im Internet gesurft bin. Ein Artikel des Herausgebers der *Asia Week* vom 13. November 1998 mit dem Titel „Erholung Asiens" erregte meine Aufmerksamkeit: „…Schauen Sie nicht jetzt, aber die 16-monatige Asienkrise ist vermutlich zu Ende…Die Regierung, private Analysten und der Internationale Währungsfond sprechen davon, dass die Erholung Mitte 1999 anfängt.…"

Von den Anfängen bis zur weltumspannenden Wirtschaft

Die positive Grundstimmung, die in diesem Artikel herauskommt, schließt Zinssenkungen in den Vereinigten Staaten und einigen europäischen Ländern mit ein, was sicherstellt, dass diese Volkswirtschaften nicht dramatisch zurückgehen und deshalb ihre Nachfrage nach asiatischen Gütern nach wie vor haben. Potenzielle Risiken schließen nach einem Bericht der *Asian Week* einen brasilianischen Crash mit ein, der „sicherlich das Vertrauen in U.S. und Europa testen würde," eine ungesunde russische Wirtschaftsentwicklung und Nervosität über mögliche Verluste von Hedgefonds à la Long Term Capital Management.

Entweder ist der Schreiber seiner Zeit voraus oder das Ziel muss noch entdeckt werden. Aber wenn erst einmal diese optimistischen Zeichen anfangen zu wirken, werden sie Bestandteil der riesigen Marktpsychologie. Wenn der Markt erst einmal glaubt, dass die Erholung in Gang ist, geht es dem Patient gut und er ist auf dem Weg der Besserung.

Bei der Geldanlage ist es gleich wie bei der Gesundheit, Teil der Genesung ist die Einstellung. Die Ärzte sagen dir, der Gesundheitszustand des Patienten bessert sich durch eine positive Grundeinstellung. Ebenso geht es mit den Märkten. Wenn die Massenpsychologie glaubt, das schlimmste sei vorbei, wird die Kapitalflucht aufhören oder sich doch wenigstens verlangsamen, die Anleger werden aus ihren Schlupflöchern herauskriechen und der Markt erholt sich wieder.

Am weltweiten Horizont ist der Beginn des „Euro," der neuen Währung, die von etwa einem Dutzend europäischer Länder eingeführt wird. Das wird eines Tages zu einem einheitlichen europäischen Marktplatz führen, an dem alles vereinheitlicht ist, von Tarifen bis zu den Preisen. Die nächste Herauforderung ist das Jahr 2000 Problem (Y2K).Pessimisten haben vorausgesagt, dass die Computer weltweit zusammenbrechen, weil sie nicht in der Lage sind, mit dem Datum „00" in ihrem System umzugehen. Das könnte alles, von den Banken über Energieversorgungsunternehmen, bis hin zur Luftverkehrskontrolle, lahm legen. Aber die Optimisten glauben, dass das Y2K Problem nicht ausufert. Die Probleme bekommen wir in den Griff und die Wirtschaft wird kaum davon betroffen. Wenn es sich herausstellt, dass das Y2K Problem nur ein Schluckauf und kein Hurrikan ist, werden es wiederum gute Nachrichten sein, die den Aufwärtstrend aufheizen.

Ich erwarte, dass der Markt weiterhin fest ist bis ins nächste Jahrhundert. Der Dow, der jetzt um die 9.000 herum steht, könnte 2005 dank einer weltweiten wirtschaftlichen Erholung leicht bei 15.000 sein. Ich erwarte, dass sich der Aufwärtstrend bis 2006 fortsetzt – obwohl einige zwischenzeitliche Korrekturen wahrscheinlich sind – wenn sich das Wachstum wahrscheinlich verlangsamt, wenn die ersten des Babybooms anfangen, von ihrer Altersversorgung zu zehren.

Wenn sich das Szenario so fortsetzt, wie wir es hoffen und erwarten, sind das in der Tat gute Nachrichten für die Anleger, die die Korrektur von 1998 mit der Hoffnung, dass der langfristige Aufwärtstrend nicht vorüber war, sondern nur außer Atem geriet, witterten. Ob die Anleger nun für längere Zeit kaufen oder halten oder auf Kurzfristgelegenheiten spekulieren, ist es Zeit, die Haltung der Händler in Bezug auf Risiko und Ertrag zu übernehmen. Wie die Rechtsbelehrung bei Anleihen besagt, ist die Wertentwicklung der Vergangenheit keine Garantie für künftige Gewinne. Aber wenn wir irgendetwas von der Vergangenheit auf die Zukunft schließen können, ist es, dass der Markt zweifelsfrei volatil und zeitweise unsicher sein wird.

Kapitel 11

Vom Parkett zum PC

Im Laufe der Jahre haben mich Freunde, Bekannte und manchmal sogar Familienangehörige gefragt, ob ich für sie so handeln könnte wie für mich selbst. Ich hatte diese Frage immer gehasst, weil meine Antwort immer nein sein musste. Ich tat es nicht, weil ich egoistisch bin und versuche, meine Fähigkeiten für mich alleine zu halten, oder dass ich anderen nicht das gleiche Glück an der Börse gönnen würde, das ich habe. Ich konnte einfach für sie nicht so handeln wie für mich selbst.

Als Parketthändler mache ich Hunderte von Geschäften am Tag, weil ich als Börsenmitglied nur ein paar Cents Gebühren zahlen muss. Ich kann bei manchen Geschäften mit einem blauen Auge davon kommen (Kauf und Verkauf zum gleichen Preis ohne Gewinn), bei einigen verlieren und beim Rest Gewinne machen. Am Ende des Tages habe ich einen ordentlichen Gewinn gemacht und manchmal einen ganz beachtenswerten. Aber diese Art der Gewinnmitnahme funktioniert nur, wenn du am Parkett bist und die niedrigen Gebühren für Börsenmitglieder bezahlst. Es gibt keine Möglichkeit, dass ein Anleger, der normale Gebühren bezahlt, jemals hoffen könnte, durch kleine Gewinne jemals zu Geld zu kommen. Sogar wenn 70 Prozent der Geschäfte mit Gewinn wären, würden die Gebühren und anderen Kosten den Gewinn auffressen.

Kapitel 11

Meine Veränderung vom Parkett zum PC war der Beginn, für andere handeln zu können. Aber ich mache am Bildschirm nach wie vor kleine Gewinne. Beispielsweise zeigt mir die fundamentale und technische Analyse, dass der S&P von 1.050 auf 1.065 hochgeht. Ich verkaufe vielleicht, wenn der S&P die 1.050 Unterstützungslinie testet und kaufe, wenn der Markt hält. Auf einmal bricht der Markt durch die 1.050 und findet Unterstützung. Ich werde dann kaufen und die Position halten, während der Markt auf und ab geht bis zu 1.065. Wenn ich am Parkett gewesen wäre, hätte ich ein Dutzend Male zwischen den Punkten 1.050 und 1.065 ge- und verkauft. Aber du kannst am PC nicht so schnell wie am Parkett Gewinne mitnehmen. Du hast einfach nicht das gleiche Marktgefühl, wie wenn du am Parkett stehst. Wenn ich am Bildschirm sitze, habe ich aber dennoch den Vorteil der Mitgliederkonditionen, die mir einige Geschäfte am Tag ermöglichen. Obwohl die Häufigkeit der Umsätze geringer als am Parkett ist, ist die Art doch zu dynamisch, um es für Kundengelder zu machen.

Den Wandel vom Händler zum Fondsmanager zu vollziehen, bedeutet für mich, mein Selbstvertrauen und all meine Fähigkeiten und Erfahrungen einzubringen. Glücklicherweise habe ich den Grundstock dazu schon gelegt, als ich mich vor ein paar Jahren für Computerhandelssysteme zu interessieren begann. Heute verwaltet meine Firma Borsellino Capital Management Geld für Kunden und nutzt dabei ein Computerhandelssystem mit künstlicher Intelligenz. Wir haben ein System entwickelt, das 15 bis 20 Geschäfte im Monat ausführt, die mit hoher Wahrscheinlichkeit Erfolg versprechend sind. Wir haben eine konservative Vorgabe für unser Modell, wobei das Programm eine bestimmte Anzahl von Aufträgen voraussetzt und sicherstellt, dass das Geschäft voraussichtlich profitabel ist, sogar mit vollen Gebühren.

Meine Entwicklung zum Fondsmanager war nicht nur die Weiterentwicklung meines Lebens als Händler, damit ich nicht länger die Entscheidungen treffen muss, oder aber weil ich keine Lust mehr habe am Parkett auszuharren. Wenn das der Fall wäre, könnte ich ebenso leicht für mich selbst bis zum Ende meines Lebens am PC handeln. Aber ich bin die Art von Mensch, die die Herausforderung braucht – nicht um mich mit anderen zu messen, sondern nur, um mich selbst zu testen und mich zu verbessern.

Auf der Höhe meiner Parketthändlerkarriere gab es Zeiten, in denen ich den Markt bewegt habe, indem ich mit genug Überzeugungskraft ge- oder verkauft habe, um die Richtung des Marktes zu ändern. Ich habe durchschnittlich 250.000 Kontrakte im Jahr gehandelt. Zum derzeitigen Wert bedeutet das, dass theoretisch ein Aktiengegenwert von 62,5 Milliarden Dollar jedes Jahr durch meine Hände ging. Aber das war nicht genug. Für mich muss es noch mehr, als nur das Parkett oder die gezackte Linie der Marktbewegungen am PC-Bildschirm geben. Wie ich zuvor schon sagte, musst du ein Roboter werden, um ein erfolgreicher Händler, besonders ein Parketthändler, zu sein. Umso weniger du denkst, umso instinktiver du handelst, umso mehr Gewinn machst du.

Auf Grund des Erfolges, der mir Spaß gemacht hat, betrachten mich einige Leute mit Verwirrung, wenn ich sage, dass ich schlechter abschneide, als ich es erwartet habe. Sie betrachten nur die materielle Seite meines Ergebnisses. Ich beurteile mich selbst auf Grund anderer Kriterien, als nur dem Kriterium des Gewinns, den ich gemacht habe. Ich hatte die Berufung, mich zum Händler zu entwickeln und die Technik so anzupassen, dass sie den veränderten Erfordernissen des Marktes entspricht. Ich selbst strebe nach einer Anerkennung, die weit mehr als nur Geld ausmacht.

Um Pogo zu umschreiben, ich habe eine Berufung, und das bin ich selbst.

Das vergangene Jahr war buchstäblich eine Reise. Ich bin nach Paris, London, Madrid, Monaco, Zürich und die Bermudas, um die Welt mit dem neuen Fondsmanager – Borsellino Capital Management – bekannt zu machen. Es fing im Dezember 1997 an, als mein Partner Edward R. Velazquez II und ich nach Spanien und London gingen. Der Zweck der Reise war, potenzielle Verwalter für einen Auslandsfonds, den wir geplant haben, anzubieten, ebenso wie damit anzufangen, uns selbst vorzustellen.

Von London fuhren wir nach Paris, wo wir in einem Café auf der Champs Élysées unsere erste Million Dollar zugesagt bekamen. Es war ein wichtiger Meilenstein, aber sicherlich nur der Anfang. Wir kehrten im Februar 1998 nach Europa zu unserer ersten Good Will Tour und zu einer Investmentkonferenz in Zürich zurück. Wir haben die Konferenz in Zürich nicht im Sturm erobert, wie wir uns das erhofft hatten. Die Versammlung war nämlich durch Hedge Fonds besetzt und nicht durch Warenterminberater (CTAs). Aber die Konferenz erlaubte mir, den Wettbewerb abzuschätzen. Das war eine wertvolle Lektion für mich. Egal wie gut dein Computerhandelssystem ist, egal wie gut du als Händler bist, das erste Jahr oder so ist zum Klinkenputzen bei den CTAs. Das war für mich frustrierend, denn ich habe so lange erfolgreich auf eigene Rechnung gehandelt. Wegen der

Kapitel 11

Marktvolatilität ist es für einen CTA nicht üblich, einen oder zwei Verlustmonate zu haben, die von sehr guten Monaten gefolgt werden, in denen die Verluste mehr als gut gemacht werden. Es ist wichtig, dass die Anleger diese möglichen Schwankungen im Ertrag verstehen, aber dass sie trotzdem Vertrauen in die Fähigkeit des Fondsmanagers haben. Dieses Vertrauen kann nur dadurch erzeugt werden, dass man sowohl die Handelsphilosophie des Fondsmanagers, als auch seine Persönlichkeit kennt. Das trifft besonders auf die europäischen und asiatischen Anleger zu, die ich getroffen habe, die vorzugsweise Geschäfte mit Leuten machen, die sie kennen. Sie interessieren sich ebenso für mich, als auch für meine Wertentwicklung. Ich finde, dass viele amerikanische Anleger mehr fundamental orientiert sind und sich mehr für die Erträge, als für die persönlichen Beziehungen interessieren.

Wir lernten in Zürich auch einige neu gefundene Geschäftsfreunde kennen, die beim Finanztermingeschäft eine große Nummer sind. Wir trafen sie glücklicherweise, als wir im April zu einer Investmentkonferenz nach Cannes kamen. Auf dem Flug von Paris nach Nizza tauschte ich meinen Platz, um einem Mann zu ermöglichen, neben seiner Frau zu sitzen. Mein neuer Nachbar war niemand anderes, als ein Händler an der Pacific Stock Exchange, der ganz oben auf meiner Liste „Leute, die du treffen musst" stand. Als wir nach Nizza kamen, hatte ich nicht nur einen Freund gefunden und einen wertvollen Kontakt, ich wurde auch zu einer Party eingeladen, auf der ein anderer Herr meiner Liste war. Der Anlass der Party war der „33ste Jahrestag seines 21sten Geburtstages". Beinahe jeden, den ich auf der Party traf, hatte ich außerdem noch auf meiner Liste.

Während wir in Cannes waren, bekamen Eddie und ich noch eine andere Einladung – unseren ersten Kunden zu treffen, einen griechischen Investor, der sein Geld in Schiffen und in der Industrie gemacht hat. Er lud uns in sein Haus (eines von mindestens drei) nach Südfrankreich ein, um uns besser kennen zu lernen und mehr über uns zu erfahren. Das alte Steinhaus, am Hang mit Blick zum Mittelmeer gelegen, war für amerikanischen Standard nicht übermäßig auffallend, aber hatte etwas von der Eleganz der Alten Welt. Ein Kopfsteinpflaster führte vom Zaun herunter zu einer Treppe, die auf einer Steinveranda endete, wo ich an einem Glas Wein nippte, der so dunkel war, wie der Sonnenschein an diesem späten Nachmittag. Um mich herum waren Olivengärten, die terrassenförmig in die Berge führten. Das einzige, was sich in den letzten hundert Jahren geändert hatte, war der Swimming Pool, der in gebührender Entfernung vom Haus war. Ich beobachtete, wie die Segelboote über das Wasser glitten, das an diesem Tag mehr grün als blau aussah. Es war alles so perfekt – beinahe zu perfekt – als sei es eine Filmszene.

Ich schaute mich um und dachte mir: „Was im Himmel tust du hier?"

Diese Frage habe ich mir schon unzählige Male gestellt, von den Tagen an der DePauw Universität, zu dem Handelsparkett an der Merc und heute in der Welt der internationalen Vermögensverwalter. Jedes Mal ist die Antwort die gleiche. Ich habe jede Herausforderung in meinem Leben gutgeheißen und jedes Mal habe ich die Herausforderung besiegt.

Leute haben mich als einer der größten und besten Händler beschrieben. Das ist alles gut und schön, aber es ist eine Gefahr, wenn du alles glaubst, was die Leute über dich sagen. Wenn du anfängst, es zu glauben, ohne dich in Frage zu stellen oder die unvermeintlichen Fehler zu überprüfen, machst du dich selbst verwundbar. Der Handel ist ein Beruf, in dem du dich niemals an die Fähigkeiten von jemand anderes dranhängen kannst. Du siegst und fällst für dich allein. Jeden Tag musst du wieder neu berechnen, wo du stehst und wo du hingehst. Das muss dir klar sein, egal wie gut du bist, es gibt immer jemand, der noch ein bisschen besser ist als du.

Ich erinnere mich, als mein Bruder und ich noch Kinder waren, schickte Papa uns in die Turnhalle, um unsere Körper auszubilden und zu entwickeln. Aber er warnte uns, egal wie stark und diszipliniert wir seien, wir wären niemals unbesiegbar. „Suche' nie den Streit", sagte er uns. „Zunächst findet ihr ihn von alleine. Dann habt ihr Streit mit jemand, der ein bisschen stärker ist als ihr."

Als ich auf dieser Terrasse in Südfrankreich saß, wurde ich mit einer Auseinandersetzung zum gleichen Thema konfrontiert. Es ist, wie wenn du an einer Verkehrsampel in einer Mercedes Limousine stehen bleibst und jemand taucht neben dir im Rolls Royce auf. Dann taucht noch ein anderes Auto auf, und es ist eine lang gezogene Rolls Royce Limousine. Und schließlich hält als viertes Auto ein Ferrari für eine halbe Million Dollar. Wenn du denkst, du sitzt auf dem Gipfel der Welt, schaust du hoch und erkennst, dass du nur ein paar Kilometer vom Äquator entfernt bist.

Noch einmal, als ich angefangen habe, habe ich auf das Geld von anderen Leuten geachtet. Die Leistung von jemand anderem oder der Lohn für den Erfolg machten mich niemals neidisch. Es zeigte mir nur, was möglich war, wenn ich mich darauf konzentrierte.

Alles was ich in meinem Leben erreicht habe, war durch harte Arbeit

Kapitel 11

und Ausdauer. Es hat mir niemals jemand etwas geschenkt. Aber das ist kein Verdienst. Es ist eher eine Auszeichnung, die ich stolz trage. Allzu oft meinen die Leute, dass der Erfolg das Ergebnis von Glück oder einem Zufallstreffer sei. Was sie nicht sehen, ist wie hart erfolgreiche Menschen dafür haben arbeiten müssen. Ich habe das zuallererst bei erfolgreichen Menschen gesehen, die ich getroffen habe und bei noch mehreren, von denen ich gelesen habe. Umso erfolgreicher ihre Bemühungen waren, umso mehr strengen sie sich hinter den Kulissen oder in jungen Jahren an. Sie haben Zeit, Kapital, Energie, Talente – und was immer sie nahmen – hineingesteckt, um ihre Ziele zu erreichen. Für die meisten Menschen ist das eine Sache, die sie nicht leisten können.

Aber es wäre nachlässig, wenn ich nicht die Gelegenheit ergreifen würde, wiederum an die wichtigen Menschen, die mir über all die Jahre geholfen haben, zu denken. Mein Vater, meine Mutter, mein Bruder und ich waren eine unzertrennliche, stark verknüpfte Familie, umgeben von Onkeln, Tanten, Neffen und Nichten. Heute habe ich meine Frau Julie und unsere Kinder, die mir Rückhalt geben und die Hoffnung für die Zukunft sind. Es würde mir nichts mehr gefallen, als eines Tages den Flur von Borsellino Capital Management runter zu schauen und meine Kinder, Enkel, Neffen und Nichten für mich arbeiten zu sehen. Beruflich hatte ich Gott sei Dank Freunde und Mentoren wie Maury Kravitz und Jack Sandner. Ich möchte auch meinen Mithändlern, den Damen und Herren am S&P-Parkett danken, die all die Jahre in meinem Sinn meine erstklassige wettbewerbsfähige Arena gepflegt haben. Schließlich danke ich Gott für all die Fähigkeiten, die er mir gegeben hat und die Menschen, die er in mein Leben gesetzt hat.

Mein Leben war und ist noch eine Studie der Kontraste. Ich habe einen Laster gefahren und ich habe die Märkte mit meinen eigenen Umsätzen bewegt. Ich habe mit den Teamsters Mist in einem Wohnwagen gebaut und ich habe mit Präsident Clinton bei einer exklusiven Wohltätigkeitsveranstaltung zu Mittag gegessen. Ich fühle mich wohl in jeder Umgebung, nicht weil ich mich anpasse, um jemandem zu gefallen. Ich kann und will nicht jemand sein, der ich nicht bin. Ich bin nicht mit dem Silberlöffel im Mund geboren worden, keinem Stammbaum und keinem alten Familienvermögen. Ich bin aber auch nicht auf der Straße herumgegangen.

Ich bin ein Mann aus Chicago, der selbst gemachten Buntheit, der harte Schläge kennt und sie bezwingen kann. Ich habe Lektionen, wie die der Kosten und des Risikos und den Wert der Loyalität von meinem Vater gelernt. Eines der wichtigsten Dinge, auf die er achtete war, alles im richtigen Blick zu halten – sowohl Hindernisse als auch Erfolg. Wenn sich die Dinge gegen dich wenden, dann pflegte er zu sagen, dass du es nicht immer gleich als Katastrophe anschauen kannst. Es ist nur ein Hindernis oder ein zeitweiliger Rückschlag. Und wenn die Dinge gut laufen, kannst du niemals sicher sein, dass es immer so bleiben wird. Im Leben gibt es gute und schlechte Zeiten, Siege und Niederlagen. Ich habe Selbstvertrauen gelernt mit der Überzeugung, was immer geschieht, ich werde überleben. Das ist damit gemeint, dass ich mir niemals Sorgen gemacht habe, Geld zu verdienen. Wenn ich alles verlieren würde, würde ich es irgendwo anders wieder verdienen.

Dank meiner Intelligenz, Disziplin und Gott gegebenen Fähigkeiten habe ich es ganz gut in den Finanzterminmärkten gemacht. Nun biete ich die gleichen Fähigkeiten und Marktkenntnisse meinen Investmentkunden. Wenn sich Anleger für mich als Fondsmanager entscheiden, dürfen sie nicht nur auf die Wertentwicklung allein schauen. Noch nicht einmal meine 18 Jahre als erfolgreicher Händler, obwohl ich stolz auf diese Karriere bin, sind die ganze Geschichte. Ich glaube darüber hinaus, dass die Anleger meinen Charakter, meine Integrität und meine Überlebenskunst mit einbeziehen müssten. Die Schlüsselfrage, die gestellt werden müsste ist nicht, ob ich Geld verwalten kann, eine Fähigkeit, die ich während meiner Laufbahn genügend bewiesen habe, sondern ob ich diszipliniert als Mensch und als Händler bin. Bin ich ein Kämpfer? Kann ich mit Erfolg umgehen? Kann ich Rückschläge wegstecken?

Das ist, was ich dem Leiter des Research einer mittelgroßen amerikanischen Investmentfirma eines Tages gesagt habe. Er erzählte mir stolz, dass er eine Methode ausfindig gemacht hat, die Händlern ermöglicht, auf der Basis von bestimmten mathematischen Wertentwicklungsstandards Gewinne zu machen. Dann begann er, eine lange Litanei von Statistiken vorzulesen.

„Entschuldigen Sie, aber wie viele S&P-Kontrakte haben Sie schon gehandelt?" fragte ich ihn höflich, aber mit klarer Absicht im Hinterkopf.

„Keinen", erwiderte der Mann.

„Wie viele Aktien haben Sie denn dann gehandelt?" fragte ich ihn wieder.

„Keine. Ich bin kein Händler."

„Wie können Sie dann einen Händler beurteilen? Die Wertentwicklungsstatistiken erzählen nur die halbe Geschichte."

Kapitel 11

Du siehst, Händler und Fondsmanager sind mehr als nur eine Zahl. Es gibt eine menschliche Seite im Fondsmanagement, so wie es auch ein unbestreitbares Element beim Handeln gibt. Du kannst die monatlichen Erträge beziffern, die Standardabweichung und den Punkt für die Trendwende bestimmen, aber wie bestimmst du das nicht Greifbare? Wie berechnest du die psychologische Disziplin eines Händlers?

„Wie steht es um die Zähigkeit und Hingabe?" fragte ich den Direktor für Research.

„Wie steht es um die Disziplin? Wie können Sie diese Dinge bewerten?"

Er stotterte ein bisschen und suchte nach einer Antwort. „Hoffentlich werden wir den Händler rechtzeitig kennen lernen", sagte er mir dann.

Im Handel reden wir davon, dass Warentermingeschäfte fungibel sind, was so viel bedeutet, dass etwas genau das gleiche ist wie das andere. Ein Büschel Weizen ist genauso wie ein anderes Büschel Weizen, solange es den Erfordernissen der Klassifikation des Futureskontraktes entspricht. Aus dem gleichen Grund ist ein Fass Westtexas Rohöl das gleiche wie das nächste und ein S&P-500-Futureskontrakt hat den selben Wert wie ein anderer. Diese Fungibilität ist es, was den Futureshandel überhaupt ermöglicht.

Händler sind aber nicht austauschbar. Wir haben einige Charaktermerkmale gemeinsam, aber wir sind nicht gleich. Einige Händler am Parkett sind Experten im Ausfüllen von Kundenaufträgen, aber sie können sonst auch nicht viel mehr. Es gibt örtliche Spezialisten, die sind gut im Zocken, sind aber niemals eine Position auf Grund ihrer Meinung eingegangen. Unter den Händlern gibt es riesige Unterschiede, nicht nur im Können, sondern auch der Art und dem Temperament.

Aber eine Gemeinsamkeit gibt es unter den Händlern, die in ihrem Beruf sehr gut sind: wenn sie einmal die Techniken des Markt zu lesen, den Orderfluss zu erfassen und die technische Analyse zu verstehen beherrschen, dann können sie alles handeln. Es macht keinen Unterschied, ob es Anleihen, Aktienindexfutures, Währungen oder sogar landwirtschaftliche Kontrakte sind, solange ausreichend Liquidität und Volatilität vorhanden ist, kann ein erfahrener Händler kaufen und verkaufen. Ich habe oft gesagt, dass ich Pferdetrittfutures handeln würde, wenn es genügend Liquidität und Volatilität gäbe. Es stört überhaupt nicht, was der zu Grunde liegende Markt macht, solange es eine Gelegenheit zum Handeln gibt....

Ich war die meiste Zeit meiner Karriere im S&P, weil es meine Spezialität war. Ich war da, wo ich mir einen Namen gemacht habe, zuerst als Orderausfüller und dann als örtlicher Spezialist. Es war von Anfang an „der" Kontrakt zum Handeln. Das ist der Grund dafür, wenn ich mich heute am S&P-Parkett umschaue, kann ich mir nicht helfen, aber ich fühle mich wie ein alter Bulle im Pferch. Ich sehe so viele neue Gesichter, viele von ihnen möchten mir in die Arme fallen. Ich kenne die Anziehungskraft des Handelns. Ich weiß von der Versuchung. Und ich weiß, dass diese neuen Mitspieler darauf abfahren. Einige werden bleiben, einige werden wieder gehen und einige wird es dahinfegen.

Ich erinnere mich ein paar Jahre zurück, als ich mich ein wenig depressiv am Parkett gefühlt habe. Ich wollte handeln und plötzlich sah ich zwei oder drei Juniorhändler am Parkettende stehen, die mich beobachteten. Als ich aufschaute, schauten sie weg. Einige Minuten später starrten sie wieder auf mich.

„Was?" habe ich sie angeschnauzt.

„Nichts", antworteten sie mit einem Achselzucken und gingen weg.

Einige Tage später kam eine andere Händlergruppe, alle mit neuen Händlerabzeichen, die auf mich starrte. Es fing an, mich auf die Palme zu bringen.

„Okay, jetzt sagt mir doch einmal, was hier los ist. Warum starrt ihr auf mich?" fragte ich einen der neuen Mitglieder.

„Wir haben ein Seminar über Parketthandel," erklärte mir einer der Händler scheu. „Der Trainer sagte, wenn wir den besten örtlichen Spezialisten am Parkett sehen wollten, sollten wir LBJ beobachten."

Ich lachte dann und berichtete später die Geschichte meinem Freund Mickey Hoffman, der Handelskurse an der Merc gibt. Aber zugegebenermaßen war ich froh, dass meine Angst, dass diese neuen Händler Teil einer neuen Masche der Handelsüberwachung waren, um mich verrückt zu machen, zerstreut wurde. Ich war nur ihre Hausaufgabe.

Ich erinnere mich, als ob ich in ihren Schuhen stände und einem Händler wie Maury am Goldparkett zusehe. Ich werde jedes Mal daran erinnert, wenn ich ein neues Mitglied ins Parkett kommen sehe, oder wenn die Verkäufer, die für mich arbeiten, zum ersten Mal eine Händlerjacke tragen. Wenn ich ans S&P-Parkett sehe, erblicke ich so viele Gesichter von Leuten, die ich an die Merc brachte oder die von jemandem, den ich kenne, gefördert wurden. Wenn ich dieses Parkett betrachte, das sich nach seiner Volkszugehörigkeit dramatisch im Laufe der Jahre verändert hat, und an der Merc herumlaufe, von Parkett zu Parkett gehe, dann sehe ich die Händler, die – direkt oder indirekt – durch mich an die Börse kamen: Ich

Kapitel 11

erinnere mich noch, als ich das erste Mal die Merc besuchte, dachte ich, dieser Platz sei tabu für Leute, die nicht im Geschäftsleben aufgewachsen sind. Ich habe es mir zum Anliegen gemacht, die Tür für jeden zu öffnen, der vielversprechend wirkt oder Talent zeigt. Es ist meine Art des Dankes, den ich an Leute wie Lou Matta und Maury Kravitz zurückgebe, die mir die Türe geöffnet haben.

Wenn ich die neuen Mitglieder am Parkett sehe, erinnere ich mich an meine Anfangszeit, als ich gelernt habe, mit den Kundenaufträgen umzugehen, und die Käufe und Verkäufe zu überwachen. Ich erinnere mich noch, als ich die ersten Geld- und Briefkurse für meine Kunden heraus geschrien habe und später für mich selbst. Ich kann dir verraten, dass es nichts gibt, was einen besseren Adrenalinstoß verpasst, als Handeln. Aber dann gibt es auch die schlechten Tage, die unabänderlich sind. Wenn ein Händler Geld verloren hat, dann musst du nicht in sein Händlerkonto schauen, sondern du hörst es an seiner Stimme. Es ist ihm ins Gesicht geschrieben.

Das, ist was ich in den Augen von Julian Robertson an seinem Gesichtsausdruck gelesen habe, als er via Satellit auf einer MAR Investmentkonferenz im Oktober 1998 sprach, die in Bermuda abgehalten wurde. Es war gerade ein paar Tage, nach dem dieser legendäre Hedgefonds Manager von einem erlittenen Verlust von beinahe 2 Milliarden Dollar an einem einzigen Tag berichtet hatte. Der Artikel im *Wall Street Journal* vom 9. Oktober 1998 „Tigermanager von Yen geprügelt, Verlust von 2 Milliarden $" von Mitchell Pacelle und Linda Sandlerl, berichtete zu der Zeit, dass das Tigermanagement große Verluste erlitt, als der japanische Yen plötzlich gegen den US Dollar anstieg. Später lasen wir, dass das Tigermanagement 17 Prozent oder 3,4 Milliarden $ im Oktober verloren hatte, was sämtliche Gewinne des Jahres vernichtet hatte. Das folgte natürlich dem spektakulären Jahr 1997, als die Vermögenswerte vom Tigermanagement von 8 auf 16 Milliarden $ anstiegen.

Als ich Julian Robertson zusah, war mir klar, dass der Markt ihn ein bisschen gedemütigt hatte. Obwohl er ein Superstar der Investmentbranche ist und ich gerade als Fondsmanager anfing, wusste ich, was er durchmachen müsste. Es ist das, was ich das Einfühlungsvermögen eines Händlers nennen möchte. Niemand kann so gut, die Heiterkeit des Gewinns und die Lähmung des Verlustes verstehen, wie ein anderer Händler.

Die Krise des Long Term Capital Managements Hedgefonds brachte manche Unabwägbarkeit mit sich. Viele Hedgefonds, die ihre Erträge

Vom Parkett zum PC

durch einen hohen Hebel in Fremdwährungen und Warentermingeschäften einfuhren, blieben auf dem Trockenen durch unvorhersehbare Umstände. Long-Term Capital erwischte es, als die russische Regierung erklärte, dass sie ihre Anleihen nicht zurückzahlen kann, und die Banken zwang, die Kreditbriefe ausgestellt hatten, die sie nicht einhalten konnten, einen „Akt des Guten Willens" zu akzeptieren.

Horrorgeschichten über Hedgefonds kursierten auf der MAR-Konferenz in Bermuda. Wir hörten von Fonds mit Vermögenswerten zwischen 100 Millionen $ und 1 Milliarde $, dass sie sowohl an beträchtlichen Verlusten, als auch am Vertrauen der Anleger litten. Und einige Fondsmanager, die an der Konferenz teilnehmen wollten, waren bemerkenswerterweise abwesend. Im Großen und Ganzen haben sich viele Hedgefonds durch gute Investmentstrategien quer über alle Finanzinstrumente ausgezeichnet. Aber ihr Niedergang war oft verursacht durch das Eingehen großer Positionen in illiquiden Märkten. Wenn sie Verlustpositionen verkaufen wollten, gab es einfach keine Käufer – zu keinem Preis.

Auf der Bermuda-Konferenz, etwa ein Jahr nach dem Start von Borsellino Capital Management, konnte ich spüren, dass unsere Firma Aufmerksamkeit auf sich zieht. Wir hatten eine Geschichte zu erzählen und die Anleger hörten zu. Mein Partner Eddie Velazquez ist ein erfahrener Computerprogrammierer, ein Genie in Mathematik, Algorithmen und künstlicher Intelligenz. Und zusätzlich ist er ein unabhängiger Händler, der für sich und für Kunden gehandelt hat. Und ich bin ein 18-jähriger Veteran in einem Beruf, in dem schon fünf Jahre eine lange Zeit sind. Wir verbinden buchstäblich zwei Denkschulen im Fondsmanagement: die systematische und die nach eigenem Gutdünken. Systematische Händler nehmen ein objektives Ziel im Markt, das auf ausgefeilten Computermodellen und Händlerprogrammen basiert. Um ehrlich zu sein, muss ein systematischer Händler jedes Geschäft, das der Computer vorgibt, ausführen – unabhängig von außenstehenden Variablen. Händler, die nach eigenem Gutdünken arbeiten, nutzen ihre Urteilskraft und ihr Denkvermögen, um den Markt zu handeln, im Vertrauen auf die technische und fundamentale Analyse.

In meiner Firma kombinieren wir beide Philosophien in einer Strategie, die wir verantwortliche Annäherung an Handeln nach eigenem Ermessen nennen. Die Vermählung des Computer- und Parketthandelsfachwissens ist eine mächtige Allianz. Wir sind davon überzeugt, dass du dich nicht nur auf eine Kombination von Fähigkeiten, den Markt zu lesen und zu

Kapitel 11

handeln, Risiko zu reduzieren und Erträge zu optimieren, verlassen kannst.

Und hier ist der Schlüssel, wie es funktioniert. Das Herzstück unserer Handelsmethode ist ein innovatives System, das 18 Handelsprogramme miteinander verbindet, wobei jedes wiederum eine Vielzahl von Marktanalysestrategien beinhaltet. Manche beobachten Kursausbrüche, an denen der Markt wahrscheinlich höher oder niedriger tendiert. Andere achten darauf, wenn die Kraft des Marktes nachlässt, wobei ein steigender Markt müde wird und ein fallender Markt seine Abwärtsbewegung abbremst. Einige Programme basieren auf dem Momentum und andere analysieren Kurszonen während der letzten fünf Tage. Das Computersystem nutzt künstliche Intelligenz und neuralgische Netzwerke, um den Markt zu erkennen, und auch bestimmte Marktvariablen zu lernen und sich selbst darauf einzustellen. Das zusammengenommen haben die Handelsprogramme eine hohe Wahrscheinlichkeit mit Gewinn zu arbeiten.

Aber nicht einmal das beste Computerprogramm mit dem Letzten an künstlicher Intelligenz kann einen Händler ersetzen. So ausgefeilt dieses Computersystem auch ist – mit künstlicher Intelligenz und neuralgischem Netzwerk, das einige Funktionen des menschlichen Gehirns ersetzt – ist es doch nur eine Hilfe für uns. Es bleibt ein menschliches Element beim Handeln, das der Computer nicht ersetzen kann. Der Instinkt, den Markt zu lesen und zu handeln, den ich im Laufe von 18 Jahren erworben habe, kann nicht auf einen Computercode übertragen werden. Das ist der Punkt, an dem mein Fachwissen und meine Handelserfahrung zum Einsatz kommen. Ich betrachte jedes Geschäft, welches das System vorschlägt, nach bestimmten Kriterien. Gibt es Variablen im Markt, die nicht in den Computer programmiert werden können? Wird eine Rede von Alan Greenspan in den nächsten 15 Minuten erwartet, ein Ereignis, das Einfluss auf den Markt haben kann? Ist ein Tag vor einem wichtigen Feiertag, was die Liquidität des Marktes reduziert? Ist Optionsverfallstag? Wird der Kontrakt von einem Monat zum nächsten verlängert? Basierend auf Variablen wie diesen, entscheide ich den vom Computer vorgeschlagenen Kauf zu tätigen oder nicht.

Oder ich vergrößere das Geschäft. Kürzlich zeigte der Computer ein Verkaufssignal mit einem starken Stopp Loss gerade ein paar Ticks über dem Preis, an dem das Geschäft ausgeführt werden sollte. Der Markt war jedoch besonders volatil und ich wusste, dass es eine gute Chance wäre, dass unsere Stoppmarke erreicht werden würde. Aber ich wusste auch, dass der Markt schwächelte und der Verkauf das Richtige gewesen wäre. Ich entschied, die Marke ein paar Ticks höher zu setzen und, um dem zusätzlichen Risiko gerecht zu werden, die Größe des Geschäfts um die Hälfte zu reduzieren. Die Strategie ging auf: Der Markt ging ein paar Punkte hoch und fiel dann zurück, wie es unser Computer vorhergesehen hat.

Ich glaube, dass unsere vertrauensvolle Strategie uns über die der anderen CTA Firmen stellt. Wir haben genügend Vertrauen in unser Computersystem und unsere Handelsmethoden, um buchstäblich unser Geld dorthin zu bringen, wo wir mit dem Kopf sind. Der einzige Weg, wie ich ethisch für Kunden handeln kann, ist genauso zu handeln, wie für mich selbst. Immer wenn wir ein Geschäft für Kunden machen, machen wir auch eins für uns selbst.

Es gibt noch einen anderen wesentlichen Unterschied zwischen meiner Firma und anderen CTAs. Ich habe nicht nach meinem Uniabschluß bei einem Hedgefonds oder einer großen Institution angefangen und für ihr eigenes Buch gehandelt. Ich habe mein Geld mit meinem eigenen Verstand und meinen eigenen Talenten in der ersten Reihe dieses Marktes gemacht. Ich weiß, wie es ist, Risiken zu handhaben, Geld zu verwalten und Gewinne profitabel einzufahren. Anleger, die mir ihr Geld anvertrauten, wussten das von Anfang an. Ich habe dieses Geschäft am Markt, nicht in irgendeinem Hinterzimmer angefangen. Ich betrachte die Märkte als Händler, aber als einer, der seine Langlebigkeit bewiesen hat.

Es ist auch wichtig, daran zu erinnern, dass CTAs kein Geld verdienen, solange die Kunden keines dabei verdienen. Bei Aktien verdient der Broker eine Provision, egal ob die von ihm empfohlenen Aktien an Wert gewinnen oder Verluste machen. Ein Fonds verdient auf der anderen Seite eine gewinnanteilige Gebühr nur, wenn der Fonds sich auch gut entwickelt. Sogar die Verwaltungsgebühren gehen zurück, wenn der Anleger enttäuscht ist und sein Geld herausnimmt.

Ich erwarte, dass unser erster S&P Fonds für neue Anleger innerhalb eines Jahres geschlossen wird. Danach werden einige andere Fonds kommen, einige, die exklusiv im Ausland und andere in den Vereinigten Staaten angeboten werden. Mit unserer Handelserfahrung und dem abgemilderten Computersystem können wir leicht neben S&Ps besonders jeden hochvolatilen Markt handeln, seien es Finanzterminkontrakte oder tatsächlich Warentermingeschäfte. Wir haben unser Firmenkapital schon in den Test unseres Computersystems in internationale Finanzmärkte gesteckt, von denen wir uns erhoffen, dass wir eines Tages auch für Kunden handeln können. Da sich die Märkte entwickeln, entstehen neue Gelegenheiten von selbst, und wir werden da sein und mit Kapital zur Verfügung stehen.

Ich bin nach Europa zurückgefahren, als dieses Buch fast vollendet war, in die Schweiz, nach Monaco und Italien, um sowohl Institutionelle als auch Privatanleger zu treffen. Als ich in Zürich war, konnte ich nicht anders, als an meine vergangenen zwei Besuche in dieser Stadt zu denken. Gerade ein Jahr vorher war ich in Zürich als Fondsmanager, der beinahe unbekannt auf dem Gebiet der Vermögensverwaltung war. Ein Jahr später haben die Leute von der Gesellschaft gehört und sind ganz begierig, mehr darüber zu hören.

Ich kann auch auf die Reise, die ich elf Jahre vorher gemacht habe, zurückblicken. Ich war als Händler auf Urlaub mit Freunden. Ich kann mich noch an das Betrachten der Uhren in dem Juweliergeschäft erinnern, als ich die Leuchtschrift der Bank sah, die die Neuigkeit anzeigte: Crash am amerikanischen Aktienmarkt. Das erscheint mir ein ganzes Leben zurück und in vieler Hinsicht war es das auch. Ich war ein 30 Jahre alter Parketthändler, der gerade den Kundenhandel aufgegeben hatte. Ich habe mich gerade als der führende ortsansässige Händler am S&P-Parkett etabliert, der nur auf eigene Rechnung handelte.

Mein Leben und meine Welten haben sich seit damals unwahrscheinlich ausgeweitet. Ich bin nicht länger nur ein Händler, sondern auch ein Fondsmanager, der einen Ruf hat, der immer besser wird. Ich weiß, dass mein Leben und meine Karriere noch lange nicht vorüber sind. (In der Tat, als ich ermuntert wurde, dieses Buch zu schreiben, zögerte ich, weil ich mich selbst erst in der Mitte meines Lebens sehe.) Aber egal, wohin ich auch gehe oder was ich erfahre, ich weiß, dass mein Kern immer der gleiche bleibt. Der Mittelpunkt meines Lebens ist meine Familie, eine wichtige Konstante in meinem Leben, das so viele Höhen und Tiefen gesehen hat. Einige meiner Familie sind buchstäblich bei mir und arbeiten heute in meiner Firma; andere bieten Liebe und emotionale Unterstützung. Alle zusammen sind sie meine Heimat.

Keiner von uns lebt einfach nur in einer Wohnung, sei es ein Ein-Zimmer-Appartement oder eine herrschaftliche Villa auf dem Berg. Wir leben miteinander in einer Gesellschaft, die sich gegenseitig liebt. Das bedeutet für mich Heimat. Als ich aufwuchs gab uns mein Vater das sprichwörtliche amerikanische Traumhaus in einem Vorort, aber unsere Heimat war viel mehr. Es war Mama, Papa, Joey und ich, die sich für die Ostersonntagsmesse anzogen. Es war ein Spaghettiessen mit Verwandten in einem Haus, das mit Erwachsenenstimmen und Kindergelächter angefüllt war. Wir – Papa, Joey und ich – hofften, über den Gartenzaun hinweg Onkel Norfe und Tante Dolly aufzuwecken. Wir wussten, wohin wir auch gingen und was immer wir taten wohin wir gehörten.

Einige Leute wundern sich vielleicht, warum ich zum Schluss meiner Geschichte so freimütig mit meinem Leben und meiner Herkunft umgehe. Sicherlich komme ich aus einer Familie, in der man keine Geheimnisse auszuplaudern braucht, sie werden schon von alleine publik. Aber es kam eine Zeit, als ich mich mit meiner Vergangenheit beschäftigte, in der ich bekennen musste, wer ich bin und wo ich herkomme. Ich kenne die Geschichten, die mich mein ganzes Leben über begleitet haben, einige davon sind wahr, einige sind übertrieben und einige sind ausgesprochene Lügen. Die einzige Möglichkeit, sie zum Schweigen zu bringen, war, dass ich selbst meine Geschichte erzähle. Wenn die Vergangenheit aufrichtig sein sollte, musste ich das tun. Wenn ich eine Beziehung zu Anlagekunden aufbauen wollte, wollte ich, dass sie mich sowohl persönlich als auch beruflich kennenlernten.

In meiner neuen Rolle als Fondsmanager, der Institutionelle und Private darum bittet, ihm Millionen von Dollar anzuvertrauen, konnte es keine Frage über meine Integrität und meinen Charakter geben. Der einzige Weg war, nicht die Vergangenheit zu verstecken, sondern sie ans Licht der Wahrheit zu bringen. Ich möchte, dass meine Anleger dieses Buch lesen, mich als Händler mit einzigartiger Erfahrung in einem wachsenden unvorhersehbaren Markt kennen lernen und mich als Mensch schätzen lernen. Ich hoffe, sie werden erkennen, dass ich die Verpflichtung habe, den Kurs beizubehalten und die Zuneigung, zu ihnen zu stehen, verspüre. Geldanlegen ist, wie alles im Leben, allein eine Sache von Vertrauen.

Alle von uns sind die Summe ihrer eigenen Erfahrungen und der Leben derer, die vor uns waren. Jede Generation ist ein Glied in der Kette zwischen der Vergangenheit und der Zukunft. Es gibt Ereignisse, bei denen wir wünschten, wir könnten sie vergessen oder uns anders entscheiden. Aber dennoch können wir dieses Generationenband nicht durchbrechen. Wir müssen die Leben der Menschen, die vor uns waren, verstehen. Wir achten ihre Stärke und vergeben ihre Schwächen.

Diese Geschichte gehört nicht nur mir. Sie ist Teil meiner Familiengeschichte. Sie ist Teil des Vermächtnisses, das ich meinen Kindern Lewis,

Kapitel 11

Anthony, Briana und Joey hinterlasse, die den Namen Borsellino tragen, und meinen Enkeln Nicole, Jamie und Nick, die mir wie eigenes Fleisch und Blut sind. Sie gehören ebenso meinem Bruder Joey und seinen Kindern Anthony, Joey, Johnny und Marla. Meine Hoffnung ist, dass die nächste Generation Joey und mich versteht, und wenn sie uns betrachtet, anfängt, ihren Großvater zu verstehen, den sie nie kennen gelernt haben.

Ich kam beinahe 20 Jahre zuvor ans Parkett der Chicagoer Mecantile Exchange, als alle anderen Türen mir verschlossen zu sein schienen. Ich begann zu handeln und schaute niemals zurück, was war oder was hätte sein können. Einige Leute fragen mich nach dem Schlüssel für meinen Erfolg, als ob es eine magische Pille gebe, die sie nehmen könnten oder eine geheimnisvolle Formel, die alles erklärt. Es gibt weder eine Magie, noch ein Geheimnis. Ich wurde ein erfolgreicher Händler, weil ich mich selbst kannte. Ich verstehe sowohl meine Stärken, als auch meine Schwächen. Ich übe eiserne Disziplin, die es mir erlaubt, Risiken und Fehlschläge einzustecken. Obwohl mein Temperament schon wilder war, besonders in meinen jüngeren Tagen, habe ich mich niemals so weit aus dem Fenster gelehnt, dass ich nicht mehr zurück konnte. Ich zügelte meine negativen Gedanken und Emotionen. Indem ich mich selbst kontrolliere, kann ich meine Umgebung ertragen. Ich habe gelernt, zu agieren und nicht zu reagieren, besonders in Märkten, in denen Geld, Selbstbewusstsein und Emotionen eine tödliche Verbindung sind. Weder ich, noch irgendjemand anders wird jemals den Markt beherrschen. Dieses Wissen hielt mich in meinen jungen Tagen davon ab, jemals allzu selbstsicher zu sein. Weiterhin hilft es mir, meine Langlebigkeit als Fondsmanager sicher zu stellen, egal ob ich 20 Millionen $ oder eines Tages 2 Milliarden $ verwalte.

Ich war neulich am Börsenparkett, einem Ort, an den ich jetzt nicht mehr so oft gehe, obwohl ich täglich im Markt bin. Ich stand auf der zweiten Stufe des S&P-Parketts und mein Bruder Joey neben mir. Ich schaute herum in all die Gesichter. Einige waren Neulinge, die erst seit einigen Monaten handeln; andere waren verhältnismäßige Oldtimers, die beinahe so lange wie ich gehandelt haben. Die meisten waren dazwischen.

Wir alle sind der Markt: Parketthändler und Broker, PC-Händler und Spekulanten, Fondsmanager, Anleger und Absicherer. Alle zusammen sind wir das System, wie es funktioniert. Wer weiß, wie diese Arena in der Zukunft aussehen wird, ob es ein Parkett gibt oder eine Bank nur aus Computern oder eine virtuell reale Börse? Wer kann schon sagen, was wir in der Zukunft handeln werden oder welche weltwirtschaftlichen Faktoren unsere Märkte erschüttern und formen werden? Eines ist aber sicher: Wo es einen Markt gibt, gibt es einen Händler. Wo es ein Risiko gibt, gibt es einen Absicherer. Wo es Gelegenheiten gibt, gibt es Spekulanten. Ich verlasse das Parkett für den PC, aber ich verlasse nicht die Arena. Das Spiel ist noch lange nicht aus und dieser Konkurrent ist noch nicht pensioniert.

Dank

Die Geschichte des Day Traders gehört mir nicht alleine. In vieler Hinsicht ist es die Geschichte meiner Familie. Auf besondere Weise möchte ich mich bei ihnen bedanken für ihre Unterstützung, ihre Liebe und ihre Ermutigung während dieses Prozesses, besonders bei meiner Frau Julie, meiner Mutter Florence „Tootsie" Borsellino und meinem Bruder Joey, der ebenfalls ein hervorragender selbstständiger S&P-Händler ist, und seiner Frau Theresa. Diese Geschichte ist ebenfalls ein Vermächtnis an die nächste Generation: meine Kinder Lewis, Anthony, Briana und Joey, die den Namen Borsellino tragen, meine Stiefkinder Nicole, Jamie und Nick; die Kinder meines Bruders Anthony, Joey, Johnny und Marla. Ich bin ebenfalls gesegnet mit einem fest eingeschworenen Familienverband, der Onkel und Tanten umfasst – Norfe und Dolly, Loisa und Gus, Josie und Mimi, Caroline, Tina und Tony, Antoinette („Cookie") und Vince, Sammy und Donna, und Frank und Theresa, ebenso wie eine weitläufige Verwandtschaft und meine vielen guten Freunde.

Ich danke meinen Freunden, die mit mir all die Jahre zusammen waren, eingeschlossen meinen Mentoren, Maury Kravitz, Jack Sandner, Joni Weber, die 15 Jahre für mich tätig war, und die „Boat-People". Ich bedanke mich bei meinen Kollegen von Borsellino Capital Management, ebenso bei

Dank

meinen Partnern, Edward R. Velazquez II., Joe de Laurentis, Brad Sullivan, Luke Matthews, Joe Kale, Anthony Ruggerio, Laith Kubla, Louie Lazzara, und bei meinen Cousinen Marianne Palumbo und Antoinette „Toni" Marino, die ebenfalls mit mir arbeitet. Ich möchte mich ebenfalls bei Jim Sebanc für seine historischen Marktdaten und die Geschichte von Galileo, dem Händler, bedanken, ebenso bei Mario Alberico für den Einblick in den elektronischen Handel.

Abschließend grüßt der Day Trader den Nachtschreiber, der bis spät in die Nacht arbeiten musste, um überhaupt fertig zu werden.

Um mit Lewis Borsellino in Kontakt zu kommen, schaut man in seine Web-Seite „WWW.borsellino.com".